湖湘古代哲学精神及其嬗变

傅秋涛 著

中国社会科学出版社

图书在版编目（CIP）数据

湖湘古代哲学精神及其嬗变／傅秋涛著．—北京：中国社会科学出版社，2020.11

ISBN 978－7－5203－1810－5

Ⅰ.①湖⋯ Ⅱ.①傅⋯ Ⅲ.①古代哲学—哲学思想—研究—湖南 Ⅳ.①B21

中国版本图书馆 CIP 数据核字（2020）第 197682 号

出 版 人	赵剑英
责任编辑	孙 萍
责任校对	杨 林
责任印制	王 超

出　　版	中国社会科学出版社
社　　址	北京鼓楼西大街甲 158 号
邮　　编	100720
网　　址	http://www.csspw.cn
发 行 部	010－84083685
门 市 部	010－84029450
经　　销	新华书店及其他书店
印　　刷	北京君升印刷有限公司
装　　订	廊坊市广阳区广增装订厂
版　　次	2020 年 11 月第 1 版
印　　次	2020 年 11 月第 1 次印刷
开　　本	710×1000　1/16
印　　张	22.5
字　　数	313 千字
定　　价	108.00 元

凡购买中国社会科学出版社图书，如有质量问题请与本社营销中心联系调换
电话：010－84083683
版权所有　侵权必究

序

彭富春

  长期以来，哲学只是具有单数的意义，而不是复数的意义。由此哲学史只是包括了从古希腊到德国等近代欧洲等国哲学的历史。但现代的哲学和哲学史观发生了根本的变化。哲学不是一元的，而是多元的。基于这样的理由，不仅有西方哲学史，而且有中国哲学史。中国哲学和哲学史于是获得了其学科的合法性，其研究也出现了繁荣的现象。人们不仅注重其时代性，而且也注重其区域性。傅秋涛的《湖湘古代哲学精神及其嬗变》就是对于中国地方性哲学史的探索之一。

  湖湘是洞庭湖水系和湘江流域两者的简称。它一般指湖南省，但这容易导致误解，即它好像只是与水有关。其实湖湘地区的地理特征不仅有水，而且有山。它山灵水秀，甚至山重于水。如果湖南和同属楚地的湖北相比的话，那么显然前者更多山的坚强，后者更多水的流动。从唐宋直到如今的"江湖"一词就具有歧义并掩盖了其本意。它大多被理解为作为水系的江和作为水域的湖，但其实是指江西、湖南和湖北等地。更具体地说，它是指这些地区的山头。人们"走江湖"不是泛舟于江湖，而是来到这些地区的山头，去朝拜那些高僧大德，以期求法悟道，获得真理。可见，山与山头在湖湘地域中具有关键性的意义。

  当把握了山之后，人们就可以通达湖湘地域的古代精神的发源地。相传炎帝创作《连山易》，首倡"艮止"之义；舜帝在九嶷山演奏韶乐，百兽率舞。唐宋的南岳不仅是佛教禅宗的开山道场，而且也是道教内丹的修炼之地。岳麓山下，朱熹和张栻共同论理，王阳明前来传心。石船山中，王夫之著书立说，倡天地一气。如此等等。这些古代哲人不仅都居于山林，而且其思想都与高山有关。山是什么？它既不同于地，也不同于水，是一聚集的高地。它有石头，有草木，有禽兽，也有居住的人们。此外，山还有独特的精神。它立于天地之间，超凡脱俗，且坚韧不拔。这些特质都能直接或者间接地影响那些在山上思考的人们。古代的哲人们在山上思考，他们脱离了世俗的生活和一般的思维，而回到了思想本源的地方。当然这个地方绝非是山峰或者是山谷自身，而是人类存在的开端之处：什么是道？什么是气？什么是理？什么是心？

由此看来，湖湘地方性哲人的思想并不只是这一特定地方的地方性思想，亦即并非是关于湖湘的思想，也并非是关于湖湘区域的山头的思想。这种思想只是如同一种具有独特的和奇异的发音、词汇和语法的方言，只有当地人而不是外地人能够听懂。相反，湖湘思想超出了其地方性的限制，而具有天下性的视阈，由特殊性获得了普遍性。千百年来，它从湖湘走向长江和黄河，甚至也走向了东方和西方。这表明，一种真正的地方性的思想从来不是地理意义上，而是思想意义上。思想意义上的地方性是思想的本源之地，亦即开端处、发生处。这样一个本源之地不仅能够给这个地方的人们建立精神家园，而且也能够给其他地方的人们提供灵魂住所。因此，这样一种地方性的思想是一种天下的思想，它可以传播天边直到天边外。

秋涛正当盛年。祝愿他追慕湖湘的先哲，专注而持久地思考，走出一条自己的思想之路。

2019 年 11 月 17 日
于武汉大学

自　序

20世纪中国人以进化论观点来看待中国思想传统，把中国古代哲学看作是向现代西方哲学演进的过渡阶段，以至于产生中国有无"哲学"的持久争论。这是在文明碰撞中丧失文化自信心的病症的表现。以任意一种独立发展的哲学体系为前提给哲学下个定义，并以之规范其他学术传统，自然就会发生有、无的问题。正如两个隔绝的社会难以互相承认对方的礼仪，遂互相以为对方无"礼"，同属于文化偏见。在关于中国哲学的问题上，不仅西方人认为中国没有哲学，而且中国的相当部分文化精英亦同样如此，足见问题之严重性。不过，如果我们放弃某种关于哲学的抽象概念，从人文学科的事实来看，在文、史、哲三大类中，很少有人怀疑过中国有无文学、有无史学，那么就很容易发现，在这两大类之外的大量文献，就可以算作哲学了。事实上，被看作哲学典范的西方哲学也不能给自己全部的哲学思想下个封闭式的定义，何至于用一时之论去概括其他文明体系中的学术思想？

不过，今天中国人所使用的"哲学"一词既然来自对西文"philosophy"的翻译，那就还是有必要理解一下"哲学"在西方的命运。在古希腊，这个词的原义是"爱智慧"，本不同于一般称"学"（-logy）的学术。正如理查德·罗蒂在《哲学和自然之镜》的"中译本序"中所说，在古代世界，哲学并不是一门学科、学术科目或思想专业，只是智者各种意见的"总和"。但是，柏拉图、亚里士多德试图对世界给予一种系统的解释，后世遂以他们的研究方式建立学术规范，从而开启了西方哲学的独特道路。自此以后，人们形成了"寻求一套统一的观念……可被用为证明或批评个人行为和生活以及社会习俗和制度，还可为人们提供一个进行个人道德思考和社会政治思考的框架"的传统，西方哲学家们往往从某一善的观念（上帝，某个存在者）出发，为此构筑了一个又一个庞大周密的体系，力图对人类的思想行为进行周密的规划，以实现最高的"善"。这种倾向在17、18世纪自然科学取代宗教占据主导地位后达到顶峰，并力图把哲学引向"学"（-logy）的方向，尽量与自然科学保持一致。对此，罗蒂重申马克思"改造世界"而非"解释世界"的实践哲学的观点，宣称："西方文化今日需要以其先前使自身非神学化的同样的方式来使自身非科学化。"并预示无主导性哲学时代的"后哲学"的到来。他称自己的哲学思想是"治疗型"的，即"把自己看作是文化的批评家，而非看作明确问题的解答者"，以作为"后哲学"的尝试。换言之，由柏拉图、亚里士多德以来所发展的系统解释世界的西方哲学主流模式不过是古希腊哲学的多种选择之一，在此后的发展中已经耗尽了其全部可能性，"后哲学"在某种形式上就是要回到"前哲学"的时代，开启新的发展道路。

此种观点并非一时异想天开，而是酝酿已久的思想潮流。罗蒂就列举了维特根斯坦、海德格尔和杜威等先驱思想家，阵容蔚为壮观。这给我们某种启发：若连西方哲学本身都对其所特长的哲学模式的合法性、有效性产生了怀疑，我们还要盲目地以之作为衡量中国哲学的标准，以之重构中国哲学，就不那么明智了。

其实，在中国哲学中也有发展与西方类似的形而上学体系的冲动，不同的是，它对知识体系及其方法始终持有强烈质疑态度。而作为中国古代哲学之重要组成部分的湖湘古代哲学，尤为典型。盖自其产生之后就一直没有怎么"进化"，或许说一直保持了其本源的状态，因此也就恰好显出"后哲学"的本质特征：它根本就是治疗思维的发展。湖湘古代哲学肇始于神农氏《连山易》，神农的一个广为人知的形象就是品尝百草的"医药之祖"。治病的第一步是"逆向"对致病之由的探讨，而《连山易》的首要特点是在伏羲八卦的基础上确定了以艮卦为首的卦序——艮即止，中止欲望的飞扬，反思自己的行为，与治疗操作的关联是非常明显的。在此一思想维度下，任何思想观念皆非什么绝对真理，只是针对某种时代病症、时代问题而发。药无定方，对症即良；法无定执，事过即忘。故《易传》宣称"神无方而易无体"（《系辞上》），从根本上拒绝体系，反对方法。著于湘西夹山寺的《碧岩录》宣称"大用现前，不存轨则"，也正是此一传统之延续。

如果说湖湘古代哲学一直拒绝体系，反对方法，那么人们不去探讨其何以拒绝、反对，反而试图把它纳入某种体系，总结出某种普遍方法，就只能令人无语了。

人的世界是在语言符号中创造出来的，其发展变化只是一个语言符号的问题。在此意义上，湖湘古代哲学可称语言诠释学。魏源声称："文之外无道，文之外无治；经天纬地之文，由勤学好问之文而入，文之外无学，文之外无教也。"（《默觚·学篇二》）世界之所以为世界，全在"真文"之表达；其败，则在"巧言如簧"之肆行！魏源的观点根源于《易》。《易传·文言》认为，圣人是通过对世界进行语言学"拟议"促进事物有序发展的："言天下之至赜而不可恶也，言天下之至动而不可乱也。拟之而后言，议之而后动，拟议以成其变化。""修辞立其诚，所以居业也。"但是，真理在语言中既显现又遮蔽（拟议即乖，动念即差），物壮则老，时移世换，曾经的真理往往走向其反面。故周敦颐提出"原始反终"之说：原其始而知其所生，则反其终而知其所以死。哲学的主要功能在后者，就是通过解构现成的道理闻见，去其遮蔽，以恢复人的本心。正如明代学者罗汝芳所评论，"太极无极"的理论揭示了"伏羲自无画而化有画，自一画而化千画；夫子则将千画化一画，又将有画而化无画"的真正意义。由于那些知识真理曾经发生过积极的作用,打磨得非常精致,返之为难。因此,后世哲学发展了越来越复杂的理论形态,从各个方面打扫积垢,祛其宿疾,促使事物走向新生。

换言之,哲学通过对既有话语体系之有限性的分析,使人从对其迷恋中醒悟,与之告别,回到事物的开端,以开启新一轮的发展。老子"为道日损""反者道之动",正是此意。魏源论《易》之卜筮说:"使非空空然叩诸卜筮,受命如响,鬼神来告,曷以舍其偏是偏非,而信吉凶悔吝易知易从哉?"(《默觚·学篇八》)此即神农《易》"艮止"之义,是贯穿湖湘古代哲学的基本精神。

湖湘古代哲学自己标榜为"践履之学",语言学的建构与解构均以对"时"的响应为诉求,表现出强烈的反形而上学性格。即使汉代以后形而上学天理盛行,依然故我。刘勰称"湘州曲学,亦有心典谟",显示其常态是超越了经典的"现成真理"的。但是,在南岳禅学的解构达到极端之后,湖湘哲学则又重新发动建构的维度,以展现天地之"至文",使道得到具体的落实。周敦颐就是通过重新诠释"修辞立其诚"来构建其世界图像,从而成为"道学宗主"的。

湖湘古代哲学精神虽不为保守派所喜欢,但作为迎接新文明的助产婆,始终具有无穷的魅力,吸引了一代又一代寻求真理的人士前来访学问道。远古传说暂且搁置。就在"湘州曲学"之论出现后不久,远在北方的慧思就称赞南岳为"有道之山",在"藉外丹力修内丹"的思想指引下前来卜居,并以"三生藏"的神话——已经在衡山修行三世——表达自己对南岳学术的归化。自此,大量佛、道人士在此定居。难道是偶然的?唐、宋以来,更形成独具特色的"文化移民"潮流。一些儒者诸如李泌、裴休、赵抃家族、张栻父子、胡安国家族等,明确地表达了对于湖湘文化的向往,定居于此。明代,陈献章对南岳的向往表现得尤为强烈,一生反复写诗抒情,并派人前往"问彼田里风俗",欲终老于此。陈献章感染了明代士人,朝拜南岳一时成为风尚,衡山书院的繁荣空前绝后。而外来学者从异质文化视角观察，往往更能认识其独特性，并促成其传播。王阳明越过孔、孟，以舜、禹授受的"道心"作为中国思想之源，而孔、孟作为对此本源精神的守护者而有其地位，亦颇符合孔子"述而不作"的自我定位；而又以周敦颐为"绝学"的中兴者，其尊崇湖湘哲学的地位达到了史无前例的高潮。在南岳讲学中，湖湘学统得到进一步的厘清、发扬。

本书力图从原创与继承两条线路着手，完整地反映湖湘哲学的基本精神，及其发展演变过程。湖湘古代哲学号称"践履之学"，总体上不离开具体的人类实践悬空演绎学术问题，本书因其固然，略为条贯，稍加训释，而不把哲学反思从其发生语境中抽取出来进行"重构"。因此，在写作方法上表现出某种灵活性：随湖湘哲学自身的表达方式，或由流而溯源，或从源而循流；或正述（心），或侧说（迹），不拘一格。

心远地偏，旷日多暇，搜猎遗典，洗刷打磨，虽甚用力，然欲以区区有蓬之心上窥至道，亦甚不自量矣！

前　　言

本书站在"后现代"的角度，重新论述了"前现代"的自神话传说时代神农氏至近代开端魏源氏湖湘古代哲学的基本精神及其演变，力图揭示湖湘古代哲学的基本特征，展望中国哲学发展的新的可能性。

湖湘古代哲学奠基于农业文明之始，虽不断演化，但其基本精神则始终如一：站在思想与事物生成的开端，对其发展与变化进行反思。从神农氏《连山易》首倡"艮止"之义，到舜的"道心"、南岳—天台之"止观"、禅学的"本心"、周敦颐之"诚学"、魏源之"古微"，等等，都以寻求思想与事物的开端为首要任务，以开展哲学反思工作。

本书分湖湘古代哲学的发展演变为四个各具特色的阶段：由上古到秦、汉，哲学思想与巫风紧密相连，在一种较为混沌的状态之中发挥对身、心以及社会生活的批判与调和功能；从汉、魏到隋、唐、五代，与超越性的宗教信仰紧密相关，在佛、道两家中产生了许多大师级的学者，以"走江湖"为标志，湖湘哲学迈步在中国学术舞台的中心；宋、明时代，周敦颐开创道学，湖湘学派紧随其后，以反思世俗事务为主，涉足于政治、法律、诗学等领域；清代以王夫之、魏源为代表，在中国传统文明遭遇危机时酝酿转变。

作为反思的哲学，湖湘古代哲学以对人类文明"疾病"的"治疗"为基本特征，因病处方，病过方除。它宣称自己为"践履之学",以"辩"为邪伪之端,反对建立一劳永逸的形而上学知识体系。因之,在大多数情况下,湖湘古代哲学又总是依附于其所反思的对象而存在,表现为生命哲学、政治哲学、法哲学、诗学等形态。

"后现代"力图重拾被现代哲学"遗忘"的思想维度,因此,在某种程度上是对"前现代"的回归。中国古代哲学是前现代思想的宝库,湖湘古代哲学以其独特的地域特点典型地体现其原生态,可为后现代思想确定其发展方向提供借鉴。

目　录

导　论 ………………………………………………………（1）

第一章　神农氏与《连山易》……………………………（17）
　一　引言 …………………………………………………（17）
　二　神农氏在湖湘的传说 ………………………………（19）
　三　神农氏的思想文化与社会制度 ……………………（24）
　四　《连山易》及其精神 ………………………………（30）
　五　小结 …………………………………………………（46）

第二章　舜及其道心………………………………………（48）
　一　引言 …………………………………………………（48）
　二　舜与西王母 …………………………………………（49）
　三　西王母之仙学 ………………………………………（59）
　四　舜之"道心" ………………………………………（69）
　五　小结 …………………………………………………（77）

第三章　马王堆养生学的思想性质与知识兴趣 ………（78）
　一　引言 …………………………………………………（78）
　二　马王堆养生学的思想逻辑 …………………………（80）

三　马王堆养生学的知识体系 …………………………（88）

　　四　马王堆养生学的特征 ………………………………（99）

　　五　小结 …………………………………………………（100）

第四章　佛学的本土化与湘学的重塑 ……………………（102）

　　一　引言 …………………………………………………（102）

　　二　佛学在湖湘的传播及其本土化 ……………………（104）

　　三　南岳禅学的门派与宗风 ……………………………（112）

　　四　佛学对湘学的影响 …………………………………（127）

　　五　湖湘精神之彰显 ……………………………………（130）

　　六　小结 …………………………………………………（132）

　　附：智𫖮籍贯初探 ………………………………………（134）

第五章　南岳内丹之学的勃兴 ……………………………（145）

　　一　引言 …………………………………………………（145）

　　二　内丹之精义 …………………………………………（148）

　　三　内丹修炼的基本原则 ………………………………（156）

　　四　融汇儒、佛 …………………………………………（162）

　　五　小结 …………………………………………………（167）

第六章　濂溪学 ……………………………………………（169）

　　一　引言 …………………………………………………（169）

　　二　濂溪学的性质 ………………………………………（172）

　　三　濂溪之"道论" ……………………………………（176）

　　四　"仁政"与"法治" ………………………………（187）

　　五　小结 …………………………………………………（191）

第七章　湖湘学派与朱熹 （194）
　　一　引言 （194）
　　二　湖湘道统的重新确认 （197）
　　三　湖湘学派与南岳禅学 （208）
　　四　朱张南岳唱酬 （215）
　　五　湖湘学派的发展 （219）
　　六　小结 （222）

第八章　阳明心学在湖湘 （223）
　　一　引言 （223）
　　二　阳明心学对南岳禅学的追溯 （226）
　　三　阳明心学对太极理论的发展 （252）
　　四　二贤祠及其影响 （270）
　　五　小结 （279）

第九章　王夫之与阳明心学之争辩 （282）
　　一　引言 （282）
　　二　理欲之辨 （285）
　　三　道器之辨 （290）
　　四　知行之辨 （293）
　　五　小结 （296）

第十章　魏源的转换 （299）
　　一　引言 （299）
　　二　刷新湘学传统 （300）
　　三　实践哲学 （307）
　　四　"古微"诠释学 （316）
　　五　小结 （327）

结束语 …………………………………………………………（329）

参考文献 …………………………………………………………（334）

后　记 ……………………………………………………………（345）

导　　论

一

湖南地区古称"三苗之地""苍梧之野"等，三面环山，北界洞庭、长江，是一个相对独立的地理单元。人们往往以洞庭湖、湘江之故，概称湖南省当今省域的地理单元为"湖湘"，为学术界所采用。湖湘独特的地理环境不仅提供了本地区人民繁衍生息的得天独厚的环境，更是直接铸造了"楚魂湘魄"。正如明代政治家张居正所说："人材之生，大抵肖其土产……楚之有江、汉、衡、巫，山磅礴而水澎湃，故其人多任率简谅，有磊砢倜傥之概。"[①] 洞庭吐纳江、汉，南岳一柱南天，其磅礴、澎湃之势，又更为突出，人物性格自然更加鲜明。

以此，湖湘先民发展了自己独特的文化，而尤以哲学见长，成为"楚魂湘魄"的直接表达方式。正如钱基博所说："（湖南）人杰地灵，大德迭起，前不见古人，后不见来者，宏识孤怀，涵今茹古，罔不有独立自由之思想，有坚强不磨之志节。……义以淑群，行必厉己，以开一代之风气，盖地理使之然也。"[②] 湖湘哲学的基本精神肇端

---

① 张居正：《贺少司寇少崖傅公三品奏最序》，《张居正集》第3册，湖北人民出版社1994年版，第494页。
② 钱基博：《近百年湖南学风》，岳麓书社1985年版，第1页。

于中国文明的早晨，在炎帝神农氏、虞舜等神话传说中就有了丰富的内容，中经道、佛、儒三大主要学派的转换，薪火相传，对中国文明的形成与发展做出了巨大的贡献。

湖湘古代哲学以其独特性早就引起了人们的关注，特别是由于湖南人在近现代中国历史舞台上的表现，更是成为人们关注的焦点。人们在探讨湖南人的成功时自然要追溯其地方文化的背景，所谓"湘学"便更加迫切地进入了人们的视野之中。湘学的特点在很大程度上是由其哲学决定的。如最早论述湘学的刘勰（约465—520）就是以对湖湘哲学的论述为基调的。他在《文心雕龙·史传》中说："虽湘州曲学，亦有心典谟。"即以对待经典的态度来评论湖湘之学。对待经典的态度一直是中国哲学的重要命题，在一定程度上构成了儒、道的区分。这就把湖湘哲学的研究提上了日程。

其实，现今流行的"湘学"也是以哲学为基本坐标展开论述的：一是可以直接称为哲学的观点，大抵以周敦颐为开端，或以朱熹称呼南宋以胡宏、张栻为核心的"湖湘学派"为开端。另一种则是更加宽泛的文化观点，认为湘学就是"湖湘地域之学"，是自战国秦汉至清末于湖湘地区发生、发展，具有湖湘地域文化烙印的学术。前一种观点基本上遵循李肖聃《湘学略》（岳麓书社1985年重版）的框架，近年有朱汉民《湘学原道录》等著作发表。后者有陈书良《湘学史略》（中华书局2015年版）等。但后者内容与前者相比，并没有多大变化，第二章即述"湘学的兴起——濂学开山"。

目前，湖湘古代哲学的研究是在"湘学"的范畴下进行的。如前所述，湘学主要是指湖湘哲学。人们对"湘学"的对象、范围尽管有分歧，但仍然具有某种"共识"：（1）"湘学"强调湖湘地域特点，是在湖湘地区产生的学术；（2）强调"学"（-logy）的意义，指具有学理意义的知识体系。在其看来，湘学或许可以包含更为广泛，更有多样性，但湖湘哲学或许是更加典型地体现了"湘学"的上述特点。在此路数下，取得如下进展：

1. 关于湖湘哲学的精神特征。对湖湘古代哲学的特点把握，一直是学术界关注的重点。有如下几种主要看法：（1）朱汉民认为，"湘学"有崇尚理学、经世致用、由技通道之特点。①（2）李清良、张洪志列举了湖湘哲学的八大特征，归结"务实尚通、重异贵全"，或一言以蔽之："实事求是"。②（3）王兴国总结湖湘哲学的"四大特点"：穷究天人，把握大本；吐纳百家，综合创新；调和义理，统一理欲；废虚返实，实事求是。③等等。

2. 关于历史分期。关于湖湘古代哲学发展的分期，大致形成了两种主要的观点：（1）钱基博、李肖聃为代表的一些观点，均以周敦颐为湖湘古代哲学的开创者，湖湘哲学是在他们之后发展的，分成所谓开创期、发展期、成熟期。一些学者甚至认为"湘学"只能从朱熹所指称的"湖南学者"胡安国、胡宏的南宋时代开始。这些观点实际上只承认儒学里面有哲学，把佛、道一概排除在外。（2）另一部分学者则认为，湖南哲学的发展可以分为四个阶段：先秦到汉唐时期；宋代至鸦片战争以前；近代，1840年的鸦片战争至1919年五四运动以前。

3. 关于学派转换。宋代出现在湖湘地区的周敦颐、胡宏的哲学思想不是凭空产生的，而是湖湘传统的转换，他们的言论与其承接的禅学的关系，也是一目了然的。近年来，儒佛关系的研究取得了较大的进展，吴立民、徐孙铭、徐仪明等学者发表了不少论著，有助于提高对湖湘古代哲学发展演变的认识。

有关湖湘哲学的研究虽然取得不少成果，但也存在一些明显的不足：

1. 有关湖湘地区的神话非常丰富，却没有得到认真对待。在受西

---

① 朱汉民：《湘学的源流与学统》，《湖南大学学报》（社会科学版）2013年第1期。
② 李清良、张洪志：《湖湘哲学的基本观念与精神》，《湖南大学学报》（哲学社会科学版）2012年第5期。
③ 王兴国：《湖湘哲学发展的四个阶段及主要特点》，《湘潭大学学报》2008年第3期。

方哲学学术范式影响的哲学史观念中，哲学是通过对神话的克服而成立的。可是，当代西方哲学对神话的态度发生了很大的变化。卡西尔的"文化哲学"以神话（Mythos）与语言为中心课题，开辟了哲学研究的新领域；而海德格尔对神话尤为推崇，认为它"最至彻、最深切地关照人的本性，它使人从根本上去思显现者、在场者"①等，深刻地影响了人们对哲学与神话之关系的认识，改变了人们有关哲学的性质与表达方式的观点。这使我们有可能突破既有哲学成见，反思中国哲学问题。更为现实的是，包括湖湘地区在内的中国古代先哲讲哲学往往都上溯伏羲、神农、尧、舜等。如何处理，仍然简单地忽略之？事实上，三皇五帝时代的哲学观点确立了中国古代哲学的基本精神，或者说后世哲学命题只是对其展开、发展。自伏羲创作八卦以后，在关涉湖湘地区的神话传说中，神农氏《连山易》以艮卦冠首，直接引出了中国哲学的源始精神；接着，《尚书·大禹谟》（或荀子所谓《道书》）中提出了"人心、道心"之辨。"艮背行庭之旨""人心道心之辩"，堪称中国哲学的核心命题，岂可以等闲视之！

2. 反映古代湖湘哲学思想的珍贵文献之马王堆帛书很少提及，也是一个很大的缺陷。马王堆汉墓中的简帛书卷与敦煌文献的堆积性质不同，是经过墓主或家族成员精心选择的；一些未知来源的著作，甚至也可能是本地人的作品，体现了一致的思想逻辑与知识兴趣，是湖湘哲学发展的重要关节点。

3. 中国古代哲学史向来是儒、道、佛三家迭相演变的历史。尤其是南岳，向来为湖湘思想学术的中心，也一直是佛、道的奥区，儒学深受其影响，与之有不可分割的联系。厚此薄彼，甚至设立门户，排击异端，最多只是一本儒学史或道学史之类，不能反映湖湘古代哲学的真实面目。

---

① 海德格尔：《什么召唤思？》，孙周兴选编，《海德格尔选集》，上海三联书店1996年版，第1213页。

4. 缺乏对湖湘古代哲学基本命题及其相互关系的发掘，既不知其何以始，又如何知其何以终？在长期的历史发展中，上一代与下一代思想的转变，不同学派的转换，非无缘无故。不对其间因由进行考察，全凭个人印象，便显得空洞、游移。

5. 最为根本的问题则是受现代西方形而上学知识体系的哲学模式的影响，把哲学仅仅当作是抽象概念的演绎，而忽视了哲学潜在的精神。

通过对上述问题的解决，便可避免明显的偏差，把握湖湘古代哲学的真正精神及其发展大势。

二

在今天越来越重视地方文化意义的时代，对湖湘古代哲学进行研究，具有非常重要的意义。首先，有助于进一步增强文化自信。以往的研究大多以外来哲学某一时期的范式作为评价标准，民族文化只有附庸的地位，文化自信无从谈起。湖湘哲学在长期的历史发展中，虽经外来思想冲击，却始终没有放弃自己的性格，总是能够立足于自身传统进行创造性转换，一再地引领时代潮流，是中国文化自信的典型代表。

其次，促进地方文化丰富内涵的充分发掘。以湖湘古代哲学为研究对象，而不是道学史或儒学史，可以充分揭示中国哲学思想的整体面目。湖湘地区相对偏远，形成了儒、道、佛自由竞争的局面，各领风骚数百年，留下了极为宝贵的文化遗产。

再次，在更加自觉的维度上促进地区文化的发展。中国哲学就是由包括地方视角在内的各类形式的哲学思想的"集合"，非一家一派理论之线性进化。改变本土文化的基本精神，嫁接一种外来文化，往往产生水土不服的状况。必须牢记历史的经验教训。

湖湘古代哲学有自己独立的起源、一以贯之的传统，以及伟大的影响力。

　　这在于，湖湘地区是中华文明的发源地之一，而非单纯的外来文化的接受者。这首先表现在它是中国上古神话传说的主要来源地的事实，并越来越得到考古发现的证实。如永州玉蟾岩等处发现世界最早的古栽培稻、陶器遗存表明，至少在一万两千多年以前，湖湘地区就已经进入了农耕文明。此后相当长一段历史时期，湖湘文化在与周围地区的文化交流中处于主导的地位，较之同期中原文化，其先进性有过之而无不及。"如最先在湖南发明的稻作农业、白陶瓷等高水平文明因素，通过长江、湘江等自然通道向北传到江汉平原西部、汉水中上游地区、向南沿湘江传到岭南地区。学术界对这一时期湖南文化的历史地位及其为长江文明所做的历史贡献均给予了极高的评价。这是湖南远古文化最辉煌的时期，是湖湘文化的第一次荣昌。"[①] 湖湘文化辉煌的考古时代，与神话传说的时代恰好是互相覆盖的。换言之，湖湘地区的神话传说并非无因而至，它表达了传说者对此地高度文明的人类生活的印象。

　　湖湘地区的神话传说包括两大系统：一是炎帝神农氏的系统，一是舜帝南巡的系统。这两大系统存在着非常明显的关联，神农氏是农、工、商、医的发明者，而作为其文明之精华的音乐尤其达到了相当高的水平。神农氏还是《连山易》的创作者，其以"艮卦"为首，不同于《周易》起于"乾""坤"，表明其以心性统摄万物的哲学立场，而非以外物为对象而追逐之。舜以"孝"闻名天下，孝只能产生于定居农业社会，而非其姓氏"虞"所暗示的游牧生活；传说舜之父瞽叟善弹琴，可见舜出身于音乐之家，通过吸收改造南方音乐文化而成为一位音乐大师，及其传于禹之"人心、道心"之辨，都暗示了他与神农氏的某种关系。

　　秦汉之际，由于湖湘哲学与道家老、庄的"授受—反馈"的关

[①] 向桃初：《古国遗都炭河里》，湖南人民出版社2017年版，第253页。

系，孕育了伟大的"马王堆文明"。在北方诸儒、方士致力于形而上学的宏大体系后，湖湘哲学仍然坚持重巫风的原始思维原则。刘勰所谓"虽湘州曲学，亦有心典谟"之"亦"字，透露出湖湘学者对经典的超越态度，迥异于流行学术。以此而论，反对抽象真理，追求个人领悟，以"不立文字，单传直指"为特色的禅学最终在南岳完成佛学本土化过程，并风靡天下，非无因而至。

禅风渐歇，儒学兴起。周敦颐融合佛、道哲学，开创道学宗派，奠定了宋明儒学的发展道路。王阳明推明舜、禹相传之微意，断言："圣人之学，心学也。"推崇周敦颐"无极而太极""定之以仁义中正而主静"之论，破训诂文义、场屋括帖之陋习，始复追寻圣学之宗。晚清，魏源承清代学术之极弊而起，在其两本代表性学术著作《皇朝经世文编》《古微堂内集》第一句标示"事必本乎心""学之言觉也"云云，重建心、物合一之论，超然于语言文字之外，由故纸堆回归现实生活，重振湖湘学统，使中国学术重现生机。概而言之，自虞舜以后，湖湘古代哲学虽然经过儒、道转换，佛学传入冲击，但其基本精神则万古如斯。

即使历经近代社会的巨大变迁，其基本精神仍然延续在青年毛泽东的哲学思考中。毛泽东20世纪初在长沙读书时在致朋友信中，声言社会改造要在"大本大源"处用力。"夫本源者，宇宙之真理。天下之生民，各为宇宙之一体，即宇宙之真理，各具于人人之心中，虽有偏全之不同，而总有几分之存在。今吾以大本大源为号召，天下之心其有不动者乎？天下之心皆动，天下之事有不能为者乎？"① "欲人人依自己真正主张以行，不盲从他人是非，非普及哲学不可。吾见今之人，为强有力者所利用，滔滔皆是，全失却其主观性灵，颠倒之，播弄之，如商货，如土木，不亦大可哀哉！人人有哲学见解，自然人己平，争端息，真理

---

① 毛泽东：《致黎锦熙信》，《毛泽东早期文稿（一九一二年六月——一九二〇年十一月）》，湖南人民出版社2008年版，第73页。

流行，群妄退匿。"①

　　湖湘哲学一直在相当自觉的维度上发扬本土精神，承续湖湘学统，不独近代以来为然。张栻推阐"濂溪学"的立场说："惟民之生，厥有彝性。情动物迁，以斁厥命。惟圣有作，合乎天心。修道立教，以觉来今。……惟子周子，崛起千载。熟探其源，以识其大。"（《南剑州尤溪县学传心阁铭》）把哲学精神看作"民性"的觉悟，而非某种绝对的形而上学"天理"，识见卓然。也表明了，"湖湘学派"之所以是"湖湘的"学派的主要原因。明代心学的开拓者陈献章向往衡山，"遣人往衡山问彼田里风俗"的告白，明晰地宣示了古代不断涌现的"文化移民"的学术追求。由于湖湘学者立足本源，故每当中国文明转换的重要时刻，湖湘哲学往往发挥其正本清源的作用。谭嗣同"万物招苏天地曙，要凭南岳一声雷"，欲以湖湘哲学之重建，刷新中国人之精神，便是出于对其历史地位认识的自觉担当。

　　概而言之，随着人们哲学观点的改变，重视思想的地方性，泥土味，湖湘古代哲学必将以其独特魅力吸引越来越多的有志者。

三

　　由于对研究对象之性质及其发展演变看法不同，自然也不再单纯采取传统文义训诂的方法，而在更为广阔的视野下观察湖湘古代哲学。湖湘哲学既然是湖湘古代文明精神的表达，首先就必须从湖湘地区社会文明的基本精神、从分析普通人民的生存方式出发来阐明各个时代的哲学思想及其发展演变。古人言，经即是史。湖湘古代哲学之"经"，是由湖湘社会实践之"史"定义的。综合考古发

---

　　① 毛泽东：《致黎锦熙信》，《毛泽东早期文稿（一九一二年六月——一九二〇年十一月）》，湖南人民出版社2008年版，第75页。

掘及炎帝神农氏神话可以发现，湖湘地区一直处于纯粹农业文明中，故他们的思想也只有从其农业生产生活形式来理解，才能把握其真正的意义。

其次，坚持"大传统"与"小传统"、精英文化与民俗文化互释的原则。作为一门专门学问的哲学自然是属于精英文化，但这种文化却是从民俗文化中生长发展起来的。首先哲学思想家是在民俗文化中成长的，其次他们也试图去影响周围环境，因此，对湖湘古代哲学的论述，分析评价其基本概念、主要命题，阐释其学派转换与发展道路，将在对湖湘文化背景——本地民俗民情特别是传统宗教信仰的理解的基础上展开。

第三，坚持对湖湘哲学进行"还原"的方法。在哲学思想的叙述中，不再以现代流行的某种哲学观点为标准以"去其糟粕，取其精华"，而是把它放在其自身发生的"历史整体性"或说历史语境中进行考察，还原其本来意义。在此，借鉴了库恩的观点：不看重古代思想家与现代流行思想之间的关系，而是问他的观点与所在的学术团体，"即他的老师、同辈及其后继者之间是什么关系"。[①] 本书认为，正是湖湘古代哲学思想相对于现代流行思想的独特性而非附属性，才显示了的真正价值。

第四，自然，不再追求湖湘哲学的体系。湖湘哲学的"体系性"比之中国哲学的普遍存在方式更加薄弱，更加称不上是知识体系意义上的"哲学"。从一种"知识体系"的角度来理解湖湘哲学的"学"字，必然陷入了中国到底有无哲学之争的困境。当毛泽东说"去读一本无字的书"时，在他心中是没有体系的；但其中提出"无字"与"书"这一对立范畴，又明显地是一个哲学的命题。

第五，由于本书是从宏观角度论述湖湘精神及其哲学表达，因此必然广泛引进诸如神话学、现象学、语言哲学的观点和方法，全视角

[①] 参见库恩《科学革命的结构》（第四版），北京大学出版社2012年第2版，第2—3页。

审察研究对象。

在本书看来，湖湘哲学是一种地方民族精神的表达。湖湘先民在特定的自然环境中发挥自身的创造力量，建立了辉煌灿烂的文明，湖湘古代哲学就是对此一实践之反思。通过这种反思，理解事物之所以然，从而使自己的行为更加自觉。在此哲学观点下，本书围绕两个主题展开：

一是围绕湖湘社会的民族精神确定其哲学发展的基本取向。所谓湖湘精神，指湖湘先民在特定的地理环境中所形成的一种行为生产生活风尚。这与南方民族原始农耕方式"刀耕火种"相关，炎帝神农氏的说法即表明了火神与农业的关系。火神是一种普遍的民间信仰方式，但大都只有杂神的地位，而在南岳则是作为主神崇拜的。南岳的主峰命名为祝融峰，祝融属于炎帝的家族。火神信仰造成湖南人"火辣"的性格，凡事喜欢推倒重建，不好修补改良。因此，对历史上出现了各种哲学主张与哲学流派，都要从这些基本的精神特征上加以把握才能找到其万变不离其宗的湖湘属性。

二是围绕历史上各个学派对湖湘地区文化的推崇、阐释确定湖湘哲学发展的演变轨迹。湖湘古代哲学在数千年的发展中，虽然总的表现出儒、道、佛等学派相互依存、相互竞争的态势，但又是迭相盛衰的。各派之间难免门户之见，尤其是儒学，为了突出自己的正统性，往往对释、老二氏发表一些言过其实的指责，有意隐瞒自己的思想来源。因此，贯穿本书的基本任务就是通过拨开各个学派自我神化的迷雾，深入分析，正确描述各个学派之间的学术转换，显示湖湘古代哲学发展的真面目。

本书希望能够通过上述的努力，真正搞清楚湖湘古代文化的真正精神及其哲学表达，明确其发展演变的历史轨迹，使各个时代、学派的哲学思想及其基本精神，在纵向发展的坐标中得到更加清晰的定义。

四

自湖湘哲学精神发生后，流派众多。本书对各种思潮、各个流派在湖湘哲学发展中的作用、地位的论述，将按照以下步骤进行：首先，正确表述主要哲学流派及其思想的基本哲学观点；其次，分析主要学者及其流派所处之社会文化环境及其对传统认同，排除儒、道、佛的学派壁垒，探讨不同哲学思潮与学派之间的起承转合；最后，评价其所体现的湖湘精神及其对后世的影响。根据湖湘哲学精神的发展演变的大势，本书分发生、勃兴、铺陈、转换四个时期对其进行论述，其中又分若干节点：

第一个时期（远古到秦、汉）：萌发期

这个时期，湖湘古代哲学的基本精神诞生，并表现为巫风的形态，以原始宗教礼仪的形式对个人以及社会生活发挥批判调节功能。本书对此分为三章，分别论述神农氏、舜帝神话传说，以及通过考古发掘而出现的马王堆文明，探讨其中所包含的哲学思想的基本精神及其表现形态：

1. 神农氏与《连山易》。本地神话有两大系统：湘中、东的炎帝神农氏神话，湘南、西舜与西王母神话。炎帝神农氏是远古南方农业社会的代称，湖湘地区很早便进入农业定居生活，故此地的神农传说独盛。神农氏是一个具有漫长世系的时代。在这个时代里，神农氏人民发明并推动了农业、商业的发展，建立了礼乐制度，发展了各种文化事业。其中，最引人注目的是医药的发明。对医药的应用及其反思，使他们对人生与社会产生了新的认识，在《连山易》以"艮卦"冠首的表达中得到反映。艮止之义显示，人只有超越物质欲望与经验知识，回归本心，才能真正掌握自己的命运。

2. 舜之道心。舜出生于北方，但在古史中，他一生中最大的军事、外交行为都与南方的"三苗"有关，而在湖湘地区也留下了大量相关的传说。在史传记载的舜的对外交往中常常出现西王母的形象，通过对其文化风俗的分析可以发现，它与《山海经》中"三苗"部落传说的相关内容互相重叠，大致可以断定，西王母属于"三苗"部落中的一支。当两者关系紧张时则蔑称为"苗"（微小）或"毛"，而缓和时，则称西王母。西王母的文艺主题的神话体现了精神生活对物质生活的超越性，是"道心、人心之辨"的直接引发者，同时也铸就了其主要内涵。

3. 马王堆世界的思想与知识兴趣。20世纪70年代初在长沙马王堆汉墓出土的大量文物，改变了人们对湖湘文化发展程度及其哲学思想倾向的观点。其中，帛书《老子》甲、乙本、"老子乙本卷前古佚书"（现通称"黄帝四经"）、与流行本差异甚大的易学著作，以及大量养生学文献，体现了当时本地流行的道家老庄"身本论"哲学思想及其实际应用的具体情况。与同时期的齐燕方士向外追寻之学相比，显示了鲜明的内在性特征。从湖湘学术与道家复杂的"接受—反馈"关系来看，湖湘学术仍然保持了强烈的巫风，体现了坚持道家珍视原始直观思维方式的学术取向，显示了湖湘传统哲学精神的强大生命力。

第二个时期（汉、魏至隋、唐）：勃兴期

在这个时期，以南岳为中心、以佛道两教为主干的湖湘哲学获得了一次浴火重生，有全国影响的大师辈出，甚或为帝师，走红一时。而湖湘哲学则以"走江湖"为标志，重新进入中国思想舞台的中心。本期分两章分别论述佛、道两教的哲学思想。

1. 湖南佛学的兴起及其影响。佛学在湖湘的兴起与流行，是所谓"湘州曲学"融合发展的表现，同时也把湖湘哲学提高到了一个新的高度。佛学入湘以后经历了一个本土化的过程，同时也重塑了湖湘哲学的学术性格。佛学在南岳的发展分为两个阶段：一是慧思及其门徒智顗的天台宗；一是怀让、道一、希迁以及居士庞蕴的禅宗。佛学的本土化是在融合了湖湘传统道家资源的前提下实现的。最初慧思前来是受到南岳"丹道"的吸引，欲"藉外丹力修内丹"（《南岳思大禅师立誓愿文》），也就不难理解，为什么风行天下的"五宗禅"都是经过南岳发展出来的。佛学的发展使湖湘哲学的理论水平更高，精神特点更加突出。

2. 南岳内丹学的勃兴。在佛学的刺激下，传统的巫道之术发生了历史性的转变，融合老庄道家哲学与佛学思想，产生了以心性修炼为依托的内丹学哲学。南岳内丹学哲学把道教学术思想提高到了一个新的层次，使之足以与佛教互相竞争。以此，内丹学完善与发展了传统的养生修炼路径，确立了基本的修炼方法，体现了中国人对生命意义及其存在方式的新的认识。内丹学对佛学、儒学思想的吸收，为中国哲学三教融合发展时代的到来做出了学术上的贡献。

第三个时期（宋、明）：铺陈期

周敦颐融合佛、道，把个体修炼的成果推衍到社会政治领域，开创了道学宗派。他通过回归"孔、颜授受"的思想起点，完成了唐宋儒学的革命性转变。此后，形成了程朱理学与陆王心学两个较大的分支。这个时期分三章，分别讨论：周敦颐思想的基本性质、主要内容及其影响；湖湘学派的学术传承、与当时主要学者的交流及其发展，明代，陈献章、王阳明对湖湘学统的向往与阐发，以及心学在衡山的学术活动。

1. 濂溪学的性质与展开。周敦颐本不是通过科举功名，而是由其舅父郑向转让"荫叙"的特权获得官职的，在其仕途生涯中一直以司法"能吏"著名；他与王安石集团关联颇深，并在变法运动中达到其政治职业的高峰，他的思想主要是一种自我反思的政治法律哲学，而非道德哲学。周敦颐追求"至公"理想，"由道入法"。以此，他融合佛、道、法，阐述了具有浓厚道家渊源的"一为要"的道论，开创了儒学思想的新境界。

2. 湖湘学派与朱熹。南宋的"湖湘学者"虽然是由外地迁入的福建崇安胡安国、胡宏以及四川绵竹张栻等人为主组成的，但是他们对湖湘传统有高度的认同。他们融汇南岳禅学的思想成果，重新肯定了周敦颐倡导的"孔、颜授受"，把周敦颐抬升到与孔子并列的地位，创立了"湖湘的"学派。湖湘学者在与朱熹的争论中，通过"南岳唱酬"彰显湖湘学风与思想资源的优势，意义深远。湖湘学派后期的领袖人物胡大时与朱熹继续争论，与永嘉学派、象山学派建立了"同盟"关系，显示了湖湘学术兼容心性、事功的特色。

3. 阳明心学在湖湘。自陈献章以"一语不遗无极老，千言无倦考亭翁"（《读周朱二先生年谱》）质疑程朱理学，推崇周敦颐，湖湘学统之地位直线上升。陈献章对南岳的向往形诸梦寐，带动阳明心学学者纷纷前来衡山"朝圣"。阳明心学通过对南岳祖师禅"作用是性"的思想维度的重新温习，克服了陆九渊"知行两分"的粗糙与陈献章"静中养出端倪"的不足，把"践履之学"发展到相当完美的境界。在此基础上，阳明心学在阐发周敦颐太极理论的基础上，把儒家心学发展到一个新的阶段。衡山山中讲学活动达到了前所未有的高潮，书院勃兴，极一时之盛。

第四个时期（清）：转换期

晚明时代，中国社会生活发生了非常显著的变化，传统的社会形态出现崩解的迹象。不幸的是，在中国社会的转变中，政权丧于"夷狄"之手，使坚持"夷、夏之辨"的士大夫痛心疾首。王夫之把这一灾难归之阳明心学的思想解放，并力图重建孔孟道统，光复中华旧物。但到被曾国藩表彰之前，并无任何实际的影响。而魏源生于衰清，感觉到西方技术文明的压力，主张扫除空虚无用的注经学，为"师夷长技以制夷"开拓空间，才使湖湘学术重新焕发活力。

1. 王夫之与阳明心学之争辩。王夫之不满于湘学传统，远祧"关学"。所谓"希张横渠之正学"，就是希望借助张载的"气本论"建立一种形而上学的稳固基础，论证礼教制度的绝对性；通过学术努力，完成某种政治使命。在此视角下，他厌弃濂溪学，广泛质疑了陆王心学，就主要哲学命题与之（特别是季贽）进行争辩。实际上，王夫之思想的价值在于他对湘学传统命题的阐发,他的诗学尤其深刻。

2. 魏源与古学的转换。魏源在一般思想史论著中被划入近代,但他的哲学话语仍然属于古典范式。魏源早年"究心阳明心学",推崇陆、王为"百世之师",重拾湖湘学统,发展了独特的实践哲学思想和以回归思想创造性、学术原发性为目标的"古微"经典诠释学。他充分体现了《连山易》的"艮止"精神,一扫注经之陋,开创了新的学术时代。

在不同的历史阶段与学派中,湖湘古代哲学自觉地或在惯性作用下,保持了其思想性格与思想方式的一致性,以应对各种时代问题。

五

本书名为"湖湘古代哲学精神及其嬗变",实则是从三皇五帝以来一以贯之的地方性的"湖南古代哲学史大纲",以前很少有人尝试过。同时,作者希望在写法上也有一点新意。首先,作者力图写作一本不同于惯常的"知识体系"之传承的哲学史,而以本土文明精神——其独特的思想方式、价值取向——为主体,发现与表述湖湘古代哲学的核心命题及其基本精神。其次,则是力图超越千余年来的学派立场,把各个主要学派的转换、发展表达清楚。这些都是对以往相关论著的突破,故特别借鉴现象学、语言哲学、神话学的一些方法,以求尽可能完善地对湖湘古代哲学思想进行准确的阐释,使今天的人能更加容易明白其中的意义。

虽然作者为此书的写作投入了全部的精力,但从实际情况来看,由于学识的局限,也只能说是差强人意。第一,汉以前特别是湖湘神话中所反映的湖湘哲学思想,鲜少有人涉足,本书完全是开拓性的,难以取得特别有深度的进展;第二,道学学派门户严峻,往往直接指斥佛、道二教,与他们实际的学术交游、思想内容自相矛盾,不免令人困惑。或许他们当时面对学术讨论之外的问题不得不然,但由于作者知识修养有限，未能客观全面地进行考察；第三，现代学者囿于各自的哲学立场，从一种完全异质的哲学观点对之作的解读，对其研究成果必须进行一番去伪存真的辨析，殊为不易。此类问题，只能希望在将来通过继续深入研究予以解决。

思想要在知其所止，不能汩没于无穷因果网络之中而不能自拔；而学术则是没有止境的，唯有在不断的钻研中，日新又日新！

第一章　神农氏与《连山易》

一　引言

　　神话被称为原始人类知识的"百科全书",首先是包含了哲学思想的。但在以往的哲学史观念中,充满想象的神话被认为是人类思想的幼稚状态,而哲学作为抽象推理的学问,是人类思想的更高形态,是通过对神话的克服而成立的。因而,神话的哲学意蕴也始终没有得到足够的重视。其实,抽象推理是从原始诗性思维中发展出来的,其正当性仍然要接受诗性思维的检验。因此,神话（Mythos）作为本源的思想往往订正哲学的发展方向。

　　20世纪初,卡西尔以"神话与语言"作为研究哲学的中心课题,成为西方哲学史观转变的标志之一。他认为只有通过神话研究才能解答语言与思想的起源问题,才能建立真正的哲学。他说:"我们必须在这里,在这种神话的直觉创造形式里,而不是在我们推演式理论概念过程中,寻找或许可以为我们开启原初语言概念过程之谜的钥匙。并且,追溯语言表述之根源的工作也不应以任何种类的反思性关照为尽头,不应以冷静清醒地比较给定的感官印象与抽象确定的属性为尽头;我们必须再一次弃绝这种静止的观点,以求理解发自内在冲动的语言声音的运动过程。"[1] 而海德格尔则更进一步,指出神话表达了最纯粹的真

---

[1] 卡西尔:《神话与语言》,生活·读书·新知三联书店2017年版,第65页。

理。他说:"神话是告人之言。在希腊人看来,告知就是去敞开什么,使什么显现出来,也就是外显,神的显灵,在场,'神话'就是告知在场者,呼唤无蔽中的显现者。神话最至彻、最深切地关照人的本性,它使人从根本上去思显现者、在场者。逻各斯也是说的同样的东西。神话与逻各斯并非像当今的哲学史家们所宣称的那样,在哲学中是对立的东西。恰恰相反,早期希腊思想家(巴门尼德,残篇第八)就是在同一种意思上使用神话和逻各斯。神话和逻各斯只是在它们各自都不能保持住它们本初的本质时,才变得分裂和互相对立起来。这种分裂在柏拉图的著作中已经发生了。正是从柏拉图主义的根据出发,近代唯理主义采纳了这一历史的和语言学的偏见,认为神话已被逻各斯毁灭了。实际上宗教从未败北于逻辑,它的分崩离析仅仅是因为上帝抽身而去。"① 从上述观点来看,哲学思想应当从概念演绎回归到语言的内在性立场,从诗性直观的方式来重新加以审视。

中国古代哲学本来具有"文化哲学"的立场,动辄称扬伏羲、神农,往往溯及不可究极之境。此一传统由于胡适而中绝。1919年9月,胡适接手北京大学陈汉章教授的中国哲学史讲席,把哲学看作是科学理性的学问,按当时欧美流行的哲学史概念重构中国古代哲学,截取先秦诸子时代作为开端,学术风尚为之一变。胡适断言,这门课以后必遵循其"科学的"范式才能站得住。当时学者望风披靡,胡适"暴得大名"。陈汉章教授讲中国哲学史从"三皇五帝"讲起,讲了半年才讲到周公,往往作为旧学愚昧的证据,以反证胡适之"科学""进步"。② 然而,非常具有讽刺意味的是,在西方却是卡西尔《神话思维的概念形式》(1922)、《神话与语言》(1925)等,相继发表,

---

① 海德格尔:《什么召唤思?》,载孙周兴选编《海德格尔选集》,上海三联书店1996年版,第1213页。
② 见冯友兰《三松堂自序》、顾颉刚《古史辨自序》等处。然而,在学者为孔、老谁先谁后争持不下时,孙中山等政治人物则完全不予理会,仍然讲尧、舜、汤、禹、文、武、周、孔的"道统",讲"人心、道心之辨"。(参见干春松主编《中国政治哲学史》第3卷,中国人民大学出版社2019年版,第317—318页)

在中国人放弃的领域里高歌猛进。正是：新者未必新，旧者未必旧。

近年，对胡、陈两人的评价已经发生倾斜。北京大学常务副校长吴志攀为《陈汉章全集》所作之《序》中，即有如此评论："陈先生对中国哲学史的讲法，一定从'三皇五帝'讲起，盖因那是中国文化的'神圣源头'，是大经大法、大本大源。胡适……从西方社会科学的视角出发，取消'神圣'而代之以一个人为的'开端'，固然是重大创举，但未必就一定比陈汉章高明。窃以为，治中国学问可以应用现代'科学方法'，但如没有'中国本位'的情怀与意识，终究还是显得'隔'了。"①

今天，人们在胡适的道路上奔腾已久，本书稍稍重回传统。

湖湘地区是中国远古神话最为发达的地区，近年来在永州玉蟾岩发现的世界最早的种植稻种证明，湖湘地区的农业文明至少可以追溯到一万两千年以前，在某种程度提供了上古神话的现实依据。从神话传说的内容来看，惯常把中国文化的发展看成是中原文化的外溢，湖湘文化只是中原文化南渐的结果，显然是错误的。湖湘地区的神话传说主要分为两大系统：一是炎帝神农氏神话，一是舜帝与湘妃神话。下面先论炎帝神农氏。

二　神农氏在湖湘的传说

神农氏处于夏、商、周"三代"之前的"前三代"的第二期。这是由《易传》在描述《易经》的发展演变情况时区分的，后世大都沿袭其说：

> 古者包牺氏之王天下也……包牺氏没，神农氏作，斲木为耜，揉木为耒，耒耨之利以教天下，盖取诸《益》。日中为市，

---

① 《陈汉章全集》已由浙江古籍出版社于2014年出版。

致天下之民，聚天下之货，交易而退，各得其所，盖取诸《噬嗑》。神农氏没，黄帝、尧、舜氏作……（《易传·系辞下》）

泰古二皇（伏羲、神农），得道之柄，立于中央。神与化游，以抚四方。（《淮南子·原道训》）

前两个时代，即伏羲、神农两个"朝代"，据相关传说的内容来看，应当都在中国的南方，而黄帝、尧、舜氏时代则以北方地区为中心。"伏羲氏"时代以渔业为主。据《山海经·海内东经》，其活动的核心区域在"吴西"的"雷泽"。袁珂推论即太湖流域，颇有道理。① 从其标志性的文化发明渔网来推测，也应当在河湖密布的地区，而太湖流域可以当之。《吕氏春秋·孟春纪》记其是"以木德王天下之号，死祀于东方，为木德之帝"，更加坐实了这一观点。《淮南子·地形篇》记其活动地区"日中无影"，则其势力范围曾经扩张到了北回归线以南。伏羲氏又写作"宓羲氏"或"包牺氏"，又称"太皞氏"。《尸子》还提到："宓羲氏之世，天下多兽，故教民以猎。"总之，伏羲氏是一个渔猎时代。而神农氏则以发明农业、商业取而代之。神农氏发明农业、商业之事，古代典籍中多有记载。《汉书·食货志》："《洪范》八政：一曰食，二曰货。……二者生民之本，兴自神农，食足货通，然后国实民富而教化成。"上述的传说看似渺茫难稽，但传达的信息却非常准确：先有渔猎，后有农商，有条不紊。

关于炎帝神农氏以湖湘地区为主要活动区域的观点，是以"炎陵"为依据的。《史记·帝王世纪》称："炎帝在位百二十年，崩，葬于长沙。"《郡国志》云："神农氏葬长沙，长沙之尾，东至江夏，谓之沙羡。"等。《路史》根据各种传说判断："（神农氏）都于陈，盖宇于沙，是为长沙。崩，葬长沙茶乡之尾，是曰茶陵。"（卷十二

---

① 袁珂：《古神话选释》，人民文学出版社1979年版，第50页。从伏羲氏发明渔网的情况来看，其中心应当位于河湖密布的东南方，后世在山东建雷泽县，显然是北移了。

《炎帝》)《衡湘稽古》对《管子》《吕氏春秋》《水经注》等古书进行整理，在湖湘地区重构了一个完整的农业起源的神话体系："炎帝，一曰朱帝，故衡山为朱帝游息之地，有朱陵洞天。帝就都长沙，以长沙为历山国，正南离火之地也。《世本》传其都于陈。盖初都陈，继徙此。故《路史》曰：都于陈，宇于沙。即长沙也。帝始教稼穑，命子柱教耕于淇田之阳，命赤制氏作耒耜於耒山，命赤冀氏作杵臼于春溪，命赤松氏为丙师，命丙封氏作燧书，命岐伯作《本草经》，以丹砂为首。"又解"淇田"说："淇田即骑田岭也。秦成五岭，此其第二岭。衡山之脉来自骑田岭，故曰淇田之阳。今桂阳县北有淇江，其阳有嘉禾县。相传炎帝之世天降嘉种，帝拾之，因以教耕，以其地为禾仓。后置县，因名嘉禾。"解"春陵""赤松子"说："赤冀氏作杵臼于春陵，尚有遗臼留焉。春溪所由名也。……《神仙传》：赤松子者，神农时雨师也。罗泌曰：予游炎陵，过云阳之乡，值云阳老期我于山中，观赤松之坛，岂其所寓邪。……（炎）帝有子十三人，其少女曰女娃，与赤松子游东海，亦仙去。""丙封"："丙封氏，居桂阳之丙山，亦曰屏山。山故有丙王庙，在桂东县北三十里，屏水出焉，流入耒。《禹贡》：荆州贡丹。丹产南方，秉离火之气而成。生于辰、邵、衡郡，帝以尝药辨土石，得之其色，符火德，故称瑞矣。"故宋太祖在茶陵县南部康乐乡建炎帝陵庙，以祝融配享。在南宋时专辟陵庙附近地区建酃县，详后。此后，历代帝王在酃县（今炎陵）祭拜神农炎帝。

神农氏是一个历时久远的朝代，有具体的世系可考。《帝王世纪》称神农氏炎帝的起源说："炎帝本起烈山，或时称之。一号魁隗氏，是为农皇，或曰炎帝。"烈山，大火燃烧的山，应是指神农氏刀耕火种。罗泌《路史》卷十三《炎帝纪下》论"神农世系"说：

事固不可以概论。有显然之是，而世以为非；有皭然之非，而世以为是者。神农有天下，传七十世，而书传止存八叶。年眇记落，固无足惑，然《运历》诸书复佹张争诡其为政之日，而世交引以为是。《真诰》有炎庆甲，《国语》烈山氏有子曰柱，二者记并无有，以今内简炎氏为世以十挊者，亦匕首于二帝。然自此至帝临，汔亦无纪。夫古之有天下最长世者，无神农若也。故《尸子》曰：神农氏七十世有天下，岂每世贤哉？牧民易也。《吕览》亦曰：神农七十世有天下。岂不足信如后世之书耶？

如果按七十世代算，大概得有两三千年的历史。清王开琸纂《炎陵志》有"炎帝柱以下纪"的篇章，记录了历代炎帝。有"炎帝柱，神农子也""炎帝庆甲""炎帝临""炎帝承"等，就反映了这一情况。如此看来，传说中与蚩尤、黄帝发生战争的炎帝，只是神农氏世系末期中的某帝，或其分支流派，甚至只是学会了农耕的北方部落。《春秋命历序》则说："炎帝号曰大庭氏，传八世，合五百二十岁。"这可能是指神农氏的某个部落。这样就可以比较合理地解释神农氏既能上继伏羲氏，下与黄帝并世，甚至在黄帝之后仍然存在的现象。

在黄帝部落升起、神农氏退居中国文明边缘以后，炎帝仍然作为南方的方位神受到崇拜。《周礼》卷五："大宗伯以赤璋礼南方。"郑玄注："礼南方以立夏，谓赤精之帝，而炎帝、祝融食焉。"又："小宗伯兆五帝于四郊。注：南谓赤熛怒，炎帝食焉。"《礼记·月令》："南方曰炎天，其帝炎帝。"或指这个部落对火的崇拜及其民族性格。《春秋·左传》："炎帝氏以火纪官，故为火师而火名。"杜预注："炎帝神农氏，姜姓之祖也，亦有火瑞。"孔颖达疏："炎帝，身号；神农，代号也。"《淮南子·氾论训》："炎帝于火而死为灶。"上述传说表明，北方虽有从事农耕的部落，但农耕却是从南方起源的。在如今出版的"历史地图"所标示的上古文明存在的黄河流域的狭小范围内，南、北方之间不可能有这么明显的气候差异感。

在神农氏后期，北方一些游猎部落兴起，侵入农耕地区而产生冲突，给人的印象是神农文明只存在于北方或以北方为中心，只是一种错觉。实际上，南方仍然是神农氏的中心地区，只是日子过得平常，没有可以传说的大事。

炎帝，有时称祝融，与伏羲氏一样，其疆域直到北回归线以南。《山海经·海外南经》："南方祝融，兽身人面，乘两龙。"《淮南子·时则训》："南方之极，自北户孙之外，贯颛顼之国，南至委火炎风之野，赤帝祝融之所司者万二千里。"许慎注："北户孙，国名也。日在其北，皆为北向户，以日故北户。"南岳主峰号祝融峰，建有祝融庙，则是南方的中心了。祝融有时又被描写为炎帝的后代。《山海经·海内经》："炎帝之妻，赤水之子听訞生炎居，炎居生节并，节并生戏器，戏器生祝融。祝融降处于江水，生共工。"

神农氏除了发明农商，在改善食物质量、发明医药等方面尤有贡献。如传说神农氏发明了用火，变生食为熟食。王嘉《拾遗记》："燃山土石，皆自光彻，扣之则碎，状如粟，一粒辉映一堂。昔炎帝始变生食，用此火也。"传说中提到最多，最确定的，则是神农氏的医药；后世医书多托名"神农"，以示其来源甚古。

张炯《本草经序》称："世之言医者，必首推神农。然使神农非与太乙游，则其传不正。非作赭鞭、钩铒，巡五岳四渎，则其识不广。非以土地所生万千类，验其能治与否，则其业不神。吾故曰神农千古大儒也。"神农药学尤其突出，其"药"主要是"草木类"。《史记补》称："（神农）以赭鞭鞭草木，始尝百草，始有医药。"《路史》卷十二《炎帝》："（神农）乃稽太始说玉册，磨蜃鞭茇，察色腥，尝草木，而正名之。审其平毒，旌其燥寒，察其畏恶，辨其臣使，厘而三之，以养其性命而治病。一日之间而七十毒，极含气也。病正四百，药正三百六十有五，著其本草，过数乃乱。乃立方书，命僦贷季，理色脉，对察和齐，摩踵诋告，以利天下，而人得以缮其生。"

这些说法表明，神农是狩猎时代过渡到农业的转折点。明代周礼作"炎帝论"，表彰炎帝对于人类养生的贡献说：

> 自三皇讫录，五帝迭兴，民物虽夥，代有制作。然而茹草木之实，食鸟兽之肉，自若也。炎帝初王天下，即兴忧民之心，斫木为耜，揉木为耒，教民树艺五谷，躬亲畎亩，耕耘收获之农事兴矣。然天时寒燠无常，疾病难免，须赖药石，庶几延生。炎帝始味其滋，察其性，分寒暑平热之四等，办君臣佐使为二区，一日之间，逢毒十二，皆能化之而无侵害。乃是方书以兴，医道以立，民有疾病，皆可疗治。①

在这里，神农氏的功劳实际上被概括为养生的两个互相关联的方面：一是生产与改善维持身体需要的食物供给，一方面则是医治身体疾病。

三 神农氏的思想文化与社会制度

神农氏的著作一直口头流传，在文字发明后写定，设专门的官员管理，讲授。《周礼》说："外史掌三皇五帝之书。"疏："按《孝经纬》云，三皇无文，今云三皇之书者，三皇虽无文，以有文字之后仰录三皇时事，故云掌三皇之书。楚灵王谓左史倚相能读三坟、五典、八索、九丘。彼三坟，三皇时书。"或为传说记录，或直接托为神农氏之书，汉朝时尚多。《汉书·艺文志》载有：《神农》二十篇，《神农兵法》一篇，《神农大幽五行》二十七卷，《神农黄帝食禁》七卷，《神农杂子技道》二十三卷等。直到隋朝，仍有增续。

神农之学惯称"皇农之道"，或称"农学"。春秋战国时代有专门讲授神农氏学术者，称为"农家"。农学是当时的"显学"之一，能与儒学分庭抗礼。这个学派的代表人物为许行。许行与孟子同时。他的著作虽然已失传，但孟子为了更好地批判他，大致介绍了其学派

---

① 周礼：《炎帝论》，载《九疑山志（二种）·炎陵志》，岳麓书社2008年版，第331页。

特点与宗旨：

> 有为神农之言者许行，自楚之滕，踵门而告文公曰："远方之人，闻君行仁政，愿受一廛而为氓。"文公与之处，其徒数十人，皆衣褐，捆屦织席以为食。陈良之徒陈相，与其弟辛，负耒耜而自宋之滕，曰："闻君行圣人之政，是亦圣人也，愿为圣人氓。"陈相见许行而大悦，尽弃其学而学焉。（《孟子·滕文公上》）

关于陈良，孟子介绍说："陈良，楚产也，悦周公、仲尼之道，北学于中国，北方之学者，未能或之先也。"但由于本土文化的影响，陈良之徒陈相等人最终背叛了儒学，转而奉行许行提倡的"皇农之道"。对此，孟子非常生气，贬斥农学属于南方的学问，不正统："南蛮鴃舌之人，非先王之道。"（同上）从中可以推测，神农学派是用南方土语讲学的。不过孟子的言论多自相矛盾。他曾赞扬舜"自耕稼陶渔以至为帝，无非取于人者"（《孟子·公孙丑上》），不是表明农耕、农民中也有值得学习的东西吗？不正是因为舜"劳力"有得而成为帝王的吗？

儒家学派对神农氏之学的敌视，自孔子已然。如孔子骂樊迟学稼学圃为小人。干点农活何至于便是小人？其实这是以农家学说挑战儒学。[①]而隐者则以"四体不勤，五谷不分"讥讽孔子。此类人物，以楚居多。儒学以折中夏、商、周传统为特点[②]，代表北方文化，其敌视南方的农家或许仅次于墨家。而在南方，即使在孔子被神化的时

[①] 如张居正就这样认为："樊迟请学稼，而孔子小之，意迟欲躬稼勤苦，思以易天下，如许行所称皇农之道，并耕而治者。故孔子明礼义，信大人之学，以广其意。……世儒见迟鄙嗤于孔子，便谓农不足学。……第令此曹得侍孔子，讵足以小人嗤之邪？"见氏著《学农园记》，《张居正集》第3册，湖北人民出版社1994年版，第555页。张居正融通儒、农，维护了耕读传统，但未必符合孔子的心思。

[②] 《论语·卫灵公》记载孔子论儒学特点说："行夏之时，乘殷之辂，服周之冕……"

代,仍然有不少人对孔子之骂不以为然,以农稿自豪。

从诸子百家直接记录神农氏的资料来看,"农家"在基本精神上确乎是神农氏的"后学"。下面对古代典籍中关于神农的生活状态、思想制度、流传著作的传说略为整理,以一窥神农氏学术之大端:

(一) 生活状态

神农氏大抵处于母系到父系社会的过渡中,社会风气相当纯朴,劳心与劳力者未尽分工,统治者亦勤于农事。其从事农业不全从经济的角度考虑,有时是为农业而农业:

> 神农之世,卧则居居,起则于于。民知其母,不知其父,与麋鹿共处。耕而食,织而衣,无有相害之心。此至德之隆也。(《庄子·盗跖》)
>
> 凡人之生也,财用足则隳于用力……财用足而力作者,神农也。(《韩非子·六反》)
>
> 神农之教曰:"士有当年而不耕者,则天下或受其饥矣。女有当年而不织者,则天下或受其寒矣。"故夫亲耕,妻亲织。(《吕氏春秋》第二十一卷《爱类》)
>
> 神农之法曰:"丈夫丁壮而不耕,天下有受其饥者。妇人当年不织,天下有受其寒者。"……其导民也,不贵难得之货,不器无用之物。是故其耕不强者,无以养生;其织不强者,无以掩形。有余不足,各归其身。衣食饶溢,奸邪不生,安乐无事,而天下均平。(《淮南子·齐俗训》)

超越经济利益,把农耕直接当作修养心性的方式,一直是湖湘文化的传统。以沩山为主要据点的"农禅"独盛于天下,便是明证。"农禅"把农功告成等同于修行的成绩,只有在神农氏的精神下才是可以理解的。曾国藩对其家人提倡超越经济利益的劳动锻炼的思想,亦可略窥其踪影。

(二) 礼、乐制度

神农氏的制度也非常简易，没有后世的繁文苛礼，其治国以"身教"为主，并在此基础上建设最初的礼乐制度。关于神农氏的社会制度，古籍记载说：

> 神农氏夫负妻载，以治天下。尧曰："朕之比神农，犹旦暮之与昏也。"(《尸子》)

> 不言之令，不视之见，此伏羲、神农之所以为师也。故民之化也，不从其所言，而从所行。(《淮南子·主术训》)

神农氏的所谓"法"，不是采取暴力强制手段，而是通过领袖的表率作用来推行的。但是，纯粹的"身教"即使在"小国寡民"的状态中也有其困难，大概只可实现于家庭之中。

传说中，神农氏还有简明的礼、乐，作为一种普遍性的"文化引导"方式。礼起源于对农神、祖先的祭祀。曾鹤龄说："神农氏教民耕稼、蜡祭、医药、交易之事，开万世衣食相生相养之原。"[①] 蜡祭即所谓"礼"，是与神农氏的所有事业相随而生的。《说文解字》释"礼"说："礼（禮），履也，所以示神致福也。从示，从豊。"又说："豊，行礼之器也，从豆，象形。"从礼字在古代直接作为人与人之间交往的规则来看，祭祀的内容就是主要表演人与人之间关系的一些规则。关于蜡祭的形式，《礼记》记载比较具体：

> 夫礼之初，始诸饮食。其燔黍捭豚，污尊而抔饮，蒉桴而土鼓，犹若可以致其敬于鬼神。注：中古未有釜甑，释米捭肉，加

---

① 曾鹤龄：《炎陵记》，《九疑山志（二种）·炎陵志》，岳麓书社2008年版，第332页。

于烧石之上而食之耳。疏：伏羲为上古，神农为中古，五帝为下古。此云中古者，谓神农也。(《礼记》注疏)

伊耆氏始为蜡。注：伊耆氏，古天子号也。疏：伊耆氏，神农也。以其初为田事，故为蜡祭以报天也。下文"主先啬"，神农既为始蜡，岂自祭其身以为先啬乎？皇氏云：神农，伊耆一代总号，其子孙为天子者始为蜡祭，祭其先祖造田者，故有先啬也。(同上)

把神农只看作一个人而非一个朝代，可见在古代也非常普遍，故皇氏云云。原始的祭礼提示与演习部落的禁忌，告诉人们哪些事情该做哪些不该做，特别是哪些不该做。从上述记载看，蜡祭主要是表演一些"饮食"的禁忌，通过对传统习惯的饮食规则致敬，表达感恩的心情，以求得祖宗的庇护。故说礼始于饮食。

总而言之，礼仪就是通过一种人人乐于接受的方式，把人的精神由漫无边际地泛滥的状态，引导至一种自然和谐的状态。荀子论礼，人们多注意其强调分配社会财富的功能（确定"度量分界"以止争息乱），而很少注意他所说的养生功能（"礼者，养也"），不知后一种更为本源。礼是如何发挥其"养生"作用的呢？荀子说："凡用血气、志意、知虑，由礼则治通，不由礼则勃乱提僈；食饮、衣服、居处、动静，由礼则符节，不由礼则触陷生疾……"(《荀子·修身》)能够透过神秘的面纱而把握本质，深得上古圣人制礼之初衷。

而神农氏之乐的起源及其性质，与礼相似。关于炎帝的音乐，《礼记》："土鼓、蒉桴、苇籥，伊耆氏之乐也。"其中关于琴的记载最多，琴应当是神农氏制作的主要乐器，或者说最正规的乐器。因此，琴的意义，其实也就是神农之乐的意义。

神农之初作琴也，以归神。乃其淫也，反其天心。(《淮南子·泰族训》)

昔者神农造琴以定神,齐淫僻,去邪欲,反其天真者也。(《扬子云集》卷六《琴清英》)

昔神农氏继宓羲而王天下,上观法于天,下取法于地,于是始削桐为琴,练丝为弦,以通神明之德,合天地之和焉。(桓谭《新论》)

琴者,禁也,神农所作。洞越,练朱,五弦,周时加二弦。(《说文解字》)

后世对琴的一般理解,都是根据神农氏所赋予的意义而来的。《白虎通·礼乐》:"琴者,禁也,所以禁止淫邪,正人心也。"在长期的历史发展中,琴成为士人身份的象征:"自古贤人君子,莫不操之以无闷,玩之以无斁,左琴右书,盖有以也。"[1]

概而言之,纯朴的神农氏显示了一种知足常乐的精神,犹如桃花源人民。他们对自己的生存状态有着清醒的自觉,并通过礼、乐制度加以肯定,传之后世。

(三) 历法与地图

历法与地图体现了原始人类对环境两大基本要素的认知:天时、地理。历法是农业生产的指南,罗泌记载神农历法的产生过程说:"(神农)谓乱时不殖,乱气作沴。乃纪上元,调气朔,以端启闰。拂羃蒿,辟尸鬲,以逃民害。三朝具于摄提,七曜起于天关,所谓太初历也。"(《路史》卷十二《后纪三》)据朱熹之言,神农氏掌管历法者为百官之首:"历是三代时一件大事,故炎帝以鸟名官,首曰凤鸟氏,历正也。岁月时既定,则百工之事可考其成。"[2] 杜甫《望岳》:"南岳配朱雀,秩礼自百王。"据此推测,南岳最初应是作为凤鸟氏观

---

[1] 司马承祯:《琴赋》,《司马承祯集》,社会科学文献出版社2012年版,第10页。
[2] 黎靖德编:《朱子语类》卷78《尧典》,岳麓书社1997年版,第1788页。

察天象的主要据点而知名的。

神农氏文明对地理学尤有突出表现。有关"地图之原"的传说云：

《春秋元命包》曰：神农世，怪义生白阜，图地形，脉水道。注曰：怪义，白阜母名。图画地形，通水道之脉也。今有地图，疑始于此。（高承《事物纪原》卷七）

《春秋命历序》曰：有神人……驾六龙，出地辅，号神农。始立地形，甄度四海东西九十万里，南北八十一万里。（《太平御览》卷七十八《皇王三》）

非常巧的是，在舜的传说中也有西王母献"益"地图的事，而中国现存最早的地图为马王堆出土地图。这难道仅仅只是巧合？

神农氏最为著名的作品则是《连山易》，下面专节讨论。

上述传说中，《庄子》的记载看起来较为古老原始，从其中所反映的母系社会的事实可以看出，表面上荒诞不经的传说中，其实包含了真实的历史内容。从上述神农传说中，可以发现其基本精神：超越经济观点，以农业生产为人类最健康的生活方式；以行为先，强调实干，反对空言；注重精神生活，以回归"天心""天真"。

四　《连山易》及其精神

前述《易传》以《易经》的演变作为划分中国远古时代的标志，可以说《连山易》是神农氏最重要的著作。伏羲之《易》是由简单数量记录的"结绳记事"发展为由八种自然现象解释世界事物的"八卦"，《连山易》则是由八卦扩大为六十四卦，以解释更加复杂的事物。《连山易》在古代一直流传，如《周礼》称"太卜掌三易之法"。但在东汉以后就没有人再见到过了。李本固《三易考》说：

《连山》八万言,藏于兰台,此语见于桓谭《新论》,则后汉时《连山》犹存。"其书虽已不见,但古籍中有关转述,仍然可以让人略窥一斑。据古人的引述,《连山易》的一些卦名与《周易》有所不同。如"阳豫之卦""游徒之卦",或即《连山易》卦名,对应于《周易》之《豫》《旅》。如果说神农氏的礼乐在向外开拓中显示了其自我节制,那么《连山易》则是以自我节制为指导的向外开拓。

(一)《连山易》在文明史上的地位

除了前述《易传》所论神农《易》上承伏羲,下启黄帝、尧、舜之外,其他比较权威的说法如下:

> 庖羲氏作八卦,神农重之,为六十四卦。黄帝、尧、舜引而申之,分为二《易》。至夏人,因炎帝,曰《连山》。殷人因黄帝,曰《归藏》。文王广六十四卦,著九六之爻,谓之《周易》。(皇甫谧撰,宋翔凤集校《帝王世纪》卷一)
>
> 《连山》者,烈山氏之书也,夏人因之。伏羲之易小成,为先天。神农之易中成,为中天。黄帝之易大成,为后天。读易者,知有先天、后天,而不知有中天,可乎?(李本固《三易考》)

而"连山"的名称则是夏朝时为了区分黄帝《易》而加的。由此可见,伏羲《易》已经完全融化于后代《易经》中了,而伏羲《易》的根本精神与创作方法也为其后二《易》所继承。

(二)《连山易》的哲学精神

1.《连山易》的反思性质

作为反思形态的思想,可以通过对《连山易》的组织结构的讨论来确定。不同于现今流行的《周易》首乾、坤,《连山易》是从艮卦开始的。对艮卦初始意义的论述,首先见于《易传》,后人据以论

《连山易》：

> 帝出乎震，齐乎巽，相见乎离，致役乎坤，说言乎兑，战乎乾，劳乎坎，成言乎艮。……艮，东北之卦也，万物之所成终而所成始也，故曰成言乎艮。……终万物始万物者莫盛乎艮。(《易传·说卦》)

> (神农)乃命司怪主卜，巫咸、巫阳主筮。于是通其变，以成天地之文；极其数，以定天下之象。八八成卦，以酬酢而佑神，以通天下之志，以定天下之业。谓始万物，终万物者，莫盛乎艮。艮，东北之卦也，故种艮以为始，所谓《连山易》也，故亦曰《连山氏》。(罗泌《路史》卷十二后纪三)

> 《周礼》"太卜掌三易之法"，干令升注云："'帝出乎震，齐乎巽，相见乎离，致役乎坤，说言乎兑，战乎乾，劳乎坎，成言乎艮。'此连山《易》之也。"(李本固《三易考》)

综上所述，艮卦是在事物的无穷流变中截断，终结已成之事，而开始新的事业。"帝出乎震"云云，是指已经发生的世界的过程，至艮则已终结，正如老子所言"物壮则老"，不管其曾经是如何辉煌，如何伟大，都不宜持之不放，而应当断然止而终之，举而弃之，为新世界扫清道路。在此意义上，《艮》又是事物之始。

艮卦其意义究竟如何？这是理解《连山易》的钥匙。艮卦卦象是两山相重，爻辞解释说："艮其背，不获其身。行其庭，不见其人。"历来的解释都认为是讲人的心灵境界的：不为外物所牵引，而时时保持自身的主宰地位。对艮卦的解释，自然以《易传·象》最为权威。特别是《易传》写作之时，作者当时还能见到《连山易》，其解释应当是充分体会了《连山易》精神的。其辞云：

> 艮，止也。时止则止，时行则行，动静不失其时，其道光

明。艮其止，止其所也。上下敌应，不相与也。是以"不获其身，行其庭，不见其人，无咎"。

　　这里说得很清楚，艮卦指出《易》之所以为"易"，就是变动不居，出入无方，人的行为以对"时间"的顺应为原则，就能达到光明的大道。要达到这一点，关键是自己的心灵不为外物所左右，不为经验知识所控制，特别是不为人云亦云的流俗意见所动摇，做到应物而不应于物（敌应）。止其所，止于自己的本心。神农《易》既以之为首，自然是以其"艮止"之义正其余各卦的意义，进而正人类行为。

　　可见，神农《易》之艮止，与其礼乐一样，都含有"禁止"之义，带有消极的意义，并由此而表达其作为万物之始的积极意义。故老子仍以"大顺"之利作为其提出"玄德"的理由："玄德深矣，远矣，与物反矣，然后乃至大顺。"（《老子》第五十六章）《连山易》也反映了同样的情况，因为某种节制可以带来巨大的利益。

　　反思的哲学是如何产生的呢？神农文明反映了哲学起源的某些真实面相。须知，在传说中神农除了发明农业之外，另一重要的形象则是其作为医药之神的出场。甚至，农业本身也是作为对身体疾病的"治疗"出现的。一般认为，农业是因肉类不能满足人们的需要而发明的，是有其合理性的。如《贾谊书》："神农以为走禽难以久养民，乃求可食之物，尝百草，察食咸苦之味，教民食谷。"《白虎通义》："古之人民，皆食禽兽肉。至于神农，人民众多，禽兽不足，于是神农教民农作，神而化之，使民宜之，故谓之神农也。"其实，情况要复杂得多。肉食之魅力一直大过五谷，西方民族也一直以肉类为主，发展畜牧业也是可以的。可见，神农发明农业就不仅仅是要改善生活。

　　因此，古书中也有另外一种看法，认为，发明农业是为了治疗由于专食肉类而引发的疾病。《淮南子·修务训》说："古者，民茹草饮水，采树木之实，食蠃蚌之肉，时多疾病毒伤之害。于是神农乃始教民播种五谷，相土地宜燥湿肥硗高下；尝百草之滋味，水泉之甘苦，令民知所辟就。当此之时，一日而遇七十毒。"

五谷难道没有毒吗？古代社会流行的"辟谷术"又主要是针对五谷而言的。不言而喻，人类在医疗实践中不难发现，疾病不光是因为外物的原因，而是由于人自身没有节制而引起的。于是，医药学便发展到了哲学。

《本草经》这段话就很清楚地表明了这一思想飞跃："太乙子曰：'凡药，上者养命，中药养性，下药养病。'神农乃作赭鞭、钩铄，从六阴阳，与太乙外（巡）五岳四渎。土地所生草石，骨肉心灰，皮毛羽，万千类，皆鞭问之，得其所能治主，当其五味，一日七十毒。"寻求外药既如此之艰难，有些病根本就无药可治。自然，在寻求外药的时候，人们同时也提出了卫生在克制内在欲望的观点。这便是神农哲学产生的原因：如何在利用食物满足自己的需要时避免过度，保持自己的本性。这就是"上药""中药"。

换言之，当人们疾病缠身，生死难保时，任何逆耳之言也能接受了。故在中文里，忠言也经常用"药石"来比喻。由此而推之，发展出一种哲学思想，在面临思想文化、社会制度之类的选择时，就能提供有效的思想帮助。

在无道的时代，固有反思的需要（这个时代哲学其实是很难发声的）；在王道盛世，难道就不需要哲学？魏源论"太古之道"说："圣人经世书也，而《老子》救世书也。使（老子）生成周比户可封之时，则亦嘿尔已矣！自不然者，'去奢，去甚，去泰'之旨，必有时而信于天下。"[①] 其实，王道也是在反思中建立的，而非不假思索便能达到理想的境界。《易传·系辞下》："天下何思何虑？天下同归而殊途，一致而百虑，天下何思何虑？"即使最后达到不思不虑，也是经由百思百虑。

---

① 魏源：《论老子》，《魏源文集》（十二），岳麓书社2004年版，第9页。标点略有改动。

由《连山易》来看，神农氏的思想文化、社会制度的选择，其实也是体现了"艮止"精神的。

2.《连山易》的诗性思维

我们若不了解《连山易》的思想方式，也最终无法理解其反思精神的实质：它是基于某种神启、某种宇宙真理，还是对人类自身存在的自觉？

关于《易》的思维方式，《易传》有所论述：

> 古者庖牺氏之王天下也，仰则观象于天，俯则观法于地，观鸟兽之文与地之宜，近取诸身，远取诸物，于是始作八卦，以通神明之德，以类万物之情。（《易传·系辞下》）

由于远离了《易传》所在的语境，人们对上述言论的意义并不太明白，而理所当然地从自己惯常的思维方式出发，把它理解为一种"以己合彼"对象性的认知方式，认为伏羲模仿自身以及外物的形象而创立八卦。其实，大大不然。

要理解上述话语的真正意思，首先要从《易传》产生的人类思维方式的发展演变来探讨。如今大多数学者并不相信《易传》为孔子所作，但是，其为先秦诸子时代的作品则没有异议。因此，它首先体现的是诸子时代的思想风尚。据胡适说，从公元前 6 世纪开始，中国由诗人时代发展到辩者（Sophists）时代。[①] 不过因为身处这种过渡期之中，前、后两相对照，人们并不认为抽象思维是一种"进步"，相反，他们看到的是其滥用所引发许多邪伪之论（诐言）。从孔子一直到韩非子，都为之焦虑。孔子说："不学《诗》，无以言。"这是说只有诉诸直观形象的诗是不会骗人的，而理性概念并不可靠，人要学会可靠地说话。孟子更认为由写诗到讲道理，是社会沉沦、人心堕落的表

[①] 参见胡适《先秦名学史》，安徽教育出版社 2006 年版，第 21 页。

现:"王者之迹熄而后《诗》亡,《诗》亡然后《春秋》作。"(《孟子·离娄下》)诗是王道时代的思想形式,以"隐喻"表达自己的感受就能打动统治者;《春秋》则以历史"影射"统治者,故说"乱臣贼子惧";到了孟子自己的年代则是"辩",或"骂",但孟子认为不是他"好辩",实在是不得已。总之,首先用直观意象进行思维,然后才走到以抽象概念表达自己的思想的阶段,而抽象思辨虽然概括力加大,用荀子的话说是可"以类举",但世界并无完全相同的两个东西,因此,它的可靠性仍然应当以形象思维来检定。

为了解决理性思维的可靠性的问题,孔子提出了"正名"的观点:孔子说:"君君,臣臣,父父,子子。"(《论语·颜渊》)这不是像惯常理解的那样,给君字下个什么定义,而后按照这个定义做就是君了等。而是君有君的样子,有其直观的形象。如表现于对待臣的财产,是"取",而非"借"……孔子论礼、法,也总是以"措手足"之类的说法来强调的,礼法是指具体的行为方式。正如孟子说:"形色,天性也。惟圣人能践形。"(《孟子·尽心上》)就是指圣人能够充分地实现自身的存在,君能成君,臣能成臣;文能疏附,武能御侮……而一般人由于思想境界不高,能力不够,往往不能体现出君的样子……因为"形色"即"天性",否定了具体形象之外的抽象真理的可能性。据此,"形"不能静止地理解为事物的形状、形貌,而要广义地理解为事物的存在方式,尤其是人的行为方式。孔子关于"觚"的讨论就很能说明这一点:"觚不觚,觚哉,觚哉!"(《论语·雍也》)觚是一种祭祀用的酒器,本有四条棱线,"时式"不见棱线了。这还是觚吗?孔子认为是。因为它的地位、作用并无变化。比如把矩形的旗改换为三角形,红色改为蓝色,或在战场上被炮火打成了破布条,等等,人们都会毫不犹豫地认之为旗,跟随前进的。①

---

① 魏源以"默觚"命名其哲学著作,就是要求超越一切名言格式,在人类实践中领会事物的本质。

从儒家到墨、道、法等，都有自己的"形名学"，而名家则是专门研究这个问题的。即使墨家认为抽象思辨可以达到真理，但也对形、名关系作肯定的论述，反对离形而论名。名家的"形名学"当然最专业。谭戒甫认为，在其观点中，"形"不一定表现为"名"，但"名"一定要表现为"形"；所谓事物，充其量不过是形与名而已。他说："形名家……以为'形'是物的标帜，'名'即是'形'的表达；物有此形，即有此名。"① 不过，由于"形名家"的著作大都失传，只流传一些耸人听闻的"悖论"，人们遂以"诡辩"视之。其实这个学派的追求也是很积极的。司马谈《论六家要旨》发表的评论比较公允："夫阴阳、儒、墨、名、法、道德，此务为治者也，直所从言之异路，有省不省耳。……名家苛察缴绕，使人不得反其意，专决于名而失人情。若夫控名责实，参伍不失，此不可不察也。"由此可见，名学家提出"白马非马"之类的命题，本意还在挑战语词由具体向抽象的演变趋势，以追求名言更加真实地表达，而非以诡辩为目标。从名家巨子惠施能为魏相也可看出，形名家是能够正常地处理政务的。

而《易传》正是在此一思想语境中对伏羲画卦进行论述的。在《易传》的作者看来，伏羲把万物看作是自己身体（生存境域）的一部分，纯粹使用形象思维，也就是使用了"最真理"的思维方式创作了《易经》，从而使之成为最可靠的经典。

通过现代人类学的研究，我们可以更加确切地理解《易传》对原始易学思维方式的论述的意义。意大利哲学家维柯是较早对原始思维方式进行研究的学者，他的研究可以归纳为三个要点：

一是用形象进行思维。在"诗性的玄学"一节中，维柯说："诗性的智慧……一开始要用的玄学就不是现在学者们所用的那种理性的抽象的玄学，而是一种感觉到的想象出的玄学……这些原始人没有推

---

① 谭戒甫：《形名发微》，中华书局1963年版，第1页。

理的能力，却浑身是强旺的感觉力和生动的想象力。……他们生来就对各种原因无知。无知是惊奇之母，使一切事物对于一无所知的人们都是新奇的。"① 他们使用"最具体的感性意象"，通过"替换（局部代表全体或全体代表部分）和转喻"，发展了一种"玄学的逻辑"。②

二是以自己的身体作为衡量万物的标准。维柯说："在一切语种里大部分涉及无生命的事物的表达方式都是用人体及其各部分以及用人的感觉和情欲的隐喻来形成的。"他举例说，用头来表示开始，锯或梳的"齿"，鞋的"舌"，葡萄长得"欢"，诸如此类。"人在无知中就把他自己当作权衡世间一切事物的标准。"③

三是名本论。"在希腊人中间，'名称'（name）和'性质'（character）意义相同，所以教会神父们把'神的性质感'与'神的名称'两个词看成同义，可以互换。'名称'和'定义'（definition）两个词在意义上也相同……"④ 维柯还特别提到"符号"作为语言与文字的起源。符号不发声，只是一些姿势或自然实体，有一种自然的意义。

维柯所阐述的原始思维方式，完全可以应用对伏羲画卦的分析。可见，在"形名"思潮中《易传》的作者对伏羲创作方式的描述，是对伏羲等其他作《易》的圣人体现了本真的思维方式、表述了最高真理的颂扬。伏羲所谓"近取诸身，远取诸物"，即指伏羲以身度物，整体地理解世界万物的意义，所传达的是一种形象思维的"隐喻"。维柯所说的"无知"体现了直觉非认知、非概念的特点。克罗齐指出，根本点在于直觉超越了主、客对立的认识模式。他说："在直觉中，我们不把自己认成经验的主体，拿来和外面的实在界相对立，我们只是把我们的印象化为对象（外射我们的印象），无论那印象是否

---

① 维柯：《新科学》，人民文学出版社 1986 年版，第 161—162 页。
② 同上书，第 181 页。
③ 同上书，第 180—181 页。
④ 同上书，第 195 页。

是关于实在。"① 原始思维是内在性的，外在世界作为其存在的世界而存在，从而真实。"实在"是一个形而上学的概念，来自臆测。

维柯是以拼音文字为对象来立论的，而在用象形文字书写的汉语中，更加明白。在汉语中，即使一些特别抽象的字，都可以直接追溯到一些具体的事物。如虚词"虽"本是一条善变的虫，其抽象义是取其隐喻义而成的。以汉字书写为诗句，文字本身就直接体现了形象思维的形态。在书法中，甚至笔画本身而非其所组成的字就传达了某种意蕴。

伏羲《易》似乎只是八个"无声的"卦象符号，是特指某一物；而一般的文字则多少有点抽象，而忽略了个别事物的独特性。从文字由具体向抽象的演变来看，符号显然更为本源。赫尔德有句名言："当人还是动物的时候，就已经有了语言。"② 这个已经无法证实。但是，我们看到许多哺乳动物都有领地意识，以符号标示其边界，经常巡视。这就是说，动物就有了符号。就《易经》来说，卦象的意义只在直观中才能理解。如乾卦是三行完整的线条，给人一种刚硬的印象；而坤卦三线皆断，便给人柔顺的感觉……这都是文字本身难以传达的信息。故符号所表达的事物最逼真，而语词越抽象就越失真。巫师精通此意，发明了各种"符箓"，破除文义纠缠引发的精神疾病。禅宗的大师经常示人以符号，或某种身体姿势，便是汲取了巫术的内容。

神农《易》增加了辞（解释），作为对卦象的一种"补充说明"，但直到文王《易》，始终以卦象为先。《易传·系辞上》引孔子自问自答的一段话说："子曰：'书不尽言，言不尽意。然则，圣人之意，其不可见乎？'子曰：'圣人立象以尽意，设卦以尽情伪，系辞焉以尽其言'。"《系辞下》又明言："是故易者象也。象也者，像也。"王夫

---

① 克罗齐：《美学原理》，商务印书馆 2012 年版，第 4 页。
② 赫尔德：《论语言的起源》，商务印书馆 2014 年版，第 5 页。

之解之曰："卦也，爻也，变也，辞也，皆象之所生也，非象也无以见《易》。……像者，因其已然之形状而写之。象以成乎可像，故因而想像其道之如此。"① 换言之，意即是象，象外无意。② 如乾卦的意义即在直观其象，在与坤卦的对比中，其刚健之状一望便知，非抽象概念所能传达。《易传》关于象的观点，是形名学思潮的一种表现。

概而言之，在《易传》看来，由伏羲而神农，乃至黄帝、尧、舜、文王、周公、孔子等，即使有所论辩，也始终是在形象思维的范畴之内运思，也即在真理的范畴之内运思。

（三）《连山易》在湖湘的传承

东汉桓谭以后，《连山易》不太见有人讨论，书亦佚失，在精英文化层面，"艮止"之义好像沉入了历史的深渊。直到周敦颐的《通书》，这种情况才有所改变。而周敦颐的论述，追溯其由，又是响应了宋王朝的"火德应运"的神学宣扬与对炎帝的尊崇。不管周敦颐出于什么动机，确使湖湘精神得到了一次全面显扬的机会。

《宋史·太祖本纪》载："建隆元年（960），定国运以火德王，色尚赤。"《宋史·礼志》载，乾德元年（963）太常博士聂崇义奏："皇帝以火德上承正统，请奉赤帝为感生帝。每岁正月，别坛而祭。"于是宋人在茶陵（今湖南炎陵）重建了炎帝陵墓。关于其经过及意义，罗泌说：

> 所谓天子（炎帝）墓者，有唐奉祠焉。太祖抚运，梦感见帝，于是驰节夐求，得诸南方，爰即貌祀，时序隆三献。恶戏！盛德百世，祀至神农，亡以尚矣！我宋火纪，上协神农，岂其苗

---

① 王夫之：《周易内传》卷六上《系辞下传》，岳麓书社 1988 年版，第 586—587 页。
② 魏、晋名士对"立象以尽意"进行了激烈辩论，但因为他们所进行的是一种抽象的概念推理，不能从思维与语言文字的演变进行分析，未得其要，包括持肯定观点的王弼《易略例》在内。

裔邪？何谁昔之夜，神交万载，而乃丕扬于今日欤！（《路史》卷十二《炎帝》）

按其说法，以前祭祀往代帝王，最远不过到黄帝为止，祭炎帝是中原王朝第一次。所谓"感梦见帝"，《炎陵记》称："闻诸长老，宋太祖求帝王之应祀者，独神农氏之陵不可得。一夕梦神人戴一笠，持两火，诉不血食。觉而咨诸群臣，佥曰：'是非炎帝乎？火位南方，宜往南求焉。遂遣使者，至长沙之境，求不获，将归，遇一老人引而指示之曰：是则炎帝冢也，忽不见。使者还报，即遣祀之，遂成故典。'"① 实际上，宋人只是根据古代传说确定了具体位置而已。对当时的一些疑问，罗泌作了辨正：

太昊宅东，少昊宅西，炎帝居南，颛帝居北，予尝证之矣。……己酉冬，周益公退舍归，首以炎陵事来访，谓三皇五帝并居中原，炎帝之墓无因在南方，即疑为偏据者。予曰不然。古之圣人惟与天地合，必于我者无一毫之不尽，则示之后斯悠久而不渝。……盛德在火，不刊之祀。其帝炎帝，其神祝融，此实司南方者。是故炎帝墓茶乡，而祝融墓于衡山。（《路史》卷二十六《国名纪三》）

意思是要以古来传说为据，不能根据自己的"历史知识"进行推测，否则见解不同，后代便可以随意更改。这种以传说为本位的见解，也使他所作的《路史》具有较高的价值。

周敦颐在《通书》中高扬"艮止"之义，可以看作是对此一事件之直接响应。他把对艮卦的诠释置于《通书》第四十章，即该书的末章，等于是全书的"结论"。也就是说，周敦颐"诚学"最后归结

---

① 曾鹤龄：《炎陵记》，《九疑山志（二种）·炎陵志》，岳麓书社2008年版，第332页。

为对"艮止"之义的掌握，也即把学问归结为如何理解《连山易》的精神。同时，周敦颐还高屋建瓴，试图以"艮止"之义融汇佛学（或许也是因为其在湖湘最为流行，当作了湖湘学术精神的新形式），成为三教之上的统治思想。程颢对之也是心领神会的，为之推波助澜。他复述周敦颐对佛学的优越感说：

> 周茂叔谓一部《法华经》，只消一个"艮"字可了。(《元公周先生濂溪集》卷六，《二程外书》卷十中，"艮字"为"艮卦")

程氏自己又补充道：

> 看一部《华严经》，不如看一艮卦。原注：《经》只言一止观。(《二程遗书》卷六)

南岳慧思、天台智顗都是以《法华经》为依托阐述其宗教哲学的观点的，均以"止观"为宗旨。(见本书第四章)可见周敦颐提到《法华经》非泛泛举例。《通书》第四十章名以"蒙艮"，也让人很容易联想到智顗的《童蒙止观》。而"蒙艮"的观点，在唐代居士李通玄的《新华严经论》，更是经常谈到的话题，并以之概括全书大意。①以此程颢把《华严经》也概括进去，非仅仅表达对异端学术的优越感，在端正价值选择的儒学倾向时，也含有融汇的意思。

在上述背景下，周敦颐以之概括《法华经》、程颢以之概括《华严经》，就并不令人感到奇怪了。周敦颐的"蒙艮"之义是不言自明

---

① 李通玄说："以十二月、正月为艮为山，为止，为门阙，为小男，为童蒙。是故圣者取之为法表。正月三阳已生，以从艮止，而生火也。明从定为止发起无作正智慧，明是入道启蒙之门阙故。艮为童蒙，以明童蒙心止能启大智慧日光明故。"见《新华严经论》卷26，《大正藏》第36册，第898页。等等。

的，那就是由人的感知及其行为中，回归本体，即"童蒙"状态，也就是人之初心，以顺应时变而已："慎哉，其惟时中乎！"农事以四季的变换为行动的依据，《连山易》作为农业社会的哲学，自然以"时"为行动的终极指南。事实上，历法是最高的法律。

明代罗洪先赞扬周敦颐的"艮"为目标的学术思想说："濂溪先生……以无欲为千古入圣指要。《易通》始之以诚，则曰'诚则无事'，又曰'诚无为'；终之以艮，则曰'艮非为也，为不止矣'。……明道得之濂溪，重其言曰：'所欲不必沉溺，只有所向便是欲。'"①诚即直观，而概念得于归纳，引向推理，种种意见从此而起，由"欲""念"驱使，便非诚，离道渐远。

程氏可能觉得《连山易》已经佚失，提倡佛学又有违其儒者的身份，就翻出与之相近的《大学》取而代之。《大学》首句即说："大学之道，在明明德，在亲民，在止于至善。"其中以"止至善为要，故抽出言之"（李贽《四书评·大学》）："知止而后有定，定而后能静，静而后能安，安而后能虑，虑而后能得。""《诗》云：'邦畿千里，惟民所止。'《诗》云：'缗蛮黄鸟，止于丘隅。'子曰：'于止知其所止，可以人而不如鸟乎？'"颇合于《连山易》的结构与精神。由此，二程断定："《大学》乃孔氏遗书，须从此学，则不差。"（《二程遗书》卷二上）

至张栻，进一步阐明了《大学》与《连山易》思想联系："在《易》，艮为止，止其所也。某尝考《大学》始终之序，以知止为始，得其所止为终，而知止则有道矣。《易》与《大学》，其义一也。"②而朱熹注《四书》，又在其后了。故明儒周汝登"挑明"《大学》即《连山易》："《大学》首言知止，此《连山》之旨也。"③揭示了《大

---

① 罗洪先：《跋〈通书·圣学章〉后》，《罗洪先集》，凤凰出版社2009年版，第683页。
② 张栻：《艮斋铭》，《张栻集》，岳麓书社2010年版，第831页。
③ 周汝登：《圣学宗传》，《周汝登集》，浙江古籍出版社2015年版，第489页。

学》超越《语》《孟》列为《四书》之首的历史真相。

用《大学》代替《连山易》，湖湘学统略显隐晦。不过，周敦颐的贡献也没有被遗忘。南宋对王朝正统性更加重视。宋高宗在"靖康之耻"中即位，改元"建炎"（1127），即表明要重建炎帝火德的"国运"。末世，还使用过"景炎"之号。宋宁宗嘉定三年（1210），魏了翁奏请追谥周敦颐为"元公"。宋臣引《易传》"大哉乾元"、《春秋》"以一为元"，议论说："先生于理学晦而明之，窒而通之，亦可谓之元乎？"[①] 明确表示其地位应在另两位享受了最美谥号的名儒朱熹（文公）、张栻（宣公）之上。为宋廷采纳。第二年，割茶陵南端地新建酃县，加强炎陵建设，强化"火德"的正统地位。尽管如此，终究敌不过儒学势力浩大，湖湘学脉只在若隐若现之间。

在周敦颐之后，宋明儒读艮卦，不再视之为六十四卦中普通一卦，而是作为《易经》的学术精神的集中表现的卦来解读，也可以说是作为"哲学之卦"来解读。程颢在《答横渠张子厚先生书》，又称"定性书"中，解释"艮止"之义说："人之情各有所蔽，故不能适道，大率患在于自私而用智。自私则不能以有为应迹，用智则不能以明觉为自然。今以求外物之心，而求照无物之地，是反鉴而索照也。《易》曰：'艮其背，不获其身，行其庭，不见其人。'孟氏亦曰：'所恶于智者，为其凿也。'与其非外而是内，不若内外之两忘也。两忘则澄然无事矣。无事则定，定则明，明则尚何应物之为累哉？"（《河南程氏文集》卷二）自私者，执物不舍，不知功成名就身退之道；用智者，肆意穿凿，诡辩以欺人，只是一件事的两个方面。

胡宏解释艮卦同样秉于《连山易》的结构论。他说："阳止于上，阴静于下，安其止也。人之所以不能安其止者，动于欲也。艮其背，不牵于欲，则无我矣，故曰不获。……无我则安行而不为物所乱

[①] 李桢：《濂溪志》卷之五《历代褒崇》，载《濂溪志（八种汇编）》，湖南大学出版社2013年版，第172页。

矣，故无咎。"(《皇王大纪》卷十三《王纪》)张栻《南轩易传》，亦反复致意于艮字的意义。

陆九渊虽不以周敦颐的《太极图说》为是，然其学术精神亦以对"艮止"之义的理解为极致。他解艮卦说："'艮其背，不获其身'，无我；'行其庭，不见其人'，无物。"书之以俾其得意门生傅子渊，显然是当作学派宗旨的。①

程颐弟子郭立之自称"兼山学"，"是其学只一艮卦"。对此，朱熹批评说："《易》之道，一个《艮卦》可尽，则不消更有六十四卦。"②明确否定周敦颐、程颢的学术道路。由此可见宋儒学术之分野。

至明代，黄绾直接以"艮止"之义概括儒学，颇为突出。他说：

> 伏羲、尧、舜以艮止、执中之学相传，伏羲之学具于《易》，尧、舜之学具于《书》。《易》之微言，莫要于艮止；《书》之要旨，莫大于执中。自是圣圣相传，率由是道。至仲尼出而大明厥蕴，以知止之止提心体，以致知示工夫，以格物示功效，以克己为致知之实，以复礼为格物之实，皆艮止执中之正脉……
>
> 《大学》所言文王"缉熙敬止"者，此指止之体而言也。其体既立，由是而施于君臣、父子、国人之间，无不各得所止，此指止之用而言也。(《久庵日录》卷一)

伏羲只画了八卦，神农才排了顺序，以艮为首，因此"艮止"是《连山易》的精神。黄绾是台州人，其学术思想受到天台宗的影响，与湖湘传统有一点间接的渊源。

《连山易》思想精神深入于湖湘文化之中，在今天的民俗中仍然可以发现其踪影。不久前，在湘西会同县连山乡发现了体现《连山

---

① 陆九渊：《语录》，《陆九渊集》，中华书局1982年版，第406、420页，等处。
② 黎靖德编：《朱子语类》卷101《郭立之》，第2320页。

易》卦序的民俗文化，受到媒体广泛的关注，进行了详尽的报道。[①]湖湘一隅对自己传统的固守，实为人类文明所罕见。

五　小结

在游牧时代，食物来源很不稳定，人类的注意力集中于对外物的追逐，其实是很难有时间进行反省的。农业的发明带来了人类生活的巨大改善，使人类有了大量闲暇，开始可以通过对自己生活的反思，从容地安排之。这种反思就构成了哲学思想的最初的萌芽。

湖湘地区作为中国农业文明的源头之一，其远古时代的神话传说较他处为早，为丰富，是不足为怪的。从神话中可以发现湖湘哲学萌芽的大致历程：当人类摆脱了简单地追逐食物的状态，便发展了最初的歌舞艺术，礼、乐文明；对身体疾病进行医疗，产生了神农医药学，而哲学反思亦随之萌发。在神农医药学追索人类身体病因时，则发展了对自己物质生活方式以及心灵健康的反思：疾病往往是由不正确的生活方式以及心理紊乱所引发的，并发现乐舞在带来高级的审美享乐的同时，有协和人类心、身的功能。神农氏的主要乐器琴有"禁止"之义，非压抑人的情感欲望，而是引导其进入自然和谐（天和）的状态。至《连山易》以"艮卦"冠首，强调哲学反思的重要性：人当知其所止，止于自己的本心、初心，即诗性直观之心，以顺应天时。神农氏的社会文化生态大致如下：以农业生活主导——农业不仅是一种经济活动，而且更是一种健康生活的基础；在社会制度上则以礼、乐引导；在文化上则提倡养生、医疗等方面互相协调发展。

神农氏思想文化制度，是农业文明的直接的结果；而通过哲学反思，则推动了其向更高的层次上发展，由此形成了湖湘文化传统。在

[①]　近年围绕《连山易》的一些相关活动，可以参看侯桥训、杨汉立《会同连山祭炎帝》（《新湘评论》，2001年9月1日）一文所作的介绍，中央电视台文化频道亦就此作过专题节目。

古代楚国的农学家、沩山佛教的农禅乃至曾国藩的"书疏鱼猪"之类家训中，等等，均有顽强的表现。而"艮止"之义的直接复活并大显于世，则在宋代周敦颐借宋王朝建陵立庙尊崇炎帝之势，以"蒙艮"融汇佛、道、儒，创立新儒学。周敦颐的学术努力，形成了此后宋明儒学的"千年样子"。

总之，"艮止"之义开启了湖湘古代哲学的基本旋律，在历史上作出过伟大的贡献，具有永恒的价值。

下章讨论舜之"道心"是对"艮"之义的继续发挥。

第二章 舜及其道心

一 引言

在《尚书·大禹谟》以及荀子所提到的"古道书"中，都记载了舜提出的"道心""人心"之辨。先是，《尚书·尧典》记尧传授舜"允执厥中"，舜在此基础上作了进一步的发挥，完善，传授于禹。舜把尧的"心法"提升为："人心惟危，道心惟微。惟精惟一，允执厥中。"即：在日常经验之"人心"之外反思其所以可能的"道心"。此即宋明儒学经常提及的"尧舜禹之授受"。如前述黄绾所言，尧舜所授受者就是"艮止"之义。这也可以直接从舜与之交流频繁的西王母文明中推导出来。而西王母与舜交流的地点就在湖湘地区。换言之，舜的"道心"可以看作湖湘古代哲学的发展。

传说舜出生于山西蒲坂，然而，他的政治功业及其思想成就，都与湖湘文化有着密不可分的联系。据司马迁《五帝本纪》记载，舜一生再来湖湘，葬于九嶷。在历史记载片断中可以发现，舜一生最大的政治、军事活动就是与三苗的战争与和平，而其所交往的异域人士则以西王母最为突出。从舜一生事迹的逻辑关系来看，西王母就是三苗部落之一，舜与西王母的交往就是与三苗的交往。苗，或作毛，有渺小之意，是一个带有轻视色彩的词语。当舜与之处于战争状态时，则称其为苗；当与之和平时，则尊重其宗教与文化，称为西王母。据传说，舜及其部落最后迁居于此，舜死后亦葬于此地，他在与三苗的冲突中，明显有其向往的一面。舜为后世所称道的"孝道"只能是农业定居文明的产物，湖湘地区成熟的农业文明对其发生影响是不言而喻的；其所留下的《南风歌》，带有明显的"楚调"；而"道心"作为对"人心"的反思，与《连山易》的"艮止"之义更有精神上的契合。

本章将从舜与西王母的联系入手，考察西王母部落的文明特征，以及这一特征与三苗部落的联系，并进而在三苗文化背景的前提下，讨论"人心""道心"之辨的意义。

二 舜与西王母

在尧舜时代，湖湘地区一般称为"苍梧之野"或"三苗之地"。《通典·州郡十三》："潭州（长沙）古三苗之地。""岳州在苍梧之野，亦三苗国之地。"可见，湖湘一带以民族言则称为"三苗之地"，以自然物产言则是"苍梧之野"。[①] 舜与西王母的故事便发生于此。汉代的几种重要经典都记载了零陵出土的西王母献给舜的"白玉琯"，至少至汉代，人们对舜在湘南的活动以及接受西王母赠送白玉琯之事是深信不疑的。（长沙马王堆出土地图以舜陵标地理方位，也证实了传说的古老。）此后，史志沿袭不变，略选数则如下：

> 舜之时，西王母来献其白琯，前零陵文学姓奚，于伶道舜祠下得笙玉琯。夫以玉作音，故神人以和，凤皇来仪也。（《说文解

[①] 与广西"苍梧"的区别，明蒋鐄称，九嶷山，本为"九疑山"，引郭璞曰："九峰参差，互相掩映，望而疑之，故名。"九嶷山，亦名苍梧山。又引《州志·苍梧辨》："《礼记》'舜葬苍梧之野'。或以为越地，舜有十二州，初未有越，汉元鼎六年苍梧始为郡。考之苍梧在楚者其地名，在越者其地郡名云。"（见《九疑山志（二种）·炎陵志》，岳麓书社2008年版，第12页）"苍梧之野"所指地域广大，以九疑山为苍梧，似乎仅仅是为了与广西苍梧相匹配，却难免缩小了其所指范围。

字》卷五上）

汉哀帝时，零陵郡文学奚璟得玉琯十二于此，献之朝，因以名岩。当时以为舜巡狩至九疑，十二州牧执之以觐者。按，《风俗通》：《尚书大传》，舜之时，至西王母来献白玉琯。不知璟所得何属？（蒋鐄《九疑山志》卷二）

玉琯岩在县（宁远）南九嶷山，去舜源峰五里。《晋书·律历志》：汉章帝时零陵文学奚璟于泠道舜祠下得玉琯十二，上于朝。（乾隆《湖广通志》卷十一）

玉琯岩……询所自，曰：舜朝方岳，登九疑，十二牧执玉琯以觐，后为奚璟得去，因以名。或曰，玉琯盖西王母所献也。（光绪《宁远县志》卷四）

玉琯，一种管乐器。如果说舜是"外来户"，那么西王母就是本地人。因为，舜既非土著，西王母不太可能在他外出南方时远途跋涉来献宝。现代学者一般不再把周穆王之前的西王母当作一个人，而是一个部落。即此可肯定，西王母部落即为湖湘本地土著。史书记载，在与舜的交往中，西王母所献之物除了白玉琯外，还有白环、玉、地图等物：

舜时，西王母献白环及玦。（《世本》）

西王母于太荒之国得益地图，远来献之。王母之国在西荒，凡得道授书者，皆朝王母于昆仑之阙。（《尚书帝验期》）

由后一条来看，西王母"得益地图"那是与益不远，那西王母所居大概当在湘中雪峰山两侧。地图之说，与神农氏的传说中这里有丈量大地的文化是一致的。当时，西王母俨然是天下文化思想的"共主"，昆仑山是"文化之都"。舜成为天下共主看来非单纯由于尧之

"禅让",而是代替了西王母的地位。[①] 其实,舜也不过是一个文化名人,非如后世国家政权一样,切实地控制天下。王,在唐虞三代都只是天下归往之意。

据司马迁《史记》记载,舜"南巡"起码有两次,而与本地土著的关系,也远非上述史所述那样文雅。《史记·五帝本纪》载:"三苗在江淮、荆州数为乱,于是舜归而言于帝,请流共工于幽陵,以变北狄;放驩兜于崇山,以变南蛮;迁三苗于三危,以变西戎;殛鲧于羽山,以变东夷。四罪而天下咸服。"这是舜首次南来。司马迁又记载了舜在晚年南征:"舜践帝位三十九年,南巡狩,崩于苍梧之野,葬于江南九疑,是为零陵。"这是第二次。可见,舜在湖湘地区停留了较长时间。

这也可以对舜帝二妃娥皇、女英溺死(或曰投水自杀)于洞庭湖的故事,提供某种合理的解释。许多的神话传说都认为,二妃溺水之事在舜死后。《博物志·史补》:"尧之二女,舜之二妃,曰湘夫人。帝崩,二妃啼。以泪挥竹,竹尽斑。"《水经注·湘水》:"大舜之陟方也,二妃从征,溺于湘江,神游洞庭之渊,出入潇湘之浦。"舜三十而娶,即位,又三十九年而死,这时,二妃少说也有五六十了,不可能如此动情。而有传说舜活了100岁,就更无可能了。换言之,若是真有"斑竹之事",当在舜首次来湘之时。由于舜逗留时间太久,二妃寻夫不遇,伤恸欲绝,投水自杀,比较合理。或许可以解释为,舜承袭西王母的地位,才流连难返的。从"迁三苗于三危,以变西

[①] 当然,实际情况则远为复杂,"禅让"的后果也是极为严重的。传说中,舜晚年是被流放的。如韩非子所说:"舜逼尧,禹逼舜。"从人类学的角度看,部落社会都有"杀王"习俗,非独中国古人如此。弗莱则在《金枝》一书中说:"一个祭司职位的候补者只有杀死祭司以后才能接替祭司的职位,直到他自己又被另一个更强或更狡诈的人杀死为止。"(商务印书馆2016年版,第6页)书名就取自这一习俗:"在(意大利)内米的圣殿附近有一棵特殊的树,它的枝叶是不可砍折的。只有逃亡的奴隶才被允许折断它的树枝,如果他真能做到的话,就获得与祭司单独决斗的资格,若能杀死祭司,则可接替祭司的职位并获得'林中之王'的称号。根据古代公众的意见,这决定命运的树枝就是'金枝'。"(同上书,第8—9页)这一习俗在不同的民族、不同的时代有不同的表现方式,有的是把老王流放。

戎"的方位来说，苗民始终以湖南为活动中心，所谓"西"也只是苍梧西境，不可能迁到后世所言的祁连山以西去。

关于西王母高度的文明与丰富的物产，及其神一样的权威，《山海经》的相关记载可以为上述推断提供某种佐证：

> 玉山，是西王母所居也。西王母其状如人，豹尾虎齿而善啸，蓬发戴胜，是司天之厉及五残。(《西次三经》)
>
> 西王母，梯几而戴胜杖，其南有三青鸟，为西王母取食。在昆仑虚北。(《海内北经》)
>
> 西有王母之山、壑山、海山。有沃之国，沃民是处。沃之野，凤凰之卵是食，甘露是饮。凡其所欲，其味尽存。爰有甘华、甘柤、白柳、视肉、三骓、璇瑰、瑶碧、白木、琅玕、白丹、青丹，多银铁。鸾凤自歌，凤鸟自舞，爰有百兽，相群是处，是谓沃之野。有三青鸟，赤首黑目，一名曰大鹜，一名少鹜，一名曰青鸟。有轩辕之台，射者不敢西向射。(《大荒西经》)
>
> 西海之南，流沙之滨，赤水之后，黑水之前，有大山，名曰昆仑之丘。有神——人面，虎身，有文有尾，皆白——处之。其下有弱水之渊环之，其外有炎火之山，投物辄然。有人，戴胜，虎齿，有豹尾，穴处，名曰西王母。此山万物尽有。(同上)①

关于昆仑山风物的记载，《海内西经》记述：

> 海内昆仑之墟在西北，帝之下都。昆仑之墟，方八百里，高万仞。上有木禾，长五寻，大五围。……昆仑南渊深三百仞。开明兽身大类虎，而九首，皆人面，东向立昆仑上。开明西有凤

---

① 上述记载分别见于袁珂《山海经校注》，上海古籍出版社1980年版，第50、306、397—399、407页。以下所引经文皆出此书，只标篇名。

凰、鸾鸟，皆戴蛇践蛇，膺有赤蛇。

关于西王母的特点，正如萧兵所说："她是玉之神，掌握玉石制造的生产工具，生活用品直至装饰品（她'戴胜'）、乐器（传说为玉管之类），所以她又是工具神、乐神（注意她'善啸'），她是山神，《大荒西经》更说她掌管的文化区'有炎火之山，投物辄然'，所以她可能兼为火山神，火神。"① 由此可见，西王母代表了一个文明。其中有一处提到了"银铁"，其余则以玉为中心，可以判断西王母是一个石器时代的文明。

西王母与湖湘地区的关系，首先表现在她掌管了"炎火之山"，这与炎帝、祝融传说在内容上是重叠的。下面联系《山海经》以及考古与现场观察，试对西王母与湖湘地区的民俗、物产的关系，以及舜与西王母两者的关系作进一步的说明。

（一）民俗特点

西王母神话中所谓"戴蛇践蛇"的服饰，与《山海经》湘妃神话中直接指明为"澧、沅之风"所记载者非常接近，应当是出于同一起源。其中关于娥皇、女英的神话中说：

> 洞庭之山，帝之二女居之。是常游于江渊——澧、沅之风，交潇湘之渊，是在九江之间——出入必以漂风暴雨。是多怪神，状如人而戴蛇，左右手操蛇。多怪鸟。（《中山经》）

所谓"凤凰鸾鸟""戴蛇践蛇"，从长沙出土的战国《人物龙凤帛画》《人物御龙帛画》《马王堆T型帛画》中，可以清晰地发现其遗风。

---

① 萧兵：《楚辞与神话》，江苏古籍出版社1987年版，第445页。

西王母"穴处"的印象，也能从永州玉蟾岩等处洞穴特征得到证明。玉蟾岩高立于平原之上，比较适合人类居住。在道县一地，与玉蟾岩相似的岩穴，至少有六处，包括周敦颐故乡的月岩，都是经过考证的远古先民岩穴。其他如江永、宁远，亦有相同的岩穴。①实际上，玉琯岩又称"何侯石室"，显然也曾作为人类居所。明蒋鐄《九疑山志》卷二所记舜庙附近的岩、洞，除了玉琯岩外，还有紫霞岩、观音岩、高士岩、月陂岩、白马岩、石头岩、川僧岩、桃花洞、鲁川洞、三盘洞、碧虚洞等。岩、洞的命名不很严格，如紫霞岩又称紫霞洞。

（二）文艺风尚

在传说中，西王母作为艺术之神的特点非常突出，其"玉琯"是象征了当时音乐文明的。在《山海经》中，西王母神话中"鸾凤自歌，凤鸟自舞。爰有百兽，相群是处"常常用来描述"三苗之地"的歌舞表演。《海内经》云：

> 有人曰苗民。有神焉，人首蛇身，长如辕，左右有首，衣紫衣，冠旃冠，名曰延维，人主得而飨食之，伯天下。有鸾鸟自歌，凤鸟自舞。

舜即位后，设立了乐官，对下一代进行音乐审美教育，似乎也颇有效应。《路史》后记十一注引《朝鲜记》："舜有子八人，始歌舞。"《山海经·大荒东经》则说，舜有一子取名为"戏"："帝舜生戏，戏生摇民。"《山海经·大荒南经》记载，在"三苗国"之东的"载国"是舜的后裔，亦是一个擅长艺术的部落。

---

① 赖功欧：《永州玉蟾岩人工稻作发现的文明史意义论略》，《农业考古》2013年第6期。

> 帝舜生无淫,降载处,是谓巫载民。……爰有歌舞之鸟,鸾鸟自歌,凤鸟自舞。爰有百兽,相群爰处。百谷所聚。

几代以后,舜的后裔也完全融入苗人文明中了。此一艺术"家风",启发了《楚辞》的产生。王逸《楚辞章句》论述沅、湘之间的巫风说:"昔楚国南郢之邑,沅湘之间,其俗信鬼而好祠。其祠,必作歌乐鼓舞以乐诸神。"如今,在非常闭塞的湘西还存在"傩戏"等原始歌舞,堪称原始文化的"活化石"。

(三) 民族性

舜留在南方的后代"不耕不织",过着歌舞升平的生活,与史书的议论非常接近。《山海经·大荒南经》:

> 帝舜生无淫……巫载民姓盼,食谷,不绩不经,服也;不稼不穑,食也。

班固在《汉书》卷二十八《地理志》中所记载的楚之"江南"地区的地理物产与民情风俗说:

> 楚有江汉川泽山林之饶。江南地广,或火耕水耨。民食鱼稻,以渔猎山伐为业,果蓏蠃蛤,食物常足。故呰窳媮生,而亡积聚,饮食还给,不忧冻饿,亦亡千金之家。信巫鬼,重淫祀。

楚之"江南"基本就是指湖湘地区,其风俗习惯是"小国寡民"思想产生的沃土。应劭说:"呰,弱也。言风俗朝夕取给媮生而已,无长久之虑也。"淫祀,凡事皆有祭,凡物皆有灵,崇拜的对象多而杂,显示了巫风的特点。

（四）养生特点

这种生活给人以神仙的直观印象，于是人们便把这一片地区想象为"天堂"，人人长生不老，幸福快乐。南岳素有"寿岳"之称，《山海经》中"不死山"应指衡山一带之山。据袁珂考证："虽传说中西王母居处非一，而唯昆仑有不死树及不死药。"[1] 湘中龙山有"天下药山"之美誉，符合昆仑山"不死之药"的印象。《中次十二经》提到衡山附近的"天子之都"，与"帝之下都"的昆仑山相对应："南海之内有衡山、有菌山、有桂山。有山名天子之都。南方苍梧之丘，苍梧之渊，其中有九嶷山，舜之所葬，在长沙零陵界中。"由此可见，西王母所居大约在湘水之西。

有人羡慕"寿岳"之名，造出"寿比南山"之南山为终南山等处之说，不知衡山不仅下符地理，而且上应天文。李元度《南岳志》称："南岳宿当轸翼，度就玑衡，为衡山所自名，而《星经》亦有玉衡主荆州之说。又衡岳旧隶长沙郡，轸旁一星曰长沙，主寿长子孙昌，故衡山称寿岳，然则就衡纪星实不与他地志等也。……衡岳为大江以南十数行省之主山，上与南极相维系。"[2] 上述说法可以追溯到神话传说以及《周礼》《史记》等古籍有关天文、地理的论述中，越往后越详尽。

（五）地理特点

沿湘江上溯九嶷山或以西地区，确实有登山（昆仑）的感觉。"昆仑山"应为南岭及湘江以西的大山，如南岳、九疑之类，故有在"昆仑虚北""西海之南"（西海疑即古云梦泽）、"昆仑南渊"（南海）之说。与昆仑山关系密切的赤水，疑即今之资水，不仅发音相

---

[1] 袁珂：《山海经校注》，第297页。
[2] 李元度：《南岳志》，岳麓书社2013年版，第8页。

近，而且地貌特点非常吻合。《山海经》中记载了湘、澧、沅三水，唯独遗忘了地理位置更加显著的资水，也是不可能的。《海外南经》说："三苗国在赤水东，其为人相随，一曰三毛国。"[①] 三毛，即三苗。上古时三苗国即长沙一带的湘江中下游地区，西边的大河那就是资水了，故说在赤水东。《大荒南经》又载："南海之中，有氾天之山，赤水穷焉。赤水之东，有苍梧之野，舜与叔均之所葬也。"[②] 资水有两源，右源夫夷水，发源于广西越城岭；左源赧水，发源于城步北青山。赧，即有"赤"义。名"赧"或"赤"，应与其流经地区今天已经成功申请了"世界自然遗产"的丹霞地貌有关。尤其是发源于广西的夫夷水流经丹霞地貌的核心区，景色奇幻。

（六）物产

西王母神话中指出昆仑山"应有尽有"，其中指明地理方位而符合这一条件的，只有湖湘地区。舜的部落南迁的原因也能够得到很好的解释：留恋于此地的先进文化，而这又是因为此地有良好的物质基础。《山海经·大荒南经》在记载"舜与叔均"葬所的同时，也记载了此地物产的丰富，似乎就是解释归葬于此的原因："苍梧之野……爰有文贝、离俞、丘九、鹰、贾、委维、熊、罴、象、虎、豹、狼、视肉。"事实上，《大荒南经》还记载了除舜之外其他帝王葬于九嶷山及其附近地区，以及葬地附近物产："帝尧、帝喾、帝舜葬于岳山。爰有文贝、离俞、丘九、鹰、贾、延维、视肉、熊、罴、象、虎、豹；朱木，赤枝，青华，玄实。"《海内南经》说："兕在舜葬东，湘水南，其状如牛，苍黑，一角。苍梧之山，帝舜葬于阳，帝丹朱葬于阴。"前面一截所写的动物与"苍梧之野"基本相同，可以看作是同一个地方。

---

① 袁珂：《山海经校注》，第 193 页。
② 同上书，第 346 页。

在舜之后，西王母的名字再一次出现在周穆王的传说中。穆王传说大体以舜的故事为蓝本，只是更加"现代化"——少了一些神秘色彩，把西王母望文生义完全想象成为一个多才多艺的美少女。《穆天子传》（晋太康二年即公元281年，汲县人不准盗发魏襄王墓所得）对穆王的西游记录得非常具体：

> 吉日甲子，天子宾于西王母，乃执白圭玄璧以见西王母，好献锦组百纯，□组三百纯，西王母再拜受之。……□乙丑，天子觞西王母于瑶池之上。西王母为天子谣曰："白云在天，山陵自出。道里悠远，山川间之。将子无死，尚能复来。"天子答之曰："予归东土，和治诸夏。万民平均，吾顾见汝。比及三年，将复而野。"①

周穆王在西边有事，未必就是去会美女。《史记·秦本纪》载："（缪王）西巡狩，乐而忘归。徐偃王作乱，造父为缪王御，长驱归周，一日千里以救乱。"《赵世家》又说："（缪王）西巡狩，乐之忘归。而徐偃王反，缪王是驰千里马，攻徐偃王，大破之。"穆王称"缪王"，按谥法，含有强烈的贬义。而徐偃王叛乱则也可能是因当时对穆王的非议而发动的，与明代宁王朱宸濠之乱因应非议正德皇帝"游幸无度"而发相似。然则，周人把舜的故事变换一下主角，创作如此"寓言"，借此进行"讽谏"？

周都镐京，西方相应想象在祁连山方向。其实，《山海经》就有"海内""海外"之分，其方位完全相反。②"帝之下都"的昆仑山明

---

① 《穆天子传》，四部丛刊景明天一阁本，第30—31页。
② 袁珂论《海内南经》的方位说："此经方位与《海外南经》的方位恰相反。"（见《山海经校注》卷5，第267页）这一特点表明，《山海经》是相处遥远、时代不同的各地传说的一部"合集"。

言"海内"。郭璞注:"言海内者,明海外复有昆仑山。"《海内东经》所说"昆仑山在西胡西",此又一昆仑,等等。《经》中名昆仑者非一,后人习惯于一个昆仑,于是断然以中原文明方位为坐标,把昆仑山西移。在汉代,末端已远达西亚。《史记》对此发出如下质疑:"《禹本纪》言,河出崑仑。崑仑其高二千五百余里,日月所相避隐为光明也。其上有醴泉、瑶池。今自张骞使大夏之后也,穷河源,恶睹本纪所谓昆仑者乎?"张骞等人打听到:"安息(今伊朗)长老传闻,条枝(今叙利亚)有弱水、西王母,而未尝见。"[1] 再后,更有传闻西王母在"大秦"(罗马帝国)之西。

周穆王后,西王母愈说愈远,完全不知其在何方了。西王母名字最后一次出现在湖湘,已经是汉武帝、魏晋之世了。"《汉武帝外纪》:西王母约上元夫人共造南岳朱陵山。食灵瓜,味甚甘美。《集仙传》:元寿二年八月,王母传《玉清隐书》四卷,以授南岳魏夫人。时太灵真人等歌太极歌,王母作歌曰:逍遥系精际,万流无暂停。哀此去留会,劫尽天地倾。当寻无中景,不死亦不生。体被自然道,寂观合大冥。南岳挺真干,玉映擢颖清。有任靡其事,虚心自受灵。嘉会绛河曲,相与乐未央。"[2]

与原始神话相比,汉武时代的西王母精神面目已经过于抽象了。再往后,西王母已经升入天界,与人间完全隔绝,如我们在《西游记》中所见那样。

三　西王母之仙学

西王母的文明虽有不同方面的表现,但代表其文明发展水平的,则是其"仙学"。这首先表现在昆仑山是被作为世界上唯一具有"不

---

[1] 司马迁:《史记》卷123《大宛列传第六十三》。
[2] 李元度等:《南岳志》卷14《仙释一》,岳麓书社2013年版,第448页。

死药"之地来描写的。《海内西经》说：

> 海内昆仑之虚……开明北有视肉，珠树、文玉树、玕琪树、不死树。凤凰、鸾鸟皆戴瞂。又有离朱、木禾、柏树、甘水、圣木、曼兑，一曰挺木牙交。开明东有巫彭、巫抵、巫阳、巫履、巫凡、巫相，夹窫窳之尸，皆操不死之药以距之。窫窳者，蛇身人面，贰负臣所杀也。服常树，其上有三头人，伺琅玕树。开明南有树鸟，六首；蛟、蝮、蛇、蜼、豹、鸟秩树，于表池树木，诵鸟隼、视肉。

所谓"操不死之药以距之"，郭璞注："为距（拒）却死气，求更生。"如前所述，"唯昆仑有不死树及不死药"。他处虽提到"不死"，但从未提到"不死药"。如《海外南经》："不死民……其为人黑色，寿，不死。"《大荒西经》："大荒之山，日月所入。有人焉三面，是颛顼之子，三面一臂；三面之人不死……"等等。这也就是说，昆仑山的医药水平在传说时代有独一无二的地位。

昆仑山、西王母作为"不死之乡"的传说，也出现在儒学经典中。《瑞应图》言："黄帝时，西王母使乘白鹿献白玉环之休符。"《大戴礼记》说："昔虞舜以天德嗣尧……西王母来献其白琯，粒食之民昭然明视。"原来，"白琯"不仅仅代表音乐，它还是一种神药。西王母国作为"不死之乡"的影响由黄帝、尧、舜一直延续到后世。如《太平御览》引《括地图》："殷帝大戊遣王孟采药于西王母。"等等。郭璞在注《山海经》时，皆加引述。

无疑，西王母、昆仑山是作为当时最先进的文明受到崇拜与神化的，而其医药则具有标志性的意义。那么，相对于神农氏，西王母阶段的湖湘文明有什么特点，它又有什么转机？搞清楚上述问题，我们就能理解舜的哲学思想的真正意义。本节首先探讨西王母医药学的基本面，它的原材料与技术思路，然后讨论其心灵方面的修炼，最后通过"周穆王寓言"讨论现实生活中的人修炼成仙的复杂性。

（一）西王母之丹药

从上述对西王母、昆仑山的介绍中，我们即已清楚地感觉到，"玉石"的地位特别突出，而神农"本草"退居到次要的位置。在此一阶段中，"本草"仍然被提及。如《中山经》描写"二妃"所居之地说："洞庭之山，其上多黄金，其下多银铁，其木多柤梨橘櫾，其草多葌蘪芜芍药芎䓖，帝之二女居之……"这说明，在西王母时代，"神农本草"仍在发展。但上文关于昆仑山"不死之乡"的记载中，诸如珠树、文玉树、玗琪树、琅玕树，从字面来看更像是矿物，而不是植物。本草对"不死之药"的重要性，已经大不如前。

由神农文明发展到西王母文明，是有其必然性的。神农氏的医药专注于治疗常见疾病，显得有点凡庸，人类的想象力显然是难以满足如此境界的。如果人类的疾病是可以治疗的，那么为什么不能治疗人人必然遭遇的"衰老"，达到长生不死呢？当矿物质的疗效被发现时，长生不死的想象被重新激发。即使在今天，任何一次医学的进步都能引发人们此类想象。这就是说，西王母"仙学"，是神农医药引入矿石类药物之后必然发生的一次思想变化。在后世，西王母作为丹药之神，风头盖过神农氏，便是上述社会心理的反映。而其仙学的理论与实践所引发的问题，也把哲学反思推向了新的高度。

概观西王母"仙学"中"不死之药"，主要原料是玉石。人类在对石器材料的发现和使用中，一些性能、外观特别优质的石头，往往引发人们的审美愉悦，成为难以割舍的心爱之物。这就是"玉石"进入人类生活的根源。前述西王母作为玉山之神，又兼为工具神，便很好地说明了这一点。在古人的心目中，凡物皆有神性，美好的东西则具有超凡的能力，往往成为人们顶礼膜拜的对象。组成古汉字"禮"（礼）的主要构件"丰"，就是玉串。王国维说："古者行礼以玉，故说文曰'豐，行礼之器'，其说古矣。……实则豐从玨在凵中，从豆乃会意字，而非象形字也。盛玉以奉神人之器谓之𣌡若豐，推之奉神人之酒醴亦谓之醴，又推之而奉神人之事通谓之礼，其初当皆用𣌡若豐二字，其分化为醴禮二字，益稍后矣。"① 由此可知，玉在古人心目中的地位。考古证据表明，远在七八千年前，玉石就被中国人以及周边民族所珍视。人们生前普遍佩戴，死后随葬，生死皆不能离。

不过，西王母虽然拥有"玉山"，或昆仑山上多"玉石"，直接把玉作为一种丹药来"服食"的却是传说中的黄帝。黄帝服食"玉膏"，见于《山海经·西山经》。黄帝在西王母种桃的"不周之山"旁有一个名叫"峚山"地方服食"玉膏"，其热狂类似于后世的"瘾君子"：

峚山，其上多丹木，员叶而赤茎，黄华而赤实，其味如饴，食之不饥。丹水出焉，西流注于稷泽，其中多白玉，是有玉膏，其原沸沸汤汤，黄帝是食是飨，是生玄玉。玉膏所出，以灌丹木。丹木五岁，五色乃清，五味乃馨。黄帝乃取峚之玉荣，而投之钟山之阳，瑾瑜之玉为良，坚栗精密，浊泽有而光，五色发作，以和柔刚。天地鬼神，是食是飨；君子服之，以御不祥。

黄帝成为后世丹道仙术托名的重要人物，看来是由来已久。传说中没有记录西王母直接服食玉膏，给人的印象是西王母是已经成仙的人，不须再服；而黄帝正在由凡人脱胎换骨，尚不是神仙。此后，"食玉"成为一种传统。在汉代，玉石甚至成为贵族日常养生保健的饮料。如汉镜铭文中屡见的"上有仙人不知老，渴饮玉泉饥食枣"中的"玉泉"，就是用玉屑制成的饮料。

后世炼丹术由玉石渐次及于其他矿物，特别是丹砂、黄金。李零

---

① 王国维：《观堂集林》（卷六），中华书局影印本1991年版，第291页。

概括描述道："这些都说明，在古人心目中，丹砂、金玉都是既可用于活人服食，又可用于死尸防腐的'通用'药物。他们服食这类药物，上者是求不老成仙，次者是求却病延年，下者是求死后不朽，整个是一个延续过程。"①《神农本草经》中就分别介绍了"玉屑"与"玉泉"的养生效用，对其评价颇高："主除胃中热喘，息烦满，止渴。屑如麻豆服之，久服，轻身长年。"② "主五脏百病，柔筋强骨，安魂魄，长肌肉，益气，利血脉。……久服耐寒暑，不饥渴，不老神仙，轻身长年。人临死服五斤，死三年色不变。"③ 后世，虽然丹药原料的成分有所增加，但玉石一直占有头等重要的地位。如汉、魏之际的"五石散"即丹砂、雄黄、白矾、曾青、慈石等。虽然时代有变化，但都与黄帝之服食"玉膏"秉持同样的理念。

由于追求西王母的传说，中国人开始持续不断地向西方冒险，使西王母的地理方位不断向前推移。不过，西王母总在可望而不可即之间。秦皇、汉武受齐鲁方士的引导，转向东方蓬莱，同样没有结果。

为什么玉石以及其他矿物药物能够代替"本草"带来"成仙"的想象？换言之，它是基于一种什么样的思想逻辑？这种思想逻辑又有什么局限性，导致了其后哲学思想的发展？这才是这里所要重点关注的。哲学总是站在最前沿，回答时代的最高关怀。

金石相对于草木所带来的"成仙"的暗示，在葛洪的著作《抱朴子》中有典型的表现。葛洪广泛搜集了上古以来的各种丹方，并结合当世的最新发明，把炼丹术推向了一个新的高峰。他在《仙药》一篇中，把药物分为三品：上品为"升仙"之药，中药为养生之药，而下药则为治病之药。上药主要为丹砂、黄金、白银、诸芝、五玉，其次则为云母、明珠、雄黄、石桂、石英、曾青之类，再次才及于草木。

---

① 李零：《中国方术正考》，中华书局2006年版，第251—522页。
② 滕弘辑：《神农本经会通》卷6，明万历滕万里刻本，第1234页。
③ 同上书，第1235页。

关于上药，他说：

> 夫金丹之为物，烧之愈久，变化愈妙。黄金入火，百炼不消，埋之，毕天不朽。服此二物，炼人身体，故能令人不老不死。此盖假求于外物以自坚固，有如脂之养火而不可灭。①

对此，李零评论说："葛洪之所以贵金石而贱草木，乃是来自一种机械推理：吃什么就变什么或以形补形。……'服金者寿如金，服玉者寿如玉。'"② 草木易朽，不如金石永固，故而特重之。

由此而发展的丹药烧炼，看似神秘，其技术原则其实非常简单。所谓"炼丹"，就是把这些金石原料炼成人体可以接受的形式，从而实现想象中由凡胎向仙体的"转换"。后世丹药烧炼中，丹砂取代玉石成为关键性的原料。丹砂能治皮肤溃疡，容易让人产生联想，以之治疗人体衰老。但丹砂有剧毒，炼丹就是通过龙虎相配、水火相济的中医学原理，把丹砂的毒性控制住，使之能够消除疾病又不致损伤人体。自汉以来，"烧炼金石"之术日盛，但收效甚微。傅勤家评价说："魏晋南北朝士大夫以服石为时尚，死者累累，而不知悔。其后则唐帝之服金丹而死者亦相继焉。"③

即使如此，其促进中国古代化学、食品工艺之发达的成绩也是有目共睹的。如对人们生活影响很大的豆腐，即始于"淮南王刘安之术"。许多名医如孙思邈等，亦利用金石烧炼之术发明医药，不容一笔抹杀。

（二）西王母之"仁丹"

金丹术想象的仙丹是难以成功的，此不待秦皇、汉武的"蓬莱仙

---

① 王明：《抱朴子内篇校释》，中华书局1985年版，第71—74页。
② 李零：《中国方术正考》，中华书局2006年版，第241页。
③ 傅勤家：《中国道教史》，东方出版社2008年版，第113页。

术"而后知。于是,我们就能轻易地发现在昆仑山神话中"成仙"的另外一种表述,便是由外修而转为内修,由依靠外力转而求助于自己心灵的调整。昆仑山神话提示着修养心灵境界的重要性说:

（昆仑山）面有九门,门有开明兽守之,百神之所在。在八隅之岩,赤水之际,非仁羿莫能上层冈之岩。(《海内西经》)

郭璞也很好地把握了其中的含义。他注解这段文字说:"（此）言非仁人及有才艺如羿者,不能登此山之冈岭巘岩也。羿尝请药西王母,亦言其得道也。羿一或作圣。"因此,"不死之药"作为对道之体悟,又绝非嫦娥所能盗取。李商隐《嫦娥》诗咏道:"嫦娥应悔偷灵药,碧海青天夜夜心。"诗中很明确地表示,单纯长生不死是没有什么意义的,反而是一种永恒寂寞的痛苦。这从反面表达了"成仙"所包含的心灵、情感方面的意义。

此一"转变"类似于神农时代"太乙子之问"。首先,羿去昆仑山,以理论之,莫过于求取"不死树""不死药"之类的神药;其次,则强调了心灵境界的重要性,如果非"仁",药物有害无益。太乙,即太一,可见仁之含义。

嫦娥的寓言表明,成仙的失败可以用失恋来表达;自然得道飞升也可以用成功的恋爱来比喻。屈原的《九歌》便是如此。《九歌》中,湘君、湘夫人是主角,是爱情的化身。据《史记·秦始皇本纪》:始皇南曲巡至湘山祠,突遇大风雨,问博士:"湘君何神?"博士答道:"闻尧之女,舜之妻,而葬此。"故王逸注《楚辞·九歌》以"湘君""湘夫人"为娥皇、女英。屈原两篇诗中所写都是男女定情之事,实为借男女恋爱以"会灵"。《湘君》:"望夫君兮未来,吹参差兮谁思""时不可兮再得,聊逍遥兮容与。"《湘夫人》:"闻佳人兮如予,将腾驾兮偕逝""时不可兮骤得,聊逍遥兮容与。"后两句都是结句,意思都一样,说是寻求与舜的爱情,或是祈求神灵的降临等，都是一样的。通过对各种生离死别的铺陈，灵魂得到升华。《礼魂》作为《九歌》最后一歌，则是描写"神人以和"的状态，也即成仙：

> 成礼兮会鼓，
> 传芭兮代舞，
> 姱女倡兮容与。
> 春兰兮秋菊，
> 长无绝兮终古。

然而，成仙不仅是内在心灵的，也表现在外在事物上，万物在歌舞中各成其所是。这就是《山海经》描写昆仑山或直接描写古代纯朴的（无淫）湖湘世界的一句话：

> 鸾鸟自歌，凤鸟自舞。

"一人得道，鸡犬升天"，现在成了一句俏皮话，在古人看来却是很自然的。在《尚书》之《舜典》《伊训》中有"草木鸟兽咸若"的说法，以为圣人在位，万物皆能如其本性。若：如。而庄子写"至德之世"，即说："当是时也……禽兽成群，草木遂长。是故禽兽可系羁而游，鸟鹊之巢可攀援而窥。……性情不离，安用礼乐！五色不乱，孰为文采！五声不乱，孰应六律！"（《马蹄》）这就是说，自然本身是最高的和谐与美。而仁义、礼乐只在心灵遮蔽、人性异化的时代，作为回归本心的手段，才有其价值。

从前面的论述可知，西王母国（昆仑山）拥有丰富的炼丹材料——我们根据后世的炼丹术进行的合理推测，除此之外，极其夸耀的，则是西王母国的音乐歌舞，那么修炼"仁丹"者自然就是指此而言了。原始歌舞音乐有通灵的作用，在音乐歌舞的净化中，实现人、神合一。

这种状态可以医治人类的某些精神疾病，确保人的身、心方面的和谐与健康，从而构成了"成仙"的现实维度与价值实现方式。对于原始宗教的"养生"功能，在前面有关神农氏的礼乐论述中已经做了大致的阐述，在此不再重复。

据《庄子》所记黄帝的传说，黄帝的炼丹术即已由操控外物，转而"内修"。得道于昆仑山。《天地》篇说：

> 帝游乎赤水之北，登乎昆仑之丘而南望，还归，遗其玄珠。使知索之而不得，使吃诟索之而不得也。乃使罔象，罔象得之。黄帝曰：异哉，象罔乃可以得之乎？"

南望，相当于说"南巡"，即到达了当时能够到达的最南方。"知""吃诟"是指人的认知能力、语言能力，"象罔"则是指对具体物象的超越。而黄帝得道后的表现则是："帝张《咸池》之乐于洞庭之野。"（《天运》）

庄学由此彰显自己思想的"神圣来源"：由昆仑山、西王母而黄帝而下传，相当古老。"玄珠"的寓言，很容易让人联想到"丹药"形象。可以说，它就是"心斋""坐忘"境界的代称。在下文中，庄子直接论述了西王母之道：

> 夫道，有情有信，无为无形；可传而不可受，可得而不可见；自本自根，未有天地，自古以固存，神鬼神帝，生天生地……西王母得之，坐乎少广，莫知其始，莫知其终。

成玄英疏解曰："明鉴洞照，有情也；趣机若响，有信也；恬淡寂寞，无为也；视之不见，无形也。寄言诠理，可传也；体非量数，不可受也；方寸独悟，可得也；离于形色，不可见也。"道显现于万物，可得于心，但不可方物，或可隐喻曲达，难以直言相告。

庄子的论述为理性时代的人们修炼仙道描绘了一幅具体可行的"蓝图"，所谓成仙，就是从知识理性的对象性思维中解放出来，从无穷因果网络中摆脱出来，实现心灵原本的自由，获得身、心的和谐。

大致而言，成仙，在西王母的时代有三大形式：一是上文所论的文艺审美的方式，二为巫术，两者往往结合为一体，三是上述庄子层面的心灵修炼目标。在后世，上述三者被综合发展为道教的"内丹术"，而西王母亦成为丹道的重要来源之一。

（三）周穆王"西王母寓言"的意义

如果说，庄子的"西王母论述"显示了最终成仙的心灵状态，那么，周穆王的"西王母寓言"则提出了人在日常生活中成仙的某条道路及其复杂性。据《列子》所述，周穆王之所以"西狩"，完全是因为他所生活的"周礼"环境让他感到苦闷。这是有道理的。原来，周克商以后，大肆分封宗室，由周室宗亲、大臣以控制广大的区域，随之建立一套等级分明的礼教制度，作为王权稳定的基础。周人动辄僭称"天命"，以礼教制度的普遍性抵制各种地方特殊性。当此"普遍天命"的思想倾向渗透进人们的日常生活时，便让人感到窒息。一天，"西极之国"有位"化人"来到周朝，能变化万物，尤其是能够"易人之虑"。[①] 于是，穆王在"化人"的点化下，西游昆仑山。

> （穆王）遂宾于西王母，觞于瑶池之上。……王乃叹曰："於乎，予一人不盈于德，而谐于乐，后世其追数吾过乎！"穆王几神人哉！能穷当身之乐，犹百年乃徂，世以为登假（遐）焉。[②]

---

① 《列子·周穆王第三》，四部丛刊景北宋本，第40—41页。
② 同上书，第42页。

与西王母相见相别的内容与《穆天子传》大体相同。"西王母之乐"是脱离礼教而获得的快乐,有损于周王的君德,故穆王担心后世人的批评。但《列子》似乎认为穆王"能穷当身之乐",还是很值得的。

换言之,自我克制,为天下做出表率,是周王存在的合法性之所在;而人性的解放,对周朝的礼制构成了威胁。故当时、后世,对周穆王的批评史不绝书。《左传》记录周朝大臣对穆王的态度说:"昔穆王欲肆其心,周行天下,将皆必有车辙马迹焉。祭公谋父作祈招之诗,以止王心,王是以获没于祇宫。"屈原《天问》:"穆王巧梅,夫何为周流?环理天下,夫何索求?"王逸注:"梅,贪也。言穆王巧于辞令,贪好攻伐,远征犬戎。……言王者当修道德以来四方,何为乃周旋天下,而求索之也?"[①]陈子昂《感遇》诗则有"荒哉穆天子,好与白云期"之句。凡是站在社会秩序的立场上,对穆王都不以为然。

周穆王的"寓言"含有某种"规讽"的意义,以其与南方文明的某种相似性,暗示其"野蛮"。不过,政治治理的最终目标又以每个人的幸福——自由自在的心灵境界——为实现方式。穆王的寓言显示:人一方面必须生活在社会组织中,学习各种知识,完成各项义务;另一方面,则想摆脱种种束缚,独往独来。如何处理这种复杂性,成了仙学的关键问题。

四 舜之"道心"

从思想精神上看,舜与西王母文明的"衔接"更加明显。在神话传说中,有不少关于黄帝与炼丹术相关联的故事,与西王母丹药传说

---

① 洪兴祖:《楚辞补注》,中华书局1983年版,第110页。

中的内容大致相同,说明在某个历史阶段中炼丹术曾经风靡神州大地。但是,据《庄子》所述,此种风气在黄帝时即已开始了某种转变。如果说黄帝一只脚仍然在炼丹时代,那么他张《咸池》之乐于洞庭之野,说明他的另一只脚已经跨入了新时代,而舜则完成了这一转变。当舜与西王母交往时,其主要内容只涉及音乐歌舞方面,并以之显示其作为王者的特征,而几乎看不到他从事炼丹术的痕迹。在这一背景下,舜在"人心"中拈出"道心",就显得很自然。因为丹药烧炼是一种纯技术性的工作,是"人心"之极致,而艺术则是"道心"的表现。

(一)"道心"的发生语境

不过,"道心"首先不是作为一个论述艺术的美学概念,而是作为一种政治哲学概念提出来的。也就是说,舜先在艺术中感受到"道心",然后作为一种政治智慧传授于禹:

> 来,禹!降水儆予,成允成功,惟汝贤。克勤于邦,克俭于家,不自满假,惟汝贤。汝惟不矜,天下莫与汝争能;汝惟不伐,天下莫与汝争功。予懋乃德,嘉乃丕绩,天之历数在汝躬,汝终陟元后。人心惟危,道心惟微,惟精惟一,允执厥中。无稽之言勿听,弗询之谋勿庸。可爱非君?可畏非民?众非元后,何戴?后非众,罔与守邦?钦哉!慎乃有位,敬修其可愿,四海困穷,天禄永终。惟口出好兴戎,朕言不再。(《尚书·大禹谟》)

通篇都是一些否定性的词语,其要在于去"人心"之遮蔽,使之一返于道,正是"艮止"的脉络。舜之言无非教禹在治国中时刻反思,谦虚谨慎,戒骄戒躁。"道心"就是反思之心,对思想的思想,对自己所做之事有所觉悟。

有人怀疑古文《尚书》可能是伪书,不过,这也不能否定"人心""道心"之辨及其与舜的关联。清儒阎若璩辨古文《尚书》之伪说:"此盖纯袭用荀子,而举世未之察也。荀子《解蔽篇》,'昔者舜之治天下也'云云,故《道经》曰:'人心之危,道心之微,危微之几,惟明君子而后能知之。'此篇之前,又有'精于道'、'一于道'之语,遂隐括为四字,复续以《论语》'允执厥中',以成十六字,伪古文盖如此。……予是以知人心之危,道心之微,必真出古道经,而伪古文盖袭用,初非其能造语精密至此极也。"① 姑且不论其考证之是非。荀子所引的《道经》虽然关于"道心"之说文字略异,但仍指明是出于"舜之治天下也"。仔细推敲可以发现,《荀子》引古道经而不引《尚书》,主要是因为荀子更赞同前者强调人心、道心的同一性,而后者强调其区分,与"解蔽"以"无欲,无恶"等,从对诸"蔽"的否定——以"遮诠"来彰显道心的观点更为融洽。

回到舜的论述文本。由舜论述方式可知,舜之所以提出"道心",首先是鉴于"人心"的失败而然。"人心"有多方面的表现,而在丹药之类烧炼中达到极点。丹药烧炼根据类比原则追求"金丹",以归纳推理的方法去操控外物,虽然有时能求得快速的成功,但如果不知道这种思路的界限,便会走向事情的反面。同样,政治如若依恃"人心",推理论证,终致把个人与部落、国家拖入万劫不复之地。相传桀、纣都是绝顶聪明之人,尤其是纣。《史记·殷本纪》记:"帝纣资辨捷疾,闻见甚敏,材力过人,手格猛兽,知足以距谏,言足以饰非;矜人臣以能,高天下以声,以为皆出己之下。"人心张扬,遂至身死国灭。故西王母以乐舞纠丹药的越界,舜则以"道心"规"人心"之放失,都无所用其辩,两者精神、结构的对应是非常明晰、一致的。

如果说,通过对世界的对象性认知、控制外物以满足人的生存需要,遂其所欲,是"人心";那么,不被物质欲望所控制,艺术地生

---

① 阎若璩:《尚书古文疏证》卷2,乾隆刻本。

活,就是"道心"。"道心"不是抽象的概念规范,而是艺术所表达世界秩序。故在三苗叛乱时,益即以舜以往的事迹"献策",而舜最终亦以乐舞收服之:

> 帝(舜)曰:"咨,禹!惟时有苗弗率,汝徂征。"……益赞于禹曰:"惟德动天,无远弗届。满招损,谦受益,时乃天道。帝初于历山,往于田,日号泣于旻天,于父母。负罪引慝,祗载见瞽瞍,夔夔斋栗,瞽亦允若。至诚感神,矧兹有苗?"禹拜,昌言曰:"俞。"班师振旅。帝乃诞敷文德,舞干羽于两阶。七旬,有苗格。(《尚书·大禹谟》)

以舞蹈教化的方式让苗民投诚,确乎是舜的风格。所谓舜舞干羽于两阶,有苗格,从另一面看,则是舜对于苗人的顺应。试想,如果苗人没有很高的艺术水平,舜岂非对牛弹琴,如何又能作出积极的响应?舜能够青出于蓝而胜于蓝,苗人不得不服。

在上文中,益引用舜的故事,劝禹以舜对待瞽瞍的态度来对苗人。舜心何心也?据《史记·五帝本纪》记载,舜母死后,其父瞽瞍再娶生象。象非常傲慢,瞽瞍宠爱象,欲杀舜。舜顺事父及后母与弟,日以笃谨,没有松懈的时候。舜以孝闻,受到尧帝的宠爱与提拔,并把自己的两个女儿嫁给他。即使在这种情况之下,瞽瞍与象仍欲杀之,多次设谋加害。在舜即天子之位后,仍然以子道事瞽瞍,终于感化了他们。由于益的提醒,舜最终"诞敷文德,舞干羽于两阶",以礼乐协和的方式与苗人讲和。

舜之"道心",其实是上古巫觋的"入业资格"。楚昭王问于观射父曰:"《周书》所谓重黎实使天地不通者,何也?若无然,民将能登天乎?"答:"非此之谓也。古者民神不杂,民之精爽不携贰者,而又能齐肃衷正,其智能上下比义,其圣能光远宣朗,其明能光照之,其聪能听彻之,如此则神明降之,在男曰觋,在女曰巫。"(《国语·楚语下》）庄子之"心斋""坐忘"实来源于此。舜作为王者，首先是一个老资格的巫师，对此境界进行阐述，建立其政治哲学，再自然不过了。

而舜之所以能深明巫道，与其高深的艺术修养有着不可分割的联系。舜的艺术修养在三代圣王当中，最为突出，其提出"道心"是有充分的思想准备的。古代传说、记载对舜的功绩的描写，大部分都关涉到其在艺术上的创新，可见文艺是其"王业"的重要基础。关于舜的文艺建树，除了创作《韶》乐以外，古书另有一些较为具体的内容：

> 帝舜弹五弦之琴，以歌《南风》。其诗曰："南风之薰兮，可以解吾民之愠兮；南风之时兮，可以阜吾民之财兮。"（《绎史》卷十引《尸子》）

> 舜立，命延乃拌瞽叟之所为瑟，益之八弦，以为二十三弦之瑟。帝舜乃令质修《九招》《六列》《六英》，以明帝德。（《吕氏春秋》卷五《古乐篇》）

《南风歌》应当是中国文学史上第一首作者创作品。而舜对音乐的改革，也从侧面反映了瞽叟与他不可调和的矛盾。舜立，起码也是三十岁娶了二妃之后。难道这把年纪还能学会新把戏？这确实有点难为瞽叟了。换言之，瞽叟应是一个有相当地位的音乐家，对舜的改革极力抵制，并欲害其人。由神话传说看，舜的文艺新风与学习了昆仑山西王母的外来文化有关，由此冲击了瞽叟的"传统习惯"，引发其敌视。

舜既以文艺才能创立王业，对艺术教育也非常重视，设立了中国最早的艺术教育机关。在舜之前，艺术主要是用来娱神的，教育意义是附生的，而舜则专门强调其教育意义。《尚书·尧典》记载说：

帝（舜）曰："夔，命汝典乐，教胄子：直而温，宽而栗，刚而无虐，简而无傲。诗言志，歌咏言，声依永，律和声。八音克谐，无相夺伦，神人以和。"夔曰："於！予击石拊石，百兽率舞。"

夔之"百兽率舞"，即西王母的"鸾鸟自歌，凤鸟自舞"。在五官中，视听是最自由的感觉，故而人们往往以"声色"来形容生活世界，而声音感人更深。艺术教育本质上是形式主义的，通过和谐的节奏形成人某种优雅的风度。由此亦可见所谓"道心"实际上就是一种审美直观，完全可以通过艺术教育来加以培养。

（二）原始儒学对"道心"的诠释

舜是儒家崇拜的上古圣人之一，学术思想的重要来源，故在对舜所作的诠释中，儒家比较用心、详尽。儒之"仁"即舜之"道心"。仁，本指植物的种子，借指心灵的生机；羿是一位顶级射手，材艺超人，称之为"仁"，比较符合原始儒学对"仁"的理解。因为，原始儒学特别强调"六艺"，其"仁"是在各类技艺的演习中培养的。[①]这与"皇农之道"通过农业劳动培养"艮止"之心大致相同。只是孔子认为农业终究是一种经济求利行为，容易陷入算计之心而成为小人。技艺不娴熟，反应迟钝，与身体的痿痹一样，则称"麻木不仁"。而"道"字，据考证，最早是指巫师的"道场"。巫师在其行走中发出各种"神启"，对人进行"引道（导）"。然后，"道"才有普通的"道路"意义。[②]也就是说，"仁"与"道"有一种对应的关系，通过

[①] 儒学之"六艺"包括礼、乐、射、御、书、数之类。孔子论"进学次序"说："志于道，据于德，依于仁，游于艺。"（《论语·述而》）大道不外于技艺，技艺是实下手处，后儒专讲"读书明理"，背弃了原始儒学精神。

[②] 马德邻：《道何以言——兼论中国古代道家哲学的语言学问题》，上海三联书店2014年版，第2页。

神的开导（道），人心得到治疗，达到其本来的生机"仁"。"仁"的观点被应用于人际关系中，就是对他人的关心。

万物静观皆自得。孔子深刻地把握了舜的精神，赞扬舜说："无为而治者，其舜也与？夫何为哉？恭己正南面而已矣。"（《论语·卫灵公》）这也符合"与点"之意：在音乐和鸣中，世界成其为自身。故孔子曾经无比沉醉于舜的《韶》乐中："孔子在齐闻《韶》，三月不知肉味。曰：'不知为乐之至于斯也。'"（《论语·述而》）又极其赞美道："子谓《韶》：'尽美矣，又尽善也。'谓《武》：'尽美矣，未尽善也。'"（《论语·八佾》）在孔子看来，《武》宣扬了强制暴力，虽然其结果没有什么问题，但不能与舜相比。

秉持《韶》的艺术精神，在讨论了"孝"时，孔子便特别强调道德的"形象"可能性。孔子说："今之孝者，是谓能养，至于犬马，皆能有养，不敬，何以别乎？"（《论语·为政》）而以"色难"为最高境界："有事，弟子服其劳；有酒食，先生馔，曾是以为孝乎。"在孔子看来，按规矩，尽义务，层次太低；而他追求的，则是要体现为一种日常生活的诗性和谐，所以"色难"。而舜则是"孝"的典范，自然形色俱佳。

因此，在孔子看来，舜的道心就是艺术审美直观；自然，欣赏音乐就是学道。《论语》记孔门师徒的问答说：

子之武城，闻弦歌之声。夫子莞尔而笑曰："割鸡焉用牛刀？"子游曰："昔者偃也闻诸夫子曰，君子学道则爱人，小人学道则易使也。"子曰："二三子，偃之言是也。前言戏之尔。"（《论语·阳货》）

由前述舜所推动的音乐教育与学习来看，舜之"道心"的意义也更加明确。这完全非后世迂腐的道学家所能想象。因此，没有歌词、不表达任何抽象概念的纯音乐也是可以表现"志"的，而且更能明

"志":"君子钟鼓以道志,以琴瑟乐心。"(《荀子·乐论》)

在孔子说"色难",在孟子则说"惟圣人能践行"(《孟子·尽心上》),并讨论了舜的思想行为方式。孟子赞赏舜的行为风范说:"舜明于庶物,察于人伦,由仁义行,非行仁义也。"(《孟子·离娄下》)后世道学大都记诵几句经典,便以为真理在握,信口雌黄,多是"行仁义"的。孟子又揭示舜的超越境界说:"舜之饭糗茹草也,若将终身焉。及其为天子也,被袗衣,鼓琴,二女果,若固有之。"(《孟子·尽心上》)舜有超强的精神力量,真正做到了"有天下而不与",贫贱、富贵皆如浮云之过太空,无一物能乱其志。孟子推崇颜子最能学舜。颜子说:"舜何人也,予何人也,有为者亦若是。"(《孟子·滕文公上》)颜子以一陋巷穷儒而能平视圣王,是何等气魄!故周敦颐要"志伊学颜","寻孔颜乐处"。

不过,儒学本质上是北方文明的精神,实用理性性格明显。在孟子"尧舜之道,孝悌而已矣"(《孟子·告子下》)中,已经对舜之道心作了某种扭曲。如果舜所遇到的是慈父仁兄,无从发挥其孝悌,就不能成为圣人了?圣人的心是无穷无尽的。孟子的"性善论"赋予了道心一定的实质内容,非究竟之说。此后,儒学沿此一歧义往而不返,遂至以理杀人。

对于儒者,南方的隐者多有批评,认为他们看得外面太重,自己太轻。孔子纠合一批子弟,风尘仆仆,奔走诸侯之门,饿陈畏匡,危者屡矣,晚年方回家讲学论道,专一"为己"之学①。相较于儒家在社会秩序方面的用心,隐者更侧重于自己的身、心;相较于普遍与必然,更侧重于个别性与偶然性。今天要讲儒学的重建,一定是在领会舜的精神的基础上才是可能的。

---

① 《论语·宪问》:"子曰:'古之学者为己,今之学者为人。'"

五 小结

　　不论是"正史",还是传说,舜与三苗、西王母的恩怨情仇,都是在音乐艺术、高尚文化的交往中展开的,很像是一部"音乐歌舞剧",其中充满了种种艳遇与凄婉动人的爱情故事,以及传奇性的"突变"。后来,周朝的穆王又略带喜剧性地再演了一次。"斑竹一枝千滴泪",始终是中国文学不衰的母题之一。舜与西王母的动人故事,所展示的则是光辉灿烂的湖湘古代文明,其巫风盛行的民情风俗、洒脱乐观的民族性格、精致的审美追求、风光奇幻的地理风景……对其哲学玄思的理解与论述,只有在这种"场景"中才是可能的。

　　质实而言,在尧舜时代湖湘地区存在着许多分散的"小国寡民"式的文明,其中以西王母部落最为著名。西王母国生活富足,一片歌舞升平,人寿远高于当时水平,引人瞩目。期间,北方力量崛起南下,与之发生了冲突。舜的故事便是这段历史的隐约反映。相比神农时代,西王母在医药养生方面又有了新的进展,知道了矿物的药用价值,并表现出丹药烧炼的迹象。不过,通过丹药烧炼成仙的希望非常渺茫,促使人由向外转为向内:登上昆仑山,只有"仁羿"才是可能的。由此,"金丹"转变成"仁丹"。修炼"仁丹"的方式就是音乐歌舞。西王母国的歌舞首先是通灵术、通天术。庄子对西王母成仙的性质作了哲学的阐述。

　　受西王母文化的启发,舜在"人心"之中拈出"道心",并以此规范人类思虑的发用方式。在此哲学高度上,舜发展了道德,创作了诗歌,改革了音乐,并首次建立艺术审美教育制度,从而成为史上最伟大的王者之一。舜的"道心"得到原始儒家充分的阐发。

　　在舜以后,湖湘文明进入长期的"休眠"状态,在接下来的夏、商、周时处于"低谷",不再成为文化辐射的源头。这在有关考古发掘中也有所反映。

第三章　马王堆养生学的思想
性质与知识兴趣

一　引言

从考古发现的事实来看，在新石器时代晚期湖湘地区文明程度虽达到相当高的水平，但在夏、商、周时代却发生了严重的倒退，"一落千丈"。湖南各地处于一种"小国寡民"式社会文化形态，"境内各个小地理区域的文化自成一系，区域之间差别较大而共性较少，没有形成跨越较大地理区域的文化……"仿佛又退回到原始社会。[①] 概而言之，在夏商周的时代，湖湘地区从一种文化"外溢"的状态中"收敛"，寂寂无闻地在各地的小社会里"修炼"。可见，在此后长达千余年的时间里，湖湘一隅默默无闻，几乎被人遗忘，并非偶然。九嶷山的命运便很能说明湖湘文化的兴衰。明代的蒋鐄慨叹说："夫文则艳称之，如可望之明河；地则厌苦之，如厉人之鬼国。盖世情浮慕若此，故自有虞迄于今，九疑之名虽见于经传，而载纪漫无可考。"[②] 九嶷山是此一历史时期整个湖湘文化命运的缩影。

但这主要是指湖湘文化的"器物"而言，而湖湘文化的精神则仍然潜在地发生影响，其中对老子、庄子的影响尤其明显。老子便特别

[①] 参见向桃初《古国遗都炭河里》，湖南人民出版社2017年版，第255页。
[②] 蒋鐄：《九疑山志弁语》，载《九疑山志（二种）·炎陵志》，岳麓书社2008年版，第88页。

欣赏"后退"状态的文化:"小国寡民,使有什伯之器而不用,使民重死而不远徙。虽有舟舆,无所乘之;虽有甲兵,无所陈之。使民复结绳而用之。甘其食,美其服,安其居,乐其俗。邻国相望,鸡犬之声相闻,民至老死,不相往来。"(《老子》第八十章)庄子所称扬的南越(在楚以前,湖湘土著称"越")的"建德之国"更加具体地涉及其生活状态:"南越有邑焉,名为建德之国。其民愚而朴,少私而寡欲;知作而不知藏,与而不求其报;不知义之所适,不知义之所将。猖狂妄行,乃蹈乎大方。其生可乐,其死可葬。"(《庄子·山木》)劝告崇奉"先王之道"的鲁侯洗心涤虑,虚心学习之。庄子又推崇居住于枉渚(常德德山)的善卷。善卷以"春耕种,形足以劳动;秋收敛,身足以休食;日出而作,日入而息,逍遥于天地之间而心意自得"(《庄子·让王》),拒绝舜的禅让,堪比许由。故老、庄被称为"楚学",并非因其出生地曾经短暂并入楚国,而是其思想精神与楚,特别是楚之"江南"有归属感。如果说农家侧重于神农氏的制度、器物、生活方式,那么老、庄的"楚学"更侧重于神农氏的哲学精神。[①] 老庄与南楚风俗的亲近,也在此得到回应,形成了接受—回馈的复杂关系。这在马王堆考古文献中得到反映,同时也证明了本地思想传统的独立性。因为同时北方方士对老庄的理解,已经大大不同了。

1972—1974年长沙马王堆3号墓、1号墓出土的文献,大约形成于公元前3世纪末到公元前2世纪中,表明了,即使在默默无闻的时代,湖湘地区仍然保持了旺盛的哲学思想兴趣。马王堆3号墓的墓主为长沙国丞相轪侯利苍的儿子,或以为长沙国司马利得,或以为第二代轪侯利豨,于汉文帝前元十二年(前168)下葬。1号墓主为汉初长沙国第一代丞相利苍夫人,下葬稍晚。马王堆帛书的大致抄录、写

[①] 如张居正称五千言为"上古皇农之道"。(见氏著《贺云溪翁汪老先生八十寿序》,《张居正集》第3册,湖北人民出版社1994年版,第460页。)

作时间为秦始皇廿五、廿六年（前222、前221）至汉文帝前元十二年之间。该墓共出土帛书、竹简42种，10余万字。帛书一部分为抄写经典文本，一部分则显然是当时创作的，如其中一张驻军地图。而《老子》帛书无疑是在马王堆帛书中价值最高者。其独特的文本结构所体现的思维方式，表明了道家思想与楚湘文化接受—反馈的复杂关系。它体现的是在原始诗性思维指导下的一种养生学思想，并由此而及于治国平天下的问题。

目前关于马王堆文献的研究存在的问题，正如谢柏轲评论帛画研究所问："我们真能相信如此精工细作、天衣无缝的画面，是以如此散漫不一的文献材料为背景创作的吗？一个形象来自这个文献，另一个形象来自那个文献？"[①] 于兵肯定说："（马王堆）各种文献间存在着千丝万缕的联系，像一个整体的各种构成部件一样，相互协调，相互作用，共同组成了墓主的知识系统。"[②] 本章认为，要理解马王堆的知识体系，关键在于对其中作为其总指导的哲学文献《老子》帛书及其主要部分的养生学文献做出准确的解读；而通过研究其知识体系，又可以反过来确定马王堆哲学养生学的基本精神、意义内涵、思想特点。

二 马王堆养生学的思想逻辑

（一）马王堆哲学之辨正

在马王堆3号墓出土的帛书中，《老子》以及"老子乙本卷前古佚书"（下面简称"古佚书"，现在通行称《黄帝四经》）等道家哲学著作显然具有指导性地位。老庄道家哲学思想经过两千多年的穿凿，

---

① 转引自巫鸿：《礼仪中的美术》，生活・读书・新知三联书店2005年版，第101页。
② 于兵：《试论马王堆三号汉墓的知识构成》，《社会科学辑刊》2013年第5期。有的学者提出"马王堆学"的概念，是指其丰富文献引起了不同学科学者的研究而言，与有意识的知识体系不是同一回事。（参见陈松长《马王堆学浅论》，《江汉论坛》2006年第11期）

其本义已相当模糊。事实上,研究者面临着这样一个"循环":马王堆文献的意义有待于对老子思想的确切的理解,帛书本等更接近老子语境,保留了老子思想的原始信息,因而对老子思想的理解,又只有通过对帛书的理解才是可能的。

帛书本《老子》首先引起人们注意的是,"道经"与"德经"的先后次序与通行本《老子》相反。这本来是韩非子《解老》的次序,也可以说是《老子》原本如此。陈鼓应认为:"'道经'在'德经'之前的通行本维持了《老子》的原貌,是《老子》道家的传本。'道'的向社会性倾斜,是黄老学派对老子思想的一种发展,也是黄老道家的一大特点。……而以道家为宗的《淮南子》,则将《原道》列于书首,这恰与《老子》通行本'道'在'德'前的次序相吻合,《淮南子》之重视《原道》,似可作为祖本《老子》顺序的一个佐证。"①《淮南子》比前述诸书都晚出,反而可以作为祖本《老子》的"佐证"?这是难以成立的。质实而言,《老子》文本次序的变动,是中国哲学思想转变的表现。以老子为开端的中国哲学起于老子在楚巫文化的影响下,以巫术的原始诗性的直观方式,对周人试图以日常理性思维建构一种形而上学天道观论证周礼的绝对性、以挽救礼崩乐坏的局面的批判;而随着一统帝国的建立,汉儒再一次复活了形而上学思想的垄断地位,并篡改老子文本的结构与文字。

原始诗性直观的思想方式主要表现在老子对"一"的论述中,"一"被作为万物的本体,世界在"一"中表现为自身。老子说:"昔之得一者,天得一以清,地得一以宁,神得一以宁,谷得一以盈,万物得一以生,侯王得一以为天下正。"彭富春解释说:"万物得一,就是得道。唯有得道,万物才能是其自身。"②

---

① 陈鼓应注译:《黄帝四经今注今译》,商务印书馆2015年版,第5页。下文所引帛书原文,据此书。

② 彭富春:《论老子》,人民出版社2014年版,第92页。

荀子"虚壹而静"的观点显然是老子"道论"的继续，以此为基础，韩非子《解老》以"遮诠"的方法对"德"进行了解释。他说："凡德者，以无为集，以无欲成，以不思安，以不用固。"在他看来，老子哲学的根本特点在其内在性："德者，内也；得者，外也。'上德不德'，言其神不淫于外也。"明确反对以一种对象性的知识来主宰自己的心灵，从而让世界万物直观地自然显现，即："虚静以待，令名自命也，令事自定也。"（《韩非子·主道》）

而在汉儒，道已经外化为一种人的存在之外的"天道"，人以德合之，以"以此合彼"的思想方式认识之，遵循之。由此，《老子》文本被调整，道论移前，以配合上述思想认知。

在老子看来，心灵归"一"并非是一个纯粹的精神过程，而首先是一种身体状态。故而说："常无欲，以观其妙；常有欲，以观其徼。""欲"与身体直接相关，直接规定了事物的内涵及其边界；而对"欲"超越，则可以观察事物的变化。故韩非子概括"德"的属性："德者，得身也。"心灵的虚灵状态虽然显示了对欲望的超越，但使之得到一种有节制的满足，以符合身体的本性。

帛书本《老子》"德经""道经"的先后次序巩固了韩非子老子诠释的正当性，至少为理解马王堆的哲学思想提供了探索的指南。"古佚书"也体现了同样的结构。其四篇文献依次为：《经法》《十六经》《称》《道原》，对道的论述只是对前面反复应用的"道"作专门说明，而非直接从"道"的角度展开全书。"古佚书"《道原》说：

> 恒无之初，迥同大虚。虚同为一，恒一而止。湿湿梦梦，未有明晦。神微周盈，精静不熙。故无有以，万物莫以。故无有形，大迥无名。……一者其号也，虚其舍也，无为其素也，和其用也。是故上道高而不可察也，深而不可测也。显明而弗能为名，广大而弗能为形。独立不偶，万物莫之能令。

所谓"恒无之初"是不能如一般形而上学思想理解为人类出现之前的什么遥远的宇宙状态的,因为后面明确地提到"人皆以之,莫知其名。人皆用之,莫见其形",也就是说,"恒无之初"是与人的日常生存紧密相关的。后面也完全是对心灵状态而非外物的描写,关于"一"的论述也与《老子》的观点相呼应。换言之,道不是一个孤立于人的绝对者,它是在人心超越于名相之后事物如其所是,成其所是。正如《十大经·称》所说:

  道无始而有应。其未来也,无之;其已来也,如之。有物将来,其形先之。建以其形,名以其名。

如果道不是"无始",而是另有依据,形、名就不是由道所显现的,就要从那个神秘的来源去定义。这样,世界上就不可能存在任何事物。因为没有人能发现那个最终的神秘物以建构具体事物的形、名。而事实上,夫妇之愚皆能在日常生活中"建以其形,名以其名",只是不把握诸如国家之类的大点儿的形名。

在这里,道与德是互为其本的。德的最高境界就是"一",故"古佚书"《十大经·成法》赞颂"一"说:

  一者,道其本也。胡为而无长?〔凡有〕所失,莫能守一。一之解,察于天地;一之理,施于四海。……夫唯一不失,一以驺(趋)化,少以知多。夫达望四海,困极上下,四向相抱,各以其道。夫百言有本,千言有要,万言有葱(总)。万物之多,皆阅一空(孔)。……抱凡守一,与天地同极,乃可以知天地之祸福。

在作者看来,为治理天下,只要"循名复一,民无乱纪"。从这里也可以看出,"乙本卷前古佚书"坚持的是老子"有名,万物之母"的"名本论"观点,故而"循名"回归"道纪"。

墓中的T形帛画,则是对上述哲学观点的图示。T形帛画在1号墓与3号墓都有出土,3号墓在时间上稍前,显然不如1号墓的成熟。1号墓T形帛画覆盖在内棺上,长205厘米,上部宽92厘米,下部宽47.7厘米,四角缀有飘带。整个帛画的画面给人的感觉是充斥了各式各样的龙,这显然是对《易经》中乾卦形象的表现:龙作为纯阳的力量使世界显现出来,天、地、人、神直接安放在矫健的龙身之上,随着力量运行而变化。在老子看来,世界是由人的身体欲望开拓的,客观的宇宙力量是人的身体力量的外化,在"有欲"与"无欲"的转换中,体现为生死、昼夜的"无名""有名"的大道的永恒循环。帛画的形象化表现方式,可以让人更加具体地感知老子的思想。

《楚辞》对"宇宙图像"的描写,也可以帮助理解帛画的意义。《天问》虽然发对象性的理性之问:"遂古之初,谁传道之?上下未形,何由考之?……"但没有对其中的任何一个问题给出实质性的回答。这一方面说明他所承袭的思想文化传统没有这种答案,另一方面又暗示这些问题不是人类理性所能回答的,实际上默认了神话的形象化的想象。

(二)马王堆养生学之思想方式

马王堆3号墓帛书《老子》文本体现了整个马王堆文献的思想方式,由此而看马王堆的养生学,便可以发现其不同于当时流行的齐燕神仙方术的独特思路。《史记·封禅书》记载,齐燕仙学起于邹衍论著"终始五德之运",秦始皇信之,于是神仙之学亦因之大盛。最有名的故事是齐人徐福带领童男童女去蓬莱求取仙药。徐福对始皇说,海中有三神山蓬莱、方丈、瀛洲,请得斋戒,与童男女三千人求之。徐的斋戒只是纯仪式性的,没有关于人的德性的任何论述。徐福一去不返,而秦始皇不久亦死于巡视天下途中,显示了其丹术的完全失败。迄于汉武帝,求仙之风又复大盛。李少君以祠灶、谷道、却老方见武帝,说:"祠灶则致物,致物而丹沙可化为黄金,黄金成以为饮食器则益寿,益寿而海中蓬莱仙者可见,见之以封禅则不死,黄帝是也。臣尝游海上,见安期生……"武帝信李少君之说,"遣方士入海求蓬莱安期生之属,事化丹沙诸药齐(剂)为黄金矣"。当然也是不会成功的。很明显,神仙方术之学建立在一种绝对性的宇宙真理之上,掌握了这种真理的人自然就能自由操控自己的寿命,以长生不死,而丹药则是操控寿命的媒介。关于齐燕方士的兴起,傅勤家说:"战国诸王,贵极富溢,所不足者,长生不老,升为神仙耳。然欲使彼等效呼吸引申静坐默想之功,决不可耐。方士用迎合之,为之求仙及长生药,使可不劳而获成仙。"[1]

齐燕方士的"仙学"是对道家神仙论述的技术化,而遗失了其哲学精神,显得非常肤浅、荒谬。马王堆对老子之学的尊崇,重视思想的修炼,与之有明显的区别。老子思想本来就是针对某种形而上学思想倾向而发的。当西周礼制面临崩溃之时,统治阶层一方面通过阐发"天道""天命"观点,把周礼说成是宇宙普遍真理,力图重建其权威。老子则反其道而行之。他引进楚人原始思维以纠正周人理性主义之弊,呼吁统治阶级"无为"守正,从而使事物回归其"自然而然"的状态。

从老子哲学思想来看,老子以"抱一"为见道之极功,本身就来自养生学,故庄子学派称之为"卫生之经"。《庄子·庚桑楚》概述的核心观点说:

老子曰:"卫生之经,能抱一乎?能勿失乎?能无卜筮而知吉凶乎?能止乎?能已乎?能舍诸人而求诸己乎?能翛然乎!能

---

[1] 傅勤家:《中国道教史》,东方出版社2008年版,第44页。

侗然乎！能儿子乎！儿子终日嗥而嗌不嗄，和之至也；终日握而手不掜，共其德也；终日视而目不瞚，偏不在外也。行不知所之，居不知所为，与物委蛇，而同其波。是卫生之经已。"

人心最大的问题就是沉溺于推测拟议的日常理性之中难以自拔，故而借助卜筮进行决断。卜筮，就是截断人心之用，以本然之心直接对事物进行决断。换言之，若已经处于直观，则卜筮完全是多余的。止、已，都是指中止、抛弃一切基于外在知识的推测拟议，而自信其心，即"舍诸人而求诸己"。这是一种纯粹内在性的观点。

其实，老子的哲学观点可以说直接得自于其养生实践。《庄子·让王》称："道之真以治身，其绪余以为国家，其土苴以治天下。由此观之，帝王之功，圣人之余事也，非所以完身养生也。"由于"保身"的需要，人们才有追求自然、社会知识的必要。换言之，从思想逻辑来看，人类的其他知识都只是养生学的"放大"或"推衍"，万变不离其宗。

马王堆"古佚书"《十大经·名刑》几乎是重复了《庄子·庚桑楚》的观点："能一乎？能止乎？能毋有已，能自择而尊理乎？"在"古佚书"《称》篇中，强调养生学的知识对于统治者修养的重要性说："有身弗能保，何国能守？"也就是说，要治国，先学习如何养生。而《十大经·五正》在此一语境中阐述"治身"的基本精神的：

黄帝问阉冉曰：吾欲布施五正（政），焉止焉始？对曰：始在于身，中有正度，后及外人。外内交绥（接），乃正（止）于事之所成。……黄帝曰：吾身未自知，若何？对曰：后身未自知，乃深伏于渊，以求内刑。内刑已得，后[乃]自知屈其身。……今天下大争时至矣，后能慎勿争乎？

这与老子"卫生之经"的精神是完全吻合的。所谓"内刑

（形）"就是"一"，回归静观，与物无竞。可以说，马王堆养生学是对原始道家自觉地加以应用、发展而形成的。

这就是说，马王堆养生学在齐燕方士的纯技术性发展的时代，仍然坚持了传统，保持了感性主义的个别性、直观性和诗性。换言之，齐燕方士发展了一种纯粹技术性的丹药烧炼技术，而马王堆养生学则仍然与神话、巫术紧密结合。熊吕茂论马王堆医书说："《五十二病方》中没有掺杂五行学说和阴阳学说，很少提到脏腑和各个俞穴的名称。据此，我们可以认为，《五十二病方》是比《黄帝内经》出现还要早的医学著作。"[①] 其思想的特点在于，不同于邹衍之徒以"阴阳"作为一种对象性的宇宙元素，马王堆以之为事物存在的直观方式。总之，马王堆医学是一种不受外在宇宙论影响的内在性思想之应用。

不过，马王堆在技术层次上，仍然吸收了北方学术的某些成果。如在尸体防腐方面，可以明显见到外丹术的影响。

（三）马王堆养生学文献之地位

按道家的观点，世界上的各种学问是由"贵身"养生学向外拓展而成；由此，可以对马王堆文献的整个结构加以确定，而明确其养生学性质。《老子》说："修之于身，其德乃真；修之于家，其德乃余；修之于乡，其德乃长；修之于邦，其德乃丰；修之于天下，其德乃普。"（第五十四章）如果说老子的思想明确了学问修养的先后次序，那么庄子学派"绪余""土苴"之论，则指明了各种学术的轻重。从道家的观点来看，被儒学奉为不言自明的真理之集成的"六艺"，即使不被直接当为刍狗、糟粕，也不具有首要的地位。在马王堆中，儒家诸子都融摄于道家的理论构架中，"方技""术数"是"贵身"思想的具体展开，而其他方面的文献则是由狭义养生学推演的一种广义

---

① 熊吕茂：《马王堆汉墓与汉初长沙国的思想、文化和艺术》，《中国科技博览》2009年第4期。

养生学。

依据上述理解，由近及远，马王堆文献以如下层次构成其"知识系统"：

第一类应当是阐述"身本论"的哲学类文献。这些文献包括两部分：一是老子及黄老学派的著作，《老子》甲乙本及其卷前古佚书（学术界现在习惯称为"黄帝四经"）；一是《易》类，《周易六十四卦》《二三子问》《系辞》《易之义》《要》《缪和》《昭力》。显然，由于墓主的统治阶级身份，对生活规则的确定都是从政治着眼的，其身体哲学首先是一种政治哲学。

第二类为养生学操作文献，即"方技类"。这类文献内容最为丰富，占大半数，包括《却谷食气》《十问》《合阴阳》《天下至道谈》《导引图》《杂疗方》《养生方》等。其中直接引用第一类文献中的哲学思想，既在其指导之下，又为之提供了某种实证。

第三类则是与生活环境相关的"术数类"帛书，有《阴阳五行》《出行占》《天文气象杂占》《五星占》《相马经》《木人占》等。

余下的部分则可以纳入第四类，指一些具体的政治方法以及历史事迹，这些内容在道家的思想视野中价值最低。这包括除哲学文献之外的"六艺类"文献，如《春秋事类》《战国纵横家书》以及兵书类的《刑德》等。

就养生学文献在马王堆帛书中所占的分量，可以明显看出马王堆"知识体系"的泛养生学性质。

三　马王堆养生学的知识体系

从上述得到澄清的哲学观点来看，过去一些聚讼纷纭的争议就能得到很好的解释。比如，马王堆T形帛画的主题。据姜生最近的论文所述，过去的研究形成了"引魂升天"说、"招魂"说、"引魂入墓"

说、"神话"说等。① 其中"上天"说最为流行，但质疑之声也一直未断。其实，在中国传统中，现世主义一直占据主要地位，即使在秦皇、汉武的神仙道中，蓬莱世界也只是获取长生不老之药的地方，而非宜居之地。在马王堆帛画中，上天部分的虎豹等事物，证明了屈原在《招魂》中对上天的负面评价，显示非人所乐往：

> 魂兮归来，君无上天些，虎豹九关，啄害下人些。一夫九首，拔木九千些。豹狼从目，往来侁侁些，悬人以娭；投之深渊些；致命于帝，然后得瞑些。归来归来，往恐危身些！

在《山海经》中，昆仑山也是一个相当恐怖的地方。从帛画本身也可以看出，底下三个空间明显是相贯通的，而上天部分则隔了一个巨大的华盖，表明两者的距离。马王堆帛画与长沙出土的战国时代的《人物御龙帛画》《人物龙凤帛画》有直接的承袭现象，前者不过是对后者的复杂化而已。在后两画中，"升天"的观点都是不能成立的。《人物御龙帛画》描写一个男子头顶华盖，乘龙而游；《人物龙凤帛画》画的是一位女子，头顶上是一只巨大的凤凰，正与前方的一条龙在游戏，显然以凤凰代表女性，而"游龙戏凤"则是太极图的原型。从这两幅帛画简化的"天空"来看，根本不存在"升"的空间。

怎样理解其主题思想？首先要清楚帛画的艺术表达方式。巫鸿说："马王堆帛画以及许多汉代丧葬艺术品的构图原则并不是'叙事性的'（narrative），而是'相关性的'（correlative），属于后者图像的组合是基于他们的概念性的联系（conceptual relationships）。通过这种方式，古代中国宇宙观的二元结构（dualistic structure）被转换为视觉图像。"② 以此来看，中国绘画不在讲述一个故事，而在表达某种意

---

① 姜生：《马王堆帛画与汉初"道者"信仰》，《中国社会科学》2014 年第 12 期。
② 巫鸿：《礼仪中的美术》，生活·读书·新知三联书店 2005 年版，第 110 页。

境。在帛书《六十四卦》之后抄有五篇"佚书",大部分记录孔子与其弟子讨论卦、爻辞的意义。从帛画的内容来看,完全是对孔子有关"龙德"描述的形象化。《二三子问》一开篇就记录了弟子对"龙德"的提问,孔子回答说:

> 龙大矣。刑（形）遷叚,宾于帝,俔神圣之德也。高尚齐乎日月星辰而不眺,能阳也。下沦穷深渊而不沫,能阴也。上则风雨奉之,下沦则□□□□□乎深渊,则鱼蛟先后之,水流之物,莫不隋从。陵处则雷神养之,风雨辟乡,鸟兽弗干。曰,龙大矣。①

孔子对老子有"犹龙"之叹,又有"南方之强"之叹,在此得到了更加具体的表达。"龙德"是"乾卦"的属性,显示了南方文化的开拓性精神。就本幅画作来看,整个画面以一些飞跃的龙为基调,由下而上,显示出无比的活力。而由龙所开辟的空间,明晰地分为如下四个层次:

第一层次是大地印象。在两龙交缠所形成的下三层空间中,作者在最底端画了鱼、龟、蛇等水生或半水生生物,暗示此空间处于人们日常所生活的地表世界之下。其中有两个羊头人身的人物,容易让人联想起后世常见的牛头马面,应当是阎王使者的"前身",寓意地下世界中存在地狱。中间擎举地面的大力士,则出于作者对大地何以没有垮塌的想象。在神话传说中,天、地都是由支柱维系的,曾经还发生过断裂。故屈原《天问》说:"康回凭怒,坠何以东南倾?"司马贞《补史记三皇本经》称,共工与祝融战,不胜而怒,以头怒触不周山,"天柱折,地维缺",即此担忧。故作者想象有大力士在顶托,使

---

① 据于豪亮《马王堆帛书〈周易〉释文校注》简写。见该书第178页,上海古籍出版社2013年版。

之不坠。

第二层次、第三层次则是人间生活的印象。第二个层次为世俗日常生活的层次，第三个层次则为超越性的精神生活的层次。第二层图中画了三个鼎、两个罐，其中应当装满了饮食之物，象征随葬的此类生活物资。食物以献祭的庄重形式出现，亦表示地下生活对地上生活方式的转换。周围侍立的人或者指献祭者，或指带入墓中的仆人。

第三层次则是表现墓主本人的精神生活。精神生活是高尚的，专属于墓主本人所有，故墓主身躯画得特别高大，其所立的位置是整幅画中间，也是最空旷的部分，显然也是帛画所表达的主题。墓主俯视两个跪着的仆人所呈上的盘中之物，其关心的焦点全部在此。这个盘子的意义，象征着日常养生修炼。

第四个层次则是天空中之物。在天门处据守的是两个仙人，在其背后则有两只豹子，中间飞翔着许多飞鸟、神兽。最上边中间的人首蛇身者，似应为女娲或伏羲，定位为天地的开辟者、人类的始祖。两边则是日月，以及星辰。

根据原始巫术的意义，帛画不过是根据整个墓葬"事死如事生"的指导原则，把地上的生活复制于地下而已，只是中间多了"招魂"之类的转换程序。招魂，是因为人在死亡时受到某种惊吓魂飞魄散而来。特别是在战争中死亡的将士需要举行盛大的招魂仪式，以使其远方的灵魂回归故乡。这在屈原的作品中都有叙述。马王堆的招魂还有招墓主之魂于帛画所指示的生活情景之上的意思，使其魂魄定格于帛画所示的世界之中。

马王堆3号墓帛书，描绘了帛画的主题实现的途径：如何把人间的养生学搬入地下，以继续其享乐生活的未竟之业。养生学不从日常食物的摄取方面着眼，而是从其节制方面来讨论问题的，具有"逆"的特点，本质上是贵族的，也是哲学的——即它是作为一种反思性的学术而存在的。明代政治家张居正是一位养生学的大师，对此颇有体会。他说:"人主之爱其身也,与众庶异,不可以不察。庶民之爱其身也,常患无以养之;人主之爱其身也,常患无以制之。……人主之于天下也,奚不得哉!其威足以怵惕,其势足以奔走,可致之欲交于前,而可畏之机伏于后。始于娱乐,终于忧患,而民与身始交病矣。"① 这里所论者虽是"人主",也完全适用于对一般上层贵族的论述。张居正的定位,与马王堆帛书的性质是完全吻合的,即马王堆帛书所讨论的是如何通过欲望的节制以达到养生的目标。

马王堆帛书的内容,很切合帛画主题。从外在性的观点来看,"物"是第一位的,人的身、心以顺应物的真理而存在,其养生学由外物始,依次为:药物(外丹)、身体锻炼、心灵调养(内丹)。但是,从前面所澄清的马王堆哲学看,事物是在人的心灵中显现出来的,自应以"德"为首,从修养心性开始养生学。因此,马王堆养生学的第一个层次是心灵的调养,然后才是身体锻炼,最后为药物治疗。

第一层次:心灵调养(内丹)

在《山海经》"非仁羿莫能上冈之岩"中之"仁"字,即已透露出远古人类已经发现了心灵在养生中的重要性。这一方面的内容,后世发展为"内丹学"。尽管"内丹"一词是相对于药物烧炼的"外丹"而来,但其基本精神则相当古老。② 其基本原则大概如《黄帝内经》所说:"上古之人,其知道者,法于阴阳,和于术数,食饮有节,起居有常,不妄作劳,故能形与神俱,而尽终其天年……"(卷一《上古天真论篇》)道心是各种养生方法(术数)的灵魂,其修炼居于马王堆养生学的首要层次。

---

① 张居正:《人主保身以保民论》,《张居正集》第3册,湖北人民出版社1994年版,第358页。
② 现存文献中"内丹"一词的最早记载见于南朝陈代高僧南岳慧思《立誓愿文》"藉外丹力以修内丹"之说。内丹的名称被佛教人士使用,说明其至少在南北朝时就已经相当流行。在宋代批判外丹时,就把内丹术当作真正古老的东西。(李零:《中国方术正考》,中华书局2006年版,第800页)

如何修炼道心，或人心呢？按前面所说，就是心灵归"一"。老子对此作了具体描述：

　　载营魄抱一，能无离乎？专气致柔，能婴儿乎？涤除玄鉴，能如疵乎？爱国治民，能无知乎（帛书作：能毋以知乎）？天门开阖，能为雌乎？明白四达，能无为乎？（《老子》第十章）

这里"抱一"的工夫，全是从否定的方面讲的，因为，人的心灵本来就是"一"的，只是由于受到后天知识与欲望的恶性循环的影响而沉沦，故老子以"能婴儿"作为一种检验的标准。修道，就是把后天习染的东西加以扫除，恢复"玄鉴"即直观。习染的东西不外乎知识与欲望，两者的恶性循环起于主、客两分的对象性认知方式，故老子提出无为、无知以针砭之。在具体的操作上，老子则提出了两个主要的方法：

（1）自然。勿以自己的主观意志干扰、扭曲事物的自然而然的发展。人们对外物进行一种对象性的认识以获取知识，是为了操控外物以满足自己的欲望，往而不返，便反过来伤害了人的生命。《老子》说："圣人欲不欲，不贵难得之货；为不为，复众人之所过，以辅万物之自然而不敢为。"（第六十四章）"圣人处无为之事，行不言之教；万物作而弗始，生而弗有，为而弗恃，功成而不居。夫唯弗居，是以不去。"（第二章）

（2）啬。爱惜物力，反对穷奢极欲。"治人事天，莫若啬。……是谓深根固柢，长生久视之道。"（第五十九章）"圣人去甚，去奢，去泰。"（第二十九章）啬，其实是自然的一种负面的说法。

庄子"心斋""坐忘"的观点，比之老子提出在应物处事的某种心态的把握，在修炼上更加具体可行。心斋，应当来自祭祀时的"斋戒"，通过对物质欲望的控制，使人达到与道合一的超越性的思想境界。《庄子·逍遥游》描写"真人"，完全是斋戒状态下的心灵境界。

他说:"藐姑射之山,有神人居焉,肌肤若冰雪,绰约若处子,不食五谷,吸风饮露,乘云气,御飞龙,而游乎四海之外。其神凝,使物不疵疠而年谷熟。"这就是老子的"圣人",可以"以辅万物之自然"。反之,人被自己的欲望所左右,如中央之帝浑浑,一旦凿成"七窍",获得了感官,也就丧失了生命。

"古佚书"在庄子心斋坐忘的基础上,提出了"出家"的概念:

> 黄帝于是辞其大夫,上于博望之山,谈(惔)卧三年。

这显然是对老子"不见可欲,使民心不乱"(《老子》第三章)的一种实践。可欲之大端,不外饮食男女,因此见于一般的斋戒程序中,皆以此两者为主要内容。黄帝告别其大夫,固然有离开他的大夫的阿谀奉承(尚贤)对他的心灵的打扰的意思,更加切近的内容则是离开他妻妾成群的后宫,过一种清淡的山野生活。

由此,后世发展出"辟谷术""房中术"两种养生方法,以为内丹修炼之途径。辟谷术与斋戒的关系、特别是与庄子所谓真人的关系,是非常直观的,只是它不再只是局限于宗教仪式,而泛化为一种日常生活方式而已。斋戒除了与饮食控制相关外,一般还与性生活的控制有关。这就是房中术。房中术与宗教仪式完全禁欲不同,而是施之于日常男女生活中的一项内丹修炼技术。关于马王堆房中术在内丹修炼中的意义,朱越利说:"有学者分析《庄子》和《列子》,说内丹家精、气、神、虚的理论是直接继承和发展了道家的思想。比较而言,马王堆帛书房中术更有资格称得上是后世内丹理论的源头。"[①]通过对欲望的控制,使人心由知、欲的沉溺回归虚灵不昧的本心,即直观,从而使人回到自主的精神状态。

在后世,"导引"或"气功"往往成为修炼内丹的重要方法,但

[①] 朱越利:《马王堆房中术的理论依据(下)》,《宗教学研究》2003 年第 2 期。

在先秦时只是在心灵原则指导下的一种身体锻炼。庄子学派对其评价不是很高:"吹煦呼吸,吐故纳新,熊经鸟申,为寿而已矣。此导引之士,养形之人,彭祖寿考者之所好也。若夫不刻意而高,无仁义而修,无功名而治,无江海而闲,不导引而寿,无不忘也,无不有也。"(《庄子·刻意》)在庄子学派看来,把心灵修炼到"平易恬淡"的境界,"则忧患不能入,邪气不能袭,故其德全而神不亏"。

目前,在马王堆养生学文献中尚未见其他养生方法促进心灵修炼的论述。必须知道,在马王堆学术看来,其他方法都必须在健全的心灵的指导下进行,才有成效。

第二层次:日用养生

马王堆日常养生学的主要内容,可以分为四个门类、两个层次:一是在日常的饮食、男女生活中的保健,一是对身体的自然规训、医疗康复。用传统的术语说,即辟谷术、房中术与导引、医术。

1. 辟谷术

由于在"成仙"层次上的修炼不甚成功,马王堆帛书退而求其次,追求较为现实合理的真正意义上的养生学。这些内容以饮食、男女两方面的内容为主体,包括对健康生活状态的探索以及对不良生活方式的"纠正"。

饮食方面的养生学首先是"辟谷术",辟谷术主要针对人对"五谷"营养的摄取方面的问题。所谓"五谷",指中国人的主食稻、黍、稷、麦、菽等谷物。五谷在维持人生命需要中占首要的地位,首先必须充分重视。马王堆出土的近30盒食品竹笥中就装有上述食物,以及梨、梅等湖湘地区常见水果,荠菜、竹笋、姜、藕等蔬菜,牛、羊、猪、鹿、狗、兔、鸡、鸭、鱼等肉类。这些说明,在当时的丧葬文化中,日常食品被认为是维持人的生命的基本物质。尽管墓主已死,丧葬品也仍然是按活人的需要准备的。马王堆的设计体现了当时的主流意识。在人们看来,五谷不仅一般地可以解除人的饥饿,甚至是治病的药物，《周礼》卷二《疾医》就有"以五味、五谷、五药养其病"的说法，而《黄帝内经·素问》则有"毒药攻邪，五谷为养，五果为助，五畜为益，五菜为充"的观点。但人们也认识到，专食五谷，可能会引发各种疾病。《上清黄庭内景经·百谷章第三十》："百谷之实土地精，五味外美邪魔腥。臭乱神明胎气零，那从反老得还婴。三魂忽忽魄糜倾，何不食气太和精。故能不死入黄宁。"马王堆帛书中的"却谷食气"思想就是在这样的文化背景中展开的。

帛书论述饮食养生的，主要是《却谷食气》《十问》。"却谷"并不是什么都不吃，而是由吃一种"石韦"开始，渐至吸风饮露。《却谷食气》说："去谷者食石韦，朔日食质，日驾（加）一节，旬五而（止，旬）六始铣（匡），月一节，至晦而复质，与月进退。"匡，是减损之意，随着月亮的盈亏而加减。下面讲到如何根据人的年龄、季节以定"食气"方式，分辨各种气的质量。人不吃饭或者减少进食量，难免引起饥饿感，食气或许可以让人忘记这种不适。对于摄取过多美味的人，节制饮食，或由粱肉转向野菜，对于身体健康的效果应当是非常明显的。循此发展以求长生不死，自然也是人的欲望的自然发展；至于其成效如何，则从来就有不同的观点。

2. 房中术

古代贵族妻妾成群，夫妻之间的性生活出现比较混乱的局面。在《十问》中，作者假托大禹致力于治水，劳累过度，造成房事不调，家庭矛盾重重。面对这种局面，主人公大禹在术士的建议下采用房中术，恢复了性能力，也使家庭恢复了和睦。大禹的故事，是统治阶级生活的写照，突出了房中术的重要性。

见于史籍记载的有关"房中术"的书籍，在汉代时就有不少，但在后世多已散佚。马王堆帛书的出现，使其真面目露出冰山一角。在帛书中，属于"房中术"或相关者的著作有七种：《养生方》《杂疗方》《胎产书》《十问》《合阴阳》《杂禁方》《天下至道谈》等。根据李零对其内容性质的讨论，大概可以划分为三大类：一是以《养生方》《杂疗方》《十问》为代表,主要讨论了性保健、性刺激、性治疗等方面的问题;二是《合阴阳》《天下至道谈》等,则侧重讨论性技巧;三是如《杂禁方》《胎产书》涉及性生活的巫术及与生育相关的问题。[①]

房中术主要是从节制的角度来讲的,根据同样的逻辑,包含两个互相关联的方面,一是通过房中术求得更大的快感,一是通过修炼房中术保持身体健康,乃至成仙。

3. 导引

导引,在现代看来主要是指体育锻炼。以《导引图》《却谷食气》为主,前者是一套导引修炼的图示,后者对之作了一些文字说明。何谓"导引"?有呼吸与体操两个方面的内容。《庄子》说:"吹呴呼吸,吐故纳新,熊经鸟申(伸)……此导引之士……"关于"吹呴呼吸",《却谷食气》中有文字说明,要求"昫(呴)饮(吹)之,视利止"。唐代道士司马承祯给予了"导引"一种理性主义的解释:"夫肢体关节,本资于动用;经脉营卫,在于宣通。今既闲居,乃无运役事,须导引以致和畅。户枢不蠹,其义信然。"[②]《一切经音义》解释说:"凡人自摩自捏,伸缩手足除劳去烦,名为导引。"可见,导引术是对"闲居"身体机能所产生的毛病的处置。由于文明的发展,统治阶层从"劳力"中分工出来专门"劳心",使其身体处于一种不自然的状态中,必须通过"导引",回归自然。

4. 医术

在身体健康时,通过体育之类的活动进行锻炼;而生病以后,则以药物进行治疗。有些论述把体育与医疗一并论之,有其道理。马王堆的医学知识非常丰富,主要有《足臂十一脉灸经》《阴阳十一脉灸经》《五十二病方》,其他日常类帛书如《养生方》和《杂疗方》等,

---

[①] 李零:《中国方术正考》,中华书局2006年版,第312—321页。
[②] 《南岳佛道著作选》,岳麓书社2012年版,第95页。

也包含了一些医学知识。

由于心灵修炼的指导性的意义，马王堆医疗在处理身体疾病时，往往要追溯到其心灵的问题，并通过对心灵的调养以治疗身体疾病。在马王堆医术中，就经常使用"祝由术"，通过改变人们的心理情感状态来医治人的身体疾病。在《五十二病方》《养生方》和《杂疗方》中，存在大量此类例子。据李零清理，在《五十二病方》中就有29例，在《养生方》中有4例，在《杂疗方》中有1例。其方法则有喷水、呼气、呼号、击鼓、禹步、画地、桃枝、祝等17类。[①] 这类内容在传世医书中，逐渐消失，但在民间则一直流传。

关于马王堆医书的价值，马继兴说，这些西汉以前的著作是后世不少重要医学理论和宝贵的临床经验的源头，仍为当前的医药学术研究提供了借鉴与参考。[②]

第三层次：升仙类（外丹）

事实上，医学范畴的药物在外丹术中得到很大的促进。不过，医学药物与追求长生不死的外丹又属于不同的层次。马王堆墓葬的时代，正值秦皇、汉武举天下之力寻找长生不死的仙药，外丹修炼达到前所未有的高潮。外丹修炼一方面需要寻找各种珍贵的药物，成本极其昂贵，是常人难以做到的；另一方面，修炼者只要服食仙丹，不需要做艰苦的功夫，又是最为容易的。因此，它特别适合于顶层统治者的口味。

利苍家族虽然只有长沙国丞相的职位，但由于他是汉廷委派的，从墓葬的规格及其奢华程度来看，地位崇高。也就是说，利苍家族完全有可能从事皇室之类的外丹修炼。但从死者的年龄来看，与时尚领袖秦皇、汉武一样，均不甚成功。其中也很少发现相关文献，可能也与此有关。但是，从墓葬中出现大量玉石、朱砂之类传统炼丹药物以

[①] 参见李零《中国方术正考》，中华书局2006年版，第261—268页。
[②] 马继兴：《马王堆古医书考释》，湖南科学技术出版社1982年版，第21—23页。

及1号墓中利苍夫人辛追的尸体保存两千余年而不腐的事实来看,他们是参与了当时炼丹术的时尚的。现在看来,这大概是秦汉外丹追求在长生不老方面的最大成绩。

在庄子看来,外丹术对于延缓人的自然衰老方面并无作用。他认为,养马在去其"害马者"而已,那么,养生也不过去其害生者而已。马王堆墓葬的实际内容体现了这种思想精神。这可能也是在外丹术失败之后的领悟。

四 马王堆养生学的特征

马王堆养生学体现了浓郁的湖湘传统、地域色彩,在此基础上,发展了自己的精神文明特点。概括起来,有三个主要方面:首先是内在性;其次是现世;最后本土性。只有从这三个基本的方面进行解释,才能真正阐释马王堆养生学的意义。

(一) 内在性

前面提到,道家老、庄思想即是有鉴于周人的理性主义的种种局限,借助楚人巫术的原始思维对之进行批判的。古本《老子》"德经"居于"道经"之前的次序所显示的内在性观点,即已显示楚人原始思维的本来面目。由马王堆帛书对《老子》次序的坚持,也显示了这个地区的文化具有老子本原思想的特点。事实上,在马王堆"易类"著作中发现的孔子易说也表达了内在性的观点,至少说明马王堆文明精神对内在性的自觉。刘彬研究帛书《要》篇得出孔子《易》学有两大特点:一是把占筮文化的"人的命运的外在性"转向"人的德行的内在性",即由神本转向人本;一是在思维上过滤、清洁占筮文化中非理性的因素,而提升为清楚、明晰的理性。[①] 前一特点显

---

① 刘彬:《从帛书〈要〉篇看孔子好〈易〉的实质和意义》,《孔子研究》2011年第2期。

然得到马王堆系统的自主选择，后一点则有所保留。

（二）现世性

班固"楚之江南"的评述提到，由于湖湘地区优越的自然环境，造成了本地文化的"呰窳媮生"，不计算长远利益的现世享乐主义生活态度。即如今天的长沙，经济发展水平不是很靠前，而文化娱乐业却很突出，亦是古代"媮生"精神传统的显现。从马王堆帛画的主题设计，到墓葬中大量收藏了处理现实问题的各类养生、护生的物产、书籍，在在都显示了湖湘文化的现世享乐的精神。在齐燕方士心中萌芽的"升天"之类观点，在这里便显得很淡薄。

（三）本土性

中国医学一贯讲求根据病人的年龄差别、地区性体质对症施药，以本地之药物治本地之疾病，与不惜重金到海外寻找奇珍异物的齐燕方士相比，显示了强烈的本土性。马王堆养生学始终立足于自身的环境，追求人与此环境的和谐。墓葬中收藏的各种粮食、瓜果、家畜等，都是本地普通的物产。马王堆药方约有将近十分之一的药物是直接采用未经加工或很少加工的自然事物。[①] 这种本土性，与湖湘地区丰富的自然资源是有很大的关系的。

五　小结

中国人传统的养生学起源可以追溯到远古神仙巫道，在其长期的发展中，分别受到儒、释、道三大学派的影响，发展了不同的养生方式，但在丰富了中国文明的同时，也混杂着对养生学本源的某种扭曲。经过精心选择的马王堆文献，密封地下数千年，则让我们可以比

---

① 马继兴：《马王堆古医书考释》，湖南出版社1992年版。

较准确地了解秦汉时代养生学的原始面貌，并以其原始性，对西汉以后流传的许多养生学的观点和知识，提供了去伪存真的借鉴。

从班固所描述的楚之"江南"来看，道家的楚学特色与湖湘地区渊源甚深，因此在北方地区走入技术主导的方士仙学，马王堆仍然保存楚学结晶的《老子》原本，以及与原本精神高度一致的"古佚书"，是不难理解的。这一文本显示的"以德为首"即：让万物在人的本心之中如其所是，成其所是。从养生学的立场而言，就是使身体成其为自身，使其生命潜能得到充分的发挥。由此精神，马王堆养生学设计了一套完整的操作体系：由心灵的启悟开始，通过一系列行为规训、呼吸调整、医药治疗等活动，在更高的层次上调整人的心灵状态，从而使人的身体保持在最佳的自然状态中，以尽其天年，或延年益寿。由"心"开始而复归于心，而养生则在这一永恒循环中自然得到实现。马王堆随葬物品的特点也显示了其思想的内在性特点。

总之，其中尽管也可以看出北方方士思想的影响，但从其基本特征来看，马王堆养生学仍然坚守了楚学的基本精神。在以身本论为基础的中国思想中，其他学术都不过是养生学的推衍，因此，理解马王堆养生学对进一步理解中国学术具有基础的意义。

第四章　佛学的本土化与湘学的重塑

一　引言

在汉儒走向形而上学的宏大建构时，湖湘学术逐渐退出了人们的视线；到佛学输入，思想转型时，湖湘哲学又以其原创性发挥了巨大的作用，一举成为中国学术的新标杆，并在中唐以后达到鼎盛。湖湘地区的佛学以长沙岳麓山为起点，南岳衡山为中心，余波所及，湘中的沩山、常德的德山、浏阳石霜山亦非常兴旺。

南岳衡山自佛学传入到慧思、智顗走向全国，已举世瞩目。在禅宗兴起之后，更是大师辈出，南岳怀让、马祖道一、石头希迁、居士庞蕴等相继在南岳传道或从南岳走出，风靡一时，遂使之成为文人学士向往的"宗教之都""文化之都"。今天成为俗语的"走江湖"一词，即是对此一盛况的表达。其中的"湖"，就是"湖南"。（唐朝在潭州设湖南观察使，管辖洞庭湖以南、雪峰山以东今湖南省区域，简称"湖南"）"走江湖"魅力之大，达到足以与世俗政权举办的科举考试及其荣华富贵竞争影响力的地步。邓州一名进京赶考的秀才由"选官"转为"选佛"的事迹，广为传颂，颇能说明之。《碧岩录》卷八《丹霞问甚处来》演绎说：

邓州丹霞天然禅师，不知何许人。初习儒学，将入长安应举，方宿于逆旅，忽梦白光满室。占者曰："解空之祥。"偶一禅客问曰:"仁者何往?"曰:"选官去。"禅客曰:"选官何如选佛?"霞云:"选佛当往何所?"禅客曰:"今江西马大师出世,是选佛之场。仁者可往。"遂直造江西。才见马大师,以两手托幞头脚。马师顾视云:"吾非汝师,南岳石头处去。"遽抵南岳,还以前意投之。石头云:"著槽厂去。"师礼谢,入行者堂,随众作务,凡三年。

由于佛学兴盛,湖湘思想以禅学的形式,再次成为天下知识精英关注的焦点,走向中国文明舞台的中心。《禅宗宗派源流》一书论及此一盛况说:"八世纪的南岳衡山是一个巨大的历史文化之谜:在整整一个世纪之间,这座僻处潇湘蛮荒之地的灵山,对于那些即将在中国禅宗史上开宗立派的禅僧巨匠们,几乎具有一种不可思议的强烈魅力,使他们一代接一代地竞相奔赴这座南国灵山。"[1] 所谓"蛮荒"云云,只是中原文化或儒学文化的观感,南岳衡山自身固有的深厚文化积淀不太为其所知而已。

可以说,没有湖湘文明深厚的思想文化积蓄及其对佛学所进行的本土化转换,就没有禅宗后来的巨大影响,其存在方式也将完全是另外一个样子。在佛学的本土化中,道家思想无疑发挥了关键性的作用,而其湖湘特色更是得到了淋漓尽致的显示。但学术界的认识则比较游移。麻天祥论道家思想在佛学本土化中的地位说:"佛教传入,佛典翻译,禅法流布之时,正是老庄之学重整旗鼓、玄风飙起之日,故以《庄子》中理趣丰富的语汇,对佛学进行创造性翻译,以汪洋恣肆的道家之学对佛教义理予以诠释和整合,也是顺理成章的事。……与魏晋名士以老、庄解易的学风相呼应,六朝名僧尤援老、庄入佛,赋予禅学以道家思想的内涵,为禅宗思想的形成提供了思维的方法和

---

[1] 吴立民、徐孙铭主编:《禅宗宗派源流》,中国社会科学出版社1998年版,第155页。

理论基础。"①"六朝名僧尤援老、庄入佛",是对印顺禅学史观的发挥。印顺认为,不是达摩,不是慧能,而是继承了江左玄学的法融才是中华禅的真正创立者。②这是基于石头希迁统一了南方禅学的事实以及宗密的禅史论述而做出的判断。"北宗与荷泽宗,经会昌法难,随中原衰落而衰落了。禅宗成为洪州(马祖)与石头——二大系的天下。洪州系以江西为中心,禅风强毅,活跃在江南而显出北人的特色。会昌以后,洪州宗的主流(沩仰由南方人创立,迅速消失在石头系统中)移入北方……而南方,几乎全属于石头门下。"③ 由于宗密(780—841)把法融、石头同归于"泯绝无寄宗",印顺遂由石头的成功便肯定法融为中国禅之祖,又由法融而以玄学为禅学的先驱。实际上,石头与法融之间并无直接的学术传承关系,同时也没有研习玄学的明显事实。不错,道家思想确实是佛学中国化的前提,但与玄学并不是一回事:玄学作为清谈,是一种概念的游戏,而石头所发展的南岳禅学则突出了思想的实践性。

南岳禅学在湖湘产生、成熟,只有在湖湘传统思想的框架内,才能得到充分理解。有人把禅师比为墨者,只注意了两者都有"苦行"的现象,没有注意其他方面的巨大差别。比如墨学的辩论、技术发明等,就是禅学非常反对的。沩山所发展的第一个禅宗宗派沩仰宗,就更像是"皇农之道"的复活。本章通过对佛学本土化的追溯,确定南岳禅学的正宗门派与宗风,从而探讨其学术思想特点及对湖湘哲学的塑造。

二 佛学在湖湘的传播及其本土化

慧皎《高僧传》记载:西晋泰始四年(268),竺法崇在长沙创

---

① 麻天祥:《中国禅宗思想发展史》(修订本)武汉大学出版社2007年版,第16页。
② 参见印顺《中国禅学史》第三章《牛头宗之兴起》,中华书局2010年版。
③ 同上书,第403页。

立麓山寺。此为佛教传入湖湘之始。其后,逐渐形成了以南岳衡山为中心的传播体系。[①] 佛学入湘以后,先后引发了两次全国性的学术思潮,其发展,则可以分为三个阶段:

第一阶段,南岳慧思及天台宗

湖湘名僧首推南岳慧思及其弟子天台智顗。慧思(515—577)出生于北魏南豫州汝阳郡武津县,15岁出家。于陈光大二年(568)率40余僧人来到南岳居住。慧思的主要著作有《大乘止观法门》《法华经安乐行义》《诸行无诤三昧法门》以及自传性质的《南岳大禅师立愿誓文》等。他提出的"一心三观"说,为天台宗的建立奠定了理论基础,而被尊为天台宗的第二祖。

智顗(538—597),荆州华容(今湖南华容)人[②],18岁于湘州果愿寺(今长沙岳麓山)从法绪出家。智顗后从学于慧思,传承和发扬慧思的实相学说,推动了印度佛学传入中国后的本土化革命性转变,创立了第一个中国佛教宗派天台宗,被隋炀帝杨广尊为"智者大师"。智顗成名之后又回到他的故乡,在荆州、湘州等地弘道,大畅天台宗风。智顗的主要著作有《法华玄义》《法华文句》《摩诃止观》《童蒙止观》等。

在智顗之后,其弟子灌顶(561—632)继续保持与南岳的密切关系。隋文帝开皇十三年(593)或十四年,灌顶随师智顗到南岳为慧思扫墓。据道宣《续高僧传》本传记载,灌顶前后"九向衡峰",一直沐浴在南岳学术的雨露阳光中。

第二阶段,禅学的兴起与流传

南岳怀让与石头希迁之后的湖南禅学,使湖南成为全国佛教僧人向往的宗教圣地和学术中心。怀让(677—744),金州安康人,跟随慧能15年,在慧能去世之后,于唐先天二年(713)来到南岳。怀让

[①] 张松辉:《十世纪前的湖南宗教》,湖南大学出版社2004年版,第149页。
[②] 关于智顗的籍贯,学术界存在不同的看法,本章"附录"对之有所辩正。

无著作传世，只有一些后人记述的语录。怀让弟子马祖道一（709—788）后来去江西传法，声名大振。而接替怀让主持南岳法席者则为石头希迁。希迁（700—790），广东高要人，于天宝初年（742）来到南岳，在此传法的时间达半个世纪之久。希迁曾经亲承慧能的教诲，在慧能去世后跟随师兄青原行思学习；来南岳后，又受到怀让的启发与印证，卒能一统南方禅学之天下。关于希迁、道一两人当时在佛学界的地位，佛学史称："自江西主大寂（马祖），湖南主石头，往来憧憧，不见二大士为无知矣。"①

在禅学开创、扩展的时期，除了衡山外，湖湘境内形成了几个次要的传播中心，其中以今长沙（包括宁乡、浏阳）、常德地区为著。属于马祖系的禅师有马祖弟子百丈怀海（749—814）之徒灵祐（771—853），居宁乡沩山，徒众颇盛，开创沩仰宗，为禅宗第一个宗派；百丈怀海又传临济宗一派。石头禅系多在常德、荆州一带发展。石头传荆州天皇道吾（生卒年未详），再传为龙潭崇信（生卒年未详），崇信传德山宣鉴（782—865），数代之后传法眼文益，开法眼一宗，盛于吴越；又一支传到云门文偃，开云门一宗，盛于岭南。石头另一弟子药山惟俨（751—834），居澧州，再传开曹洞宗。

宋代，"南岳下十世"石霜楚圆（987—1040），住持浏阳道吾山、石霜山等处，自称汾阳善昭之徒，下开黄龙、杨歧两派，号称临济宗的"中兴之祖"。禅学在湖湘地区再一次爆发出蓬勃生机，大师辈出。石霜楚圆传圆悟克勤（1063—1135），居澧州夹山寺，写作了禅门要籍《碧岩录》，宣和年间（1119—1125），风行一时。其重要弟子大慧宗杲（1089—1163）在流放衡阳十年期间，僧俗从者万余人，声势颇大。

禅宗的流风沾被俗世，涌现了一大批居士、护法，带动了本地文化的全面发展。最著者为衡阳庞蕴（生卒年未详），与傅大士齐名，

---

① 赞宁：《宋高僧传》卷9《唐南岳石头山希迁传》，中华书局1987年版，第209页。

是古代两大白衣居士之一。李泌（邺侯）（722—789）在"安史之乱"后隐居衡山12年（757—768），与佛、道皆有往来，尤与明瓒（外号懒残）和尚关系密切，①作有《赠衡岳僧明瓒》一诗："粪火但知黄独美，银钩唯识紫泥新。尚无情绪收寒涕，谁有功夫问俗人。"其谈禅论道的心得，则写成《明心论》。宰相裴休（791—864）一生好与名禅交往，作其护法，有精深识人能力。任湖南观察使时，他极力迎请在"会昌法难"中已经还俗的灵祐出来，住持同庆寺。"乘之以己舆，亲为其徒列。"（《全唐文》卷八百二十）老年时归隐沩山，葬于山中，成为此后声势浩大的"五宗禅"思潮的一面旗帜。朗州（常德）刺史李翱（772—841）得法于药山，以禅学阐释儒学，推动了儒学的转型。大书法家怀素（725—799）、诗僧齐己（864—936）等，相继涌现，各以其技，擅名一时。

第三阶段，佛学的边缘存在

北宋以后，五宗禅学逐渐消歇。湖湘禅学仅仅为禅化的儒学的"背景"，再也没有出现具有全国影响的学者。社会上流行的主要是净土宗，也只是一种边缘的存在，不足以主导学术潮流。

佛学作为一种从境外传入的学术成为中国学术的有机组成部分，却是在经历了一个本土化的过程才成为可能的。由于这个过程主要是在湖湘地区完成的，因而其本土化又主要是湘学化。可以从两个方面对此加以把握：

（一）佛教学者对湘学的追求，使佛学自觉地本土化

佛教传入中国，佛学在中国的发展，是通过道家、道教这个中介而完成的。而佛学中国化（老庄化）完成的标志事件——禅学的出现，在学术上则是对当时整个注经学的反动：借道家扫除《六经》之

---

① 据《湖南宗教志》，此"明瓒"即《宋高僧传》所言的"岳中固有固、瓒、让三师"的"瓒"。固为坚固禅师，让即怀让，同为曹溪门下。（湖南人民出版社2012年版，第73页）

力，以扫除佛经。刘勰（约465—520）的"湘州曲学"之论，就显示了湖湘学术在迎合此一学术转向方面的潜力。刘勰是在评论长沙学者邓粲时，发表这一观点的。他说："邓粲《晋纪》，始立条例。又摆落汉魏，宪章殷周，虽湘州曲学，亦有心典谟。及安国立例，乃邓氏之规焉。"（《文心雕龙·史论》）邓粲（生卒年不详），长沙郡人，以隐士名于时。太元二年（377），荆州刺史桓冲以厚礼聘为别驾。邓粲著有《晋纪》10篇，又注《老子》，均散佚。虽然刘勰赞扬了邓粲的学术成就，但对湖湘学术总体上是否定的。这源于他本人深受汉儒的影响，曾欲注解《六经》，又倡导"征圣""宗经"。但就在刘勰的时代，"不立文字"的达摩传说即开始流行。① 湖湘思想的超越性特点，决定了正在酝酿学术转机的佛学在此必将有一番不凡的遭遇。

超越经典的另一面，就是回归现实。而以现实为前提，就一定会走向对经典的超越。对湖湘哲学而言，这个现实首要的就是人的身体存在。从佛学发展的历史来看，也确实是从身体修炼为处于迷途中的佛学开出了一条大道。慧思于陈光大二年（568）来到南岳，就是这一途程的开端。慧思之所以来到南岳，是因为他感到佛法在北方已经陷入绝境，"不久当灭"。慧思刻苦修习北方禅法，却走火入魔，把自己搞得疲惫不堪，疾病丛生。而当他探索新的道路时，却受到佛教内部僧徒的排斥，多次被"恶论师"下毒，几临死亡。正当他徘徊歧路时，得到神的启示："欲若修定，可往武当、南岳，此入道山也。"② 武当、南岳都是当时道教最为兴盛的名区，一个佛教徒称之为"入道名山"，是很奇怪的。但是，在慧思，这一切又是很当然的。慧思忧虑的是"身不从心"，欲以身调心。他说："不愿生天及余趣，愿诸贤圣佐助我，得好芝草及神丹，疗治众病除饥渴……藉外丹力修内

---

① 据杜继文、魏道儒考证，达摩在华的时间跨度最大为公元421—537年，最短为公元478—534年。（《中国禅宗通史》，江苏人民出版社2007年版，第73页）
② 道宣：《续高僧传》卷21《慧思传》，《中国佛教思想资料选篇》，中华书局1981年版，第420页。

丹，欲安众生先自安。"① 这是后世在道教中颇为流行的"内丹"一词的最早的文献出处。如此看来，慧思受到南岳道教思想的影响，遭到坚守正统的僧人的迫害，就不足为怪了。

慧思在南岳很有"回家"的感觉。他告诉人说，南岳是他三世修行的地方，并指示他曾经坐禅之处。这便是南岳名胜"三生藏"之由来。志磐记其事说："师（慧思）指岩下曰：'吾一生曾此坐禅，为贼断首。'寻获枯骨一聚。（今福严一生岩）至西南隅指大石曰：'吾二生亦曾居此。'即拾髑髅起塔，以报宿修之恩。（今二生塔）又至蒙密处，曰：'此古寺也，吾三生尝托居此地。'因指人掘之，果有僧用器皿及堂宇之基，即筑台为众说《般若经》。（今三生藏）"② "三生藏"的神话说明慧思与南岳有甚深因缘，非泛泛游方到此。这个神话对普通人亦有很大的魅力，历代文人学士歌咏不绝。

慧思与南岳的甚深因缘表现在学术思想上，则是慧思与禅学最为接近，后来禅学在南岳放出很大的光芒，并以五宗禅覆盖天下，绝非偶然。一些学者考证，禅宗的达摩实为慧思；有关达摩的一些传说，其实是对慧思经历的移花接木。特别是关于达摩被人多次下毒的传说，就是取自慧思的经历。徐仪明、余海舰论述慧思与南岳禅学的关系时说："慧思是把日常生活全部纳入法门之内的，换言之，因为日常的行持，其自体皆能顺于正法者，便被包融于圆宗的大理念中。"③ 慧能的"即心即佛"，在南岳具体化为"即人即佛"，即要求人们在自己的日常生活中悟道。这与以前佛学的知识性讲授相比，是一个革命性的变革。

禅宗信史意义上的首位僧人四祖道信（579—651）本也欲往南

---

① 慧思：《南岳思大禅师立誓愿文》，同上书，第418—419页。
② 志磐：《佛祖统纪》卷6《三祖南岳尊者慧思》，上海古籍出版社2012年版，第166页。
③ 徐仪明、余海舰：《论慧思对禅宗创立的作用与影响》，《郑州大学学报》2012年第2期。

岳，只是在庐山为僧俗所留，才未能成行。道信欲去南岳，定是有所听闻，可以帮助其修炼禅法。可见，关于达摩为慧思的传闻绝非空穴来风。当时去慧思未远，则使道信向往的南岳佛学为何，不难想象，由于有此思想传统，在慧能创立禅宗时，南岳的学者自然接受最快，领会最深，从而能够发扬光大之，独步天下。

  可以肯定地说，正是由于南岳的传统，使得禅宗的发展表现出深厚的地方色彩，并使此地成为禅宗的重要据点。百丈怀海提出"一日不作，一日不食"为基本精神的"百丈清规"，正是"皇农之道"的复活。怀海对劳动的强调主要不是出于经济方面的考虑，而是要通过对身体的锻炼以调适心灵，强调身体性维度在成佛修行中的重要性。沩山灵祐是百丈精心挑选到沩山开辟道场的，正是秉承此一精神，在荒山野岭中开拓出一片人间净土，也显示出本地的禅者对之有普遍的认同。此一传统的意义在于：很多精神上的问题大都由于不正常的身体状态而引发，恢复身体的自然状态有助于心灵的健康；反过来说，身体的毛病又会由于心灵的畸变而严重，健康的心态有利于身体的康复。体力劳动是保持身体健康进而促进心灵健康的最自然的方式。孔夫子也说过："饱食终日，无所用心，难矣哉！不有博弈者乎，为之犹贤乎矣。"（《论语·阳货》）即使是博弈也好于无所事事，这是退一步的讲法。

  印顺推崇法融才是中华禅的真正创立者，似乎忽略了湘学的影响。禅宗的主体是"南岳禅"，既然在湖南产生与流传，就不能不受到湖南固有思想学术的影响。就中国哲学以处理身、心关系为主要对象而言，如果说，江左玄学在心灵的虚静方面对禅学发挥了重要的作用的话，那么，湖南仙学则在身体的修炼方面对禅学的中国化发生了深刻的影响。

（二）佛学走上湘学舞台的中心，是本土文化自主选择的结果

  许多禅师来自外地，湖湘文化气质在他们的学术思想中起了多大的作用？德山宣鉴的事例很能说明这个问题。宣鉴本在西川讲经，

对禅宗的兴盛非常愤慨。他说:"出家儿千劫学佛威仪,万劫学佛细行,不得成佛。南方魔子敢言'直指人心,见性成佛'!我当搂其窟穴,灭其种类,以报佛恩。"①他担着一担《金刚经》疏抄,逶迤南下,却在澧州街头碰到一个卖炊饼的婆子,几句简单的问答即把他搞得瞠目结舌,哑口无言。痛定思痛之后,遂把一担经疏全部烧毁,彻底归心南禅。宣鉴师从龙潭崇信,为希迁的第四代徒孙。宣鉴最后成为一个呵佛骂祖之尤的狂禅,比本地的"魔子"还要狂妄。他的"德山棒"逢人就打,悟也是一棒,不悟也是一棒。悟就是不悟,不悟就是悟,不作差别想,不为奇特观,真妄双遣,有无两忘,以回归自己的本来面目。"德山棒"与流行于北方的"临济喝"一道,构成禅宗的代表性标志,在棒喝交驰中,破除世人思想的偏执,唤醒其迷梦,以治疗其身心疾病。

而中兴临济宗石霜楚圆,则是本地文化选择的另外一个例子。他落拓不羁,默默无闻,来湖湘后,却受到神鼎山洪諲禅师的赏识,拔为道吾山方丈,继主石霜山。"湘中衲子闻其名,聚观之"。故惠洪称:"予谓慈明(楚圆)起临济于将仆,而平昔廓落乃如此,微神鼎则殆。"②后来禅宗中声势颇盛的杨歧、黄龙两派就是出自他的门下,本人自然也成了一代祖师。

至南宋,大慧宗杲,绍兴十一年(1141)坐与张九成谤议朝政,毁衣牒,编置衡州,居衡之雁峰寺十载,僧俗从者万余人。若在他处,不要说是流放的犯人,即使正规的开坛讲法,恐怕也难得几个听众。

禅宗在湖湘很有群众基础,衡阳人庞蕴的学佛经历就很有代表性。他本来是一个家境富裕的士人,但在时代风气的影响下放弃了"选官"的仕途,投入到马祖的"选佛场",并带动庞婆及儿女成了

---

① 普济:《五灯会元》,《卍新续藏经》第80册,第142页。
② 惠洪觉范:《林间录》,《卍新续藏经》第87册,第266页。

佛教信徒。大量本土的湖南人，构筑了外来学者表演的舞台，决定着表演的内容、方式及其成就。而在这个过程中，楚人任率简谅的性格、磊砢倜傥的气概也得到了淋漓尽致的表现。禅学号称"教外别传，不立文字，直指人心，见性成佛"，从禅宗史来看，真正把上述精神严格付诸实施的，是从怀让以后的南岳禅开始的。成佛是佛教徒多么宏大的志愿，而成佛之路又是何等的简单直捷！如此大胆的学说，恐怕也只能产生于湖湘这片土地上。

总而言之，佛学在湖南的本土化过程，通过对湘学的转换，成为湖南人思想与精神的重要载体，构成了湘学的重要组成部分，大大地丰富了湘学的内涵。

三　南岳禅学的门派与宗风

南岳佛学首先闻名于世的是慧思、智𫖮的"止观"学说，然后才是禅学。慧思师徒的佛学虽然已经与禅学极其接近，但两者的差别也是非常明显的。一般的说法是，慧思、智𫖮及天台宗仍然是以"教"为特色，是理论的；而禅宗重在自心的领悟。这种说法在这里便不是太准确，因为追求自心的领悟是两者共同的特点。如果可以用"知""行"的侧重来判断他们之间的区别，则更为合适。这就是说，慧思、智𫖮属于"知"的范畴，而禅宗则首重"行"；慧思、智𫖮的止观可以通过揣摩经典或冥思苦想来获取，而禅宗所讲的自心的领悟则是必须通过践履、表现于践履，否则，就是不彻底的"知解禅"，若有若无。[①]

慧思一派的学术宗旨，正如其著作题名明白提示的，就是"止观"。何谓止观？慧思在《大乘止观法门》卷一开章明义说：

[①] 可以参看本书第八章"引言"。王畿所提出的"三种入悟"，有助于理解南岳禅与其他禅法之间的区别。

第四章 佛学的本土化与湘学的重塑

> 所言止者，谓知一切诸法，从本已来，性自非有，不生不灭，但以虚妄因缘故，非有而有。然彼有法，有即非有，唯是一心，体无分别。作是观者，能令妄念不流，故名为止。所言观者，虽知本不生，今不灭，而以心性缘起，不无虚妄世用。犹如幻梦，非有而有，故名为观。①

此在强调超越由认知之心所形成的名相，而回到作为思想的本源的不作分别的直观。否则，就沉溺于外物之中而丧失本性。然而，此非是断灭种性，仍然强调物来顺应。与当时一味强调"出世"不同，慧思以身心一如、染净平等，提示佛学的"世间义"。他说："心体具足染净二性而无异相，一味平等。"又说："具足世间染法，亦是不空如来藏也。"②天竺僧遵式的解释也很简明。他以"明""静"两字解之，并述设立为学术宗旨缘由："止观，用也，本乎明静。明静，德也，本乎一性。……不变随缘名之为心，随缘不变名之为性。心昏动也，性明静也。若知无始即明而为昏，故可了今即动而为静。于是圣人见其昏动可即也，明静可复也，故因静以训止，止其动也。因明以教观，观其昏也。使其究一念即动而静，即昏而明，昏动既息，万法自亡，但存乎明静之体矣。"③智𫖮的"止观"学说在理论上更加完备成熟，然其根本精神还是一样。

《大乘止观法门》曾在中土失传达500年。咸平中（咸平三年，1000年），日本国僧寂照以斯教航海而来，复归圣朝。慧思的论述语言非常平易简明，可能是不受重视的原因之一。但在学人厌恶了烦琐哲学之后，对重归的慧思著作又极其欣喜。朱顼在为遵式重刊该书所

---

① 慧思：《大乘止观法门》，《大正藏》第46册，第641页。
② 同上书，第647页。
③ 遵式：《南岳禅师止观序》，同上书，第641页。

作之"序"中可谓给予了最高的评价：其中说："大师灵山佛会之圣众，三世化缘于衡岫，密承佛旨，亲听法音，总马鸣、龙树之心要，具菩提涅槃之了义。故著《止观》上、下二论，遣真妄于一念，明体相之无迹。空拳舒手，无物可见，则止观之理自是而显，寂照之门由是而入。为出世之宗本，作佛种之导师，不历僧祇，直阶圣位。"① 如此说来，慧思所说便是止观学说的的当了义。

但是，慧思、智顗及天台宗只是南岳佛学一个过渡的存在，随后迅速被完成了中国化的禅学取而代之。现代学界再次研讨禅学时，只好从文献入手，对禅学的研究大都围绕《坛经》进行。其实，真正对中国思想形成全面影响的，是发源于南岳怀让的"五宗禅"。对比怀让与慧能的学术风格，就能发现两者之间明显的差别。慧能在人来问道时，大都引经据典，发明一段道理，在形式上与传统的传教并无太大的差别，而怀让则否。怀让并无多少言论流传，其引导人者非言语，而是示之以某种行为。如以"磨砖"开导马祖道一。

怀让在南岳被称为"七祖"，并不如通常所认为的那样，是由于其门徒马祖道一及其徒众的"追崇"，而是确实有其开宗立派的真功夫。作为禅宗基本特色的"不立文字，单传直指"，是指不由言悟，即不通过读佛经、教典去领悟佛法，唯有师父可以传法，是在怀让以后才逐渐明朗的。

一般灯史都以"南岳""青原"论述禅宗五派的起源，以马祖道一属南岳怀让的传承，下开沩仰、临济之宗；而以石头希迁属青原行思，下开曹洞、云门、法眼之宗，实际情况则只有"南岳"。下面，首先将对南岳的门派进行详细讨论，然后再述其宗风及其发展演变之迹。

（一）南岳禅学的主要门派

按照禅宗内部各种鼓吹正统的"灯史"的观点，所谓"南岳禅"

---

① 朱頔：《南岳大乘止观序》，同上。

是有专指的,即指的是怀让—马祖的禅系,而石头希迁因为曾经师事青原行思,而称青原—石头禅系。实际上,石头希迁是接替怀让在南岳传法的禅师,是"南岳禅"的正宗代表。一方面,与马祖称"江西禅"相区别,石头禅法称"湖南禅",主要在南岳传法,自然更有资格称为"南岳禅"。另一方面,希迁的禅法确实与怀让有着更为密切的关系,更能体现南岳佛学传统特点。具体理由如下:

1. 从道一、希迁与南岳禅学关系的深浅来看。自开元二十一年至天宝初年(733—742),道一在南岳跟随怀让学禅10年即去江西,而希迁则居南岳50年,在南岳停留时间更长,对南岳的学术传统自然有更加深入的理解,其南岳禅更加本原,更能成为南岳佛学精神的象征。希迁后来成为一山领袖,说明他的才识也得到本地僧众的广泛认可。

2. 从石头希迁与怀让的关系来看。希迁虽在青原行思处参学,而最后则得法于南岳。希迁是在行思去世之后,孤身一人来到南岳的,结庵于一块石头之上,即今南台寺。也就是说,他并没有带来一个青原僧团,自立青原禅的门户。换言之,他若自立青原禅的门户,是根本不必来南岳的。而他在南岳站稳脚跟,是因为得到了怀让等人"狮子吼"的印证。根据此后确定禅师宗派的标准,则希迁既最后印证于怀让,则其为怀让的嗣法弟子无疑。

3. 从马祖、石头两人的学术关系看。五家宗派未分时,也没有什么南岳、青原之说;道一、希迁在世时互相推崇,两家弟子两头问学,亦无门户之见,以至于"灯史"作者也难以分其宗派。"南岳""青原"之分应在五宗门派渐不能兼容的时代,使得留在湖南的怀让系的禅者在马祖禅既盛之后,占用了"南岳"名号,反而另寻一个"青原"与之抗衡。禅史作者大都认为,青原的出现较晚,最早是在《祖堂集》(成书于南唐保大十年,即公元952年)中,这正是一部石头禅宗派意识非常明显的著作,完全可以印证上述推测。该书置怀让传于慧能众徒之末,显然以怀让为慧能禅之集大成者;而继之以石头系禅系,再述马祖系。其中虽说"石头和尚嗣吉州思和尚",但并未为行思单独立传，行思事迹只是附于石头传内。这说明"青原禅"是后来创作的，而在此仅开其端。实际上，南岳的怀让墓固然赫然书写"七祖"，而山中文献则称希迁为"八祖"，至少在南岳佛教内部是肯定希迁为怀让的继承者的。

4. 从青原行思与南岳佛学的关系看。即使承认"灯史"所说，希迁真得行思独得之秘，但青原自幼在南岳修炼，其禅法本是南岳佛学的一种结果。史志载："行思禅师，姓刘，安成（安福）人。幼住岳，每群居论道，师唯默然。往参曹溪法席，六祖深器，为诸弟子冠。"[①] 如此说来，行思本身是一位老资格的南岳和尚，其所传之学术自然打上南岳佛学的烙印。

关于南岳怀让以后禅宗门派的分合，葛兆光评论说："中唐以前，石头一系的确'默默无闻'，但是，这并非因为它不兴盛，而是因为它根本还没有开宗立派，当时石头一系根本不存在，或者说，在当时石头一系与马祖一系本来就是一回事，只是很快门户之风大开，后学禅师为了自立门户就逐渐把石头一系单独分开，造成'系不旁挑'的宗派传说，所以论述中唐前期所谓'洪州宗'的思想，本应包括石头门下在内，而后世五家的宗风，也均与马祖道一有极深的渊源。"[②] 这是不受"灯史"扰乱的独得之见，不过也可以说是"由马祖道一的宗派暂时代表了南岳禅学"。

---

① 李元度：《南岳志》卷15《仙释二》，岳麓书社2013年版，第491页。
② 葛兆光：《增订中国禅思想史——从六世纪到十世纪》，上海古籍出版社2008年版，第351页。关于希迁与怀让的传承关系，以及"灯史"对此所作的扭曲，葛兆光也有所论辩。（同上书，第343—344页。）葛氏又称，石头系是"造出来"的，并引杜继文、魏道儒《中国禅宗通史》、洪修平《禅宗思想的形成与发展》的考证为据，认为在中唐史料中根本就没有青原的记载，到《祖堂集》中才出现，而南岳怀让与青原行思都是因马祖、石头才知名的。（同上书，第442—443页）本书认为，南岳怀让虽因不公开传法而知名，但不致去怀疑其存在的真实性，否定其对马祖的指导。因此，按上述意思，最多只能说"青原系"是造出来的。石头与马祖当时既然没有分派，则后来归于马祖门下的禅师也得到石头的指点，便不能说"马祖系"是造出来的，是一样的道理。其实，马祖、石头的禅法并非是完全并列的，禅学思潮在前后阶段分别显示与两大师的关系的不同，是禅学总的趋势由放达而趋于绵密的发展的表现。

换言之，如果不彻底否定怀让的作用，那么取消"洪州宗"，把门户之风未开以前的一段南宗禅的历史统称为"南岳禅"，更符合历史事实，也更顺畅。事实上，马祖本人也没有其徒子徒孙所吹捧的那么崇高。宗密直言马祖于洪州开元寺"弘传让之言旨"①，只是怀让禅的传播者。在与天台宗并称时，习惯上往往称禅宗为"南岳"，而不称"曹溪"等名号。而禅宗宗徒在确定自己的正统性时，也总称"南岳下几世"。与"西天二十八祖""东土六祖"一起，构成一个完整的禅宗传承谱系。

由于南岳禅学形成的实际情况，明末很有名的辨别宗派源流的著作《五宗源》，干脆就叫"南岳单传记"。作者汉月法藏的弟子灵岩弘储自称是"第六十九祖衡州南岳波若寺退翁弘储禅师"。虽然这种自我吹嘘令人齿冷，却也说明了南岳禅学的地位。其实，怀让也只是整个南岳文化的一个代表。怀让既非南岳学术开创者，也非其终结者，甚至也不是南岳禅学的终结者，只是开创了某种特色的传教方式而已。

根据上面提及印顺的判断——石头禅法后来统一了南方的禅学，"南岳禅"指怀让以后门户未立时的禅学，虽然道一派系的影响很大，但南岳禅学仍应以希迁为主。无论是从石头在五宗禅的发源地区的地位、还是从辈分——希迁曾为慧能最年幼的弟子——上说，这样的判断都是比较合理的。

（二）南岳禅的宗风

南岳禅学的特色可以用"祖师禅"来加以概括。虽然"祖师禅"的概念是由仰山慧寂（807—883）在沩山时提出的，追溯其本源，则在怀让，并在如下或在南岳传道或从南岳走出的几个代表人物中走向成熟。

---

① 宗密：《中华传心地禅门师资承袭图》，《禅源诸诠集都序》，中州古籍出版社2008年版，第111页。

1. 南岳怀让

祖师禅之提出，是对南岳怀让（617—744）以来的禅修实践的总结。关于祖师禅及其与如来禅的区分，学者们从思想史的立场，作过很多讨论。方立天从禅宗的历史发展过程分析，认为达摩至弘忍是如来禅，慧能至五宗禅形成以前是一种过渡形态，而五家的形成则是祖师禅的展开。[①] 但是，如果我们仔细考察一下五宗禅的主要特色，就会发现，那是在怀让这里开始形成的。慧能述其入道之机便是在听别人讲解《金刚经》时，而"一闻经语，心即开悟"。在《坛经》中，每当有人来问法时，慧能也总是演绎一番道理，令其开悟。而慧能之别派如荷泽神会，亦以论说见长。这些则为南岳禅所极力排斥。怀让开示马祖的"磨砖成镜"之行为，真正确立了禅学独特的教学方式。此后，或吹灯，或击竹，乃至发展到"棒喝"，都来源于此。同时，怀让对当时流行已久的"坐禅"提出质疑："于法无住，不可取舍，何为之乎？汝若坐佛，即是杀佛；若执坐相，非解脱理也。"[②] 要知，达摩在少林寺坐禅九年的传说早已深入人心，怀让此论当是如何令人惊骇。凡此之类，都显示了怀让对后世禅风的塑造与其在禅宗史上的独特地位。南岳之"磨镜台"遂成为五宗禅之源，不是无因而至的。然而棒喝也者，终究不如直接在现实生存活动之中悟道的祖师禅。但由此一来，禅宗的宗教性质也就不复存在。因此，禅宗作为宗教的存在又只能到棒喝为止，悟道之后如果不是作为"教师"去启示他人，就要作为俗人踏入世务。

由此看来，南岳禅与曹溪禅相比，其发展是非常明显的。（1）从内容上说，如果说，慧能侧重说明了人应当回归自己的本心，而非沉溺于外在的经典或戒律，那么，南岳禅则重点实践了在日用事为中如何做到"无所住而生其心"。简言之，南岳禅的立教之本就是其突出

[①] 方立天：《如来禅与祖师禅》，《哲学与文化》第28卷，第8期。
[②] 静、筠二禅师：《祖堂集》卷3《怀让和尚》，中华书局2007年版，第191页。

强调了学术的实践性。（2）从形式上说，所谓"不立文字"之类特色，就是作为实践形态的南岳禅流行以后的事。也就是说，慧能只是不识文字，并不排除说话；而怀让则完全从语言退出，直下承当。

2. 马祖道一

南岳禅的理论在马祖处得到进一步的发展，其内在的精神得到比较完整的显现。马祖的两个主要的禅学命题：一是"即心即佛"，一是"平常心是道"。所谓"即心即佛"：

> 三界唯心，森罗万象，一法之所印。凡所见色，皆是见心。心不自心，因色故有。汝但随时言说，即事即理，都无所碍。菩提道果，亦复如是。于心所生，即名为色。知色空故，生即不生。若了此心，乃可随时着衣吃饭，长养圣胎，任运过时，更有何事！①

所谓"平常心是道"：

> 道不用修，但莫污染。何为污染？但有生死心、造作趣向，皆是污染。若欲直会其道，平常心是道。谓平常心无造作，无是非，无取舍，无断常，无凡无圣。经云：非凡夫行，非贤圣行，是菩萨行。只如今行住坐卧、应机接物，尽是道。道即是法界，乃至河沙妙用不出法界。若不然者，云何言心地法门？云何言无尽灯？一切法皆是心法，一切名皆是心名；万法皆从心生，心为万法之根本。经云：识心达本，故号沙门。名等义等，一切诸法皆等，纯一无杂。若于教门中得随时自在，建立法界，尽是法界；若立真如，尽是真如；若立理，一切法尽是理；若立事，一切法尽是事。举一千从，理、事无别。尽是妙用，更无别理，皆

---

① 《景德传灯录》卷 28《江西大寂道一禅师语》，《大正藏》第 51 册，第 245 页。

由心之回转。……种种成立皆由一心也。建立亦得，扫荡亦得，尽是妙用，妙用尽是自家。非离真而有立处，立处即真。①

"即心即佛""平常心是道"是南岳禅学的核心命题，所表达的观点完全相同，只是立论角度不同。前者是从本体论上说，指个"本来面目"；后者是从修炼上说，以使沉沦于日常生活之人回复其本来面目。在晚年，道一的思想又有变化，提出"非心非佛"，破除以"心"为中心的形而上学建构。

3. 石头希迁

希迁第一次来南岳时，思想是非常激进的。据说，他作为行思的信使，刚上山来，也不投书，质问怀让说："不慕诸圣，不重己灵时如何？"怀让严厉批评说："子问太高生！向后人成阐提去。"希迁回答说："宁可永劫沉沦，终不求诸圣出离。"② 按希迁此时的气魄，那是要把经典甚至佛教本身全部抛弃。这不能为怀让所接受，故两人不欢而散。希迁的激进态度也给南岳的僧人留下了深刻的印象，当他再来时，他们讥称其为"轻忽的后生"。但是，从希迁的代表作《参同契》试图建立一套修行理论来看，他的转变是相当巨大的。不然，也不会再次来到南岳。

在南岳，希迁写作了他的重要著作《参同契》，与马祖上述论述相同，主要就是围绕理、事关系而展开的。他说：

灵源明皎洁，枝派暗流注，执事元是迷，契理亦非悟。门门一切境，回互不回互，回而更相涉，不尔依位住。……万物自有功，当言用及处，事存函盖合，理应箭锋柱。承言须会宗，勿自

---

① 《景德传灯录》卷28《江西大寂道一禅师语》，《大正藏》第51册，第440页。
② 静、筠二禅师：《祖堂集》卷4《石头和尚》，第197—198页。

立规矩，触目不见道，运足焉知路。①

这里所阐述的观点与《华严经》"理事圆融"的观点有直接的传承关系。属于石头希迁后学宗派的法眼文益，更直接地以《华严经》为依托阐述禅宗的思想，把由"教"到"宗"的发展脉络作了更加清晰的显现。上述思想为禅学在日常生活中的修炼提供了理论支持，确定了禅宗的发展方向。

由上可见，希迁与道一不仅具有共同的禅学命题，在思想精神上也完全一致。但是，两人的侧重点不同。由此不同，而希迁也表现出与"教门"的更明显的联系。吕澂认为，希迁与道一的区别在他们表述"理事观"时，道一"触目而真"的意思是要求"从全体（理）上显出个别（事）来。这样的境随心净即是当念光透十方而万法一如"；而希迁"即事而真"，则要求"从个别（事）上显出全体（理）"。② 一者从体用上说，一者从本末上说。这是非常深刻的。这就是说，马祖侧重于在纷繁的现象中把握事物本性，而希迁则侧重于如何在处理具体的事物中显示事物本性。从本末上说，对那些已经把握了禅学的基本精神，探讨如何在此精神下处理世俗事物的人来说，显然更有吸引力。"理事关系"在《华严经》中已有充分的理论展开，而南岳禅只从禅学的精神拈出，作为人们修炼的指南。

4. 庞居士

庞居士（生卒年未详），名蕴，字道元，其父襄阳人，为衡阳太守，故庞居士生于衡阳。庞居士开启了世俗人士入禅的通道，对宋明儒学影响颇大。贞元（785—805）中，庞居士初参石头禅师，问："不与万法为侣者是甚么人？"石头以手掩其口，遂有省。写诗一首呈石头，石头印可。这首诗表达了世俗生活中的禅，被后世频繁提及。

---

① 静、筠二禅师：《祖堂集》卷4《石头和尚》，第200—202页。
② 吕澂：《中国佛学源流略讲》，中华书局1988年版，第88页。

全文如下：

> 日用事无别，惟吾自偶谐。
> 头头非取舍，处处没张乖。
> 朱紫谁为号，邱山绝点埃。
> 神通并妙用，运水及搬柴。①

最后两句是居士禅学的标志，在理学家的哲学讨论中频繁出现。庞居士后参马祖，留两年。自后机锋迅捷，能压服天下名禅。禅史列入马祖系。

庞居士好作诗，皆融会世出世间，明圣、凡平等之义。如："心如境亦如，无实亦无虚。有亦不管，无亦不居。不是圣贤，了事凡夫。"遗诗数百首。尝以船载家珍十万，沉之湘江。元和（806—820）初，归襄阳。临没，留言太守于頔说："但愿空诸所有，慎勿实诸所无。好住世间，皆如影响。"

《祖堂集》对庞居士的佛学修行给予很高评价："（庞居士）二载间遂不变儒形，心游像外。旷情而行符真趣，浑迹而卓越人间，实玄学之儒流，乃在家之菩萨。……平生乐道偈颂可近三百余首，广行于世，皆以言符至理，句阐玄猷，为儒彦之珠金，乃缁流之箧宝。"②

（三）南岳禅学的发展

但在正统派来看，"祖师禅"自始就有很多弊病，并试图对之作一种理论上的把握，以影响其发展。在马祖禅法兴起时，宗密（780—841）概括其特点为"触类是道而任心"，并加以批评。他说："洪州禅者，起心动念，弹指动目，所作所为，皆是佛性全体

---

① 普济：《五灯会元》卷3《襄州庞居士蕴者》，《卍新续藏经》第80册，第87页。
② 静、筠二禅师：《祖堂集》卷15《庞居士》，中华书局2007年版，第699页。

之用，更无别用。全体贪嗔痴，造善造恶，受乐受苦，此皆是佛性。……故知能言语动作者，必是佛性。"①"言任心者，彼息业养神之行门也。谓不起心造恶修善，亦不修道。道即是心，不可将心还修于心。恶亦是心，不可以心断心。不断不造，任运自在，名为解脱人，亦名过量人。无法可拘，无佛可作。何以故？心性之外，更无一法可得故。故但任心，即为修也。"②并以"一切皆真"确定马祖在"禅门承袭图"中的位置："初一切皆妄，（北宗）次一切皆真，（洪州）后一切皆无。（牛头）"③宗密站在荷泽禅的立场，对三派都不以为然：

若不认得明珠是能现之体，永无变易，但云黑是珠，（洪州）或拟离黑觅珠，（北宗）或言明黑都无者。（牛头）皆是未见珠故。④

宗密体、用两分的观点，其思想境界甚至都不及北宗禅，故荷泽宗在他手上就断绝了，绝非偶然。但是他以"一切皆真"概括马祖禅，还是很准确的。至于把"石头禅"列入牛头宗，则与当时石头禅派尚局限在南方发展，宗密能加以论述的资料不多有关。不管怎么说，宗密是一位佛学修养很高的学者，尽管他不同意南岳禅学的修炼方式，但他对之所作的理论总结还是切中要害。

在质疑声中，南岳禅学的实践性特点继续发展，并在"祖师禅"达到极点。正如不能给出一个"禅是什么"的答案，自然也无法给祖师禅下一个定义。但"祖师禅"在禅者求道过程中所表现出来的某种群体性特征，却是确凿无疑的。"祖师禅"的说法最初出现在衡山附

---

① 宗密：《中华传心地禅门师资承袭图》，载《禅源诸诠集都序》，中州古籍出版社2008年版，第117—178页。
② 宗密：《圆觉经大疏释义抄》《卍新续藏经》第9册，第534页。
③ 宗密：《禅源诸诠集都序》，第120页。
④ 同上书，第126页。

近的沩山，在几位沩仰宗的开山鼻祖中流传。沩山灵祐首徒仰山慧寂（815—891）在评价香严（？—898）的禅修境界时说："师兄在（才）知有如来禅，且不知有祖师禅。"① 从灵祐与慧寂的问答中，可一窥祖师禅的真谛。灵祐问慧寂曰："子一夏不见上来，在下面作何所务？"慧寂答曰："某甲在下面锄得一片畲，下得一箩种。"灵祐肯定说："子今夏不虚过。"② 灵祐直接把农业生产当作修行内容，可见，在他看来，在人类自然自在的生活之外，无别道可得。换言之，人之所以要修行，则是因为人类在自己的文明发展中逐渐偏离了自己的本来面目。

祖师禅也只能说到上述言语为止。禅书中提到祖师禅多用隐喻，反对概念表述。诸如："秋色满虚庭，秋风动环宇。更问祖师禅，雪峰到，投子咄。"（《五灯会元》卷十六"法云白禅师法嗣"）"若向言中取，则误赚后人，直饶棒下承当，辜负先圣。"（同上书，卷二十"汾阳昭禅师法嗣"）"有人问我祖师禅，劈头挂杖要见血。"（《宗门拈古汇集》卷四十三"蕲州五祖山法演禅师"）等，就是宗门对祖师禅的最后定论。

宋代文人学士颇喜"祖师禅"，多有题咏，在消解祖师禅的名号中，显示祖师禅的境界，颇有特色，可以从另一个侧面一窥祖师禅的面目。兹选两首较有名者：

　　寺居　　南唐　李建勋
　湘寺闲居亦半年，就中昨夜好潜然。
　人归远岫疏钟后，雪打高杉古屋前。
　投足正逢他国乱，冥心未解祖师禅。
　炉烟向冷孤灯下，唯有寒吟到曙天。

---

① 静、筠二禅编撰：《祖堂集》卷19《香严和尚》，中华书局2007年版，第829页。
② 《袁州仰山慧寂禅师语录》卷1，《大正藏》第47册，第583页。

广州蒲涧寺　　北宋　苏轼
　　不用山僧导我前，自寻云外出山泉。
　　千章古木临无地，百尺飞涛泻漏天。
　　旧日菖蒲方士宅，后来薝蔔祖师禅。
　　而今祇有花含笑，笑道秦皇欲学仙。

　　宋人诗学，不落文字，不落知解，大抵从祖师禅入。正如谢迈《有怀如壁道人》中所说："每忆诗人贾阆仙，投冠去学祖师禅。尘埃不染心如镜，妙句何妨与世传。"

　　在禅门，"祖师禅"真正开启了"不立文字，单传直指"的时代。因此，这个名称虽然是沩仰宗首先提出来的，却也是五宗禅共同的特点。但是，追求纯而又纯的实践性特点，却使其作为一个佛教宗派的存在丧失了依据。三数代以后，沩仰宗便从佛教界中销声匿迹，应当不是一件令人感到很意外的事情。

　　从道一、希迁的禅学观可以看出，南岳禅虽然注重实践，而这种实践仍然有基本的理论支持，而"教言"自有其价值。从五宗禅的最后一个宗派"法眼宗"的历史，可以看出禅宗由超越经典到回归教言的过程。法眼宗兴起于南唐、吴越时代，其传承路线：石头希迁→天皇道悟（748—807）→龙潭崇信（生卒年未详）→德山宣鉴（782—865）→雪峰义存（822—908）→玄沙师备（835—908）→地藏桂琛（867—928）→法眼文益（885—958）。法眼文益对于"教"很有研究，而侧重于《华严经》，还为石头希迁的《参同契》作过注（今佚），其传承石头禅的学术特征至为明显。据吕澂研究，文益曾分别指出"四宗"的"宗眼"，而法眼宗的宗眼则是"现成"："也就是说，理事圆融并非人为安排，而本来就是如此。……处处皆是禅，并不须离开人间去找。"[①] 法眼宗创宗者文益及其老师桂琛、首徒德韶

---

① 吕澂：《中国佛学源流略讲》，第245—246页。

(889—972)都是以"一切现成"为核心命题的。文益、桂琛、德韶以及德韶之徒延寿(904—975)皆为杭州及其附近人士(分别为常山、余杭、缙云、余杭人),后来阳明心学"浙江王门"的"现成良知",其地方文化传统渊源即可追溯到此。文字禅发展至延寿,难以再保持自己的特色,从而结束了法眼宗的流传,同时也结束了纯禅的时代。① 由沩仰宗到法眼宗,由无言之极而归于有言之繁,南岳禅学至此可以说是实现了一次完美的学术循环。

由此,我们可以发现,禅在有言、无言之间,偏向任何一边都有可能导致其消亡。不过,学术也与社会历史演变中的文、质转换一样,由质朴而文极、由文极而质朴是一种不以人的意志为转移的趋势,也只好顺其自然而已。

当法眼宗"消失"于文字中时,石霜楚圆(987—1040)又重振了临济宗风,开启了新一轮循环。楚圆门徒黄龙慧南(1002—1069)创"黄龙派","法席之盛,比美马祖。"② 嗣法弟子有东林常总(1025—1091)等人,再传弟子慧洪觉范(1071—1128)。觉范曾在衡山写作《林间录》等著作,是一位著述颇丰的禅史专家。楚圆另一位弟子杨歧方会(992—1094)则创立"杨歧派"。嗣法弟子白云守端(1024—1072)传五祖法演(1025—1104),再传佛果克勤(1063—1135),或称圆悟克勤。徽宗政和年间,为张商英礼请居石门夹山寺,写成《碧岩录》。圆悟嗣法弟子有大慧宗杲(1089—1163)等。在圆悟克勤、慧洪觉范两人身上,又表现出极端的"文字禅"倾向,故有宗杲焚烧《碧岩录》刻板之事。可能有了历史经验,循环的速度更快了。

终于,当禅师们结交之诸儒把禅宗的思想学术成果吸收进儒学后,禅宗的重要性有所下降,开始全面式微了。正像禅宗曾经把道教

---

① 参见杜继文、魏道儒《中国禅宗通史》,江苏人民出版社2007年版,第395页。
② 湖南省地方志编纂委员会编:《湖南宗教志》,湖南人民出版社2012年版,第54页。

的成果吸收进佛学以后的道教一样。

五宗禅虽然结束了,但留下的思想遗产的影响却是巨大的。当然,这种影响首先表现在其发源处对湖湘学术的影响上。

四　佛学对湘学的影响

唐、宋以来,儒家的学者都与禅学有着某种或明或暗的关联。这在湖湘地区表现得尤为明显,使得禅学的思想方式甚至学术话语直接进入儒学中。在这其中,韩愈、李翱非常有名。韩愈曾经激烈地反佛,但被贬潮州时,却与马祖弟子大珠慧海有过非常密切的来往。不过,湖湘佛学影响最直接的例子还是韩愈的学生李翱问道于药山惟严。李翱（772—841）,字习之,曾任朗州（今常德）刺史、湖南观察使,元和十五年（820）,前往拜访药山惟严（751—834）。惟严于唐贞元初居澧阳芍药山,因号药山和尚。据说李翱来见时,惟严正在低头看经,没有理采。李翱有点不满,说:"见面不如千里闻名。"药山叫了一声李翱的名字,李翱应诺。惟严说:"何得贵耳而贱目乎?"李翱郑重施礼,并询问说:"如何是道?"惟严指了指天,又指了指瓶:"云在青天水在瓶。"李翱赠诗二首:

> 练得身形似鹤形,千株松下两函经。
> 我来问道无余说,云在青天水在瓶。
>
> 选得幽居惬野情,终年无送亦无迎。
> 有时直上孤峰顶,月下披云啸一声。[①]

这答与不答,都充满了禅机,故而才有李翱的了悟。不过,李翱

---

① 静、筠二禅师:《祖堂集》,第124—125页。

并不是要成为佛教徒,相反,他是要以儒学取代佛学。而他的代表性哲学著作《复性书》利用禅学的思路,重新思考了儒学的主要命题,以适应时代的需要。

身为地方最高长官,李翱拜访禅师的行为,对本地学风的影响是巨大的。韩愈则作为一个经典文人作家,对一般读书人具有强烈的示范作用。被称为"道学宗主"的周敦颐在广东为官时曾往访大珠驻锡之处,以调侃的口吻提到韩愈与大珠的交往,讽刺他致力于排佛,却与大珠发展了很亲密的关系:"数书珍重更留衣。"① 实际上,周敦颐与佛学的关系之密切不差于韩愈,他的学术思想是对李翱援佛入儒的道路的继续。其后,湖湘学派的核心人物张栻父子、胡安国家族等都与本地禅学有非常密切的联系。禅学重新确定了儒学的思想方式和思想主题,其后几章专门讨论。以至于冯友兰说:"新儒家是禅宗的合乎逻辑的发展。"②

同时,佛学对本地道教产生的影响也十分巨大。在秦皇、汉武的"蓬莱仙学"占据统治地位之后,本地道教基本上被人遗忘。随着佛学的传入,其核心精神被重新激发。与南岳佛学同时,或紧接其后,南岳的内丹学迅速进入鼎盛时期。在内丹学的基本理论修炼模式中大量采用佛学的概念,表现出明显的与佛学合流的趋势。

可以说,自佛学出现在湖南以后,一部湘学史就是佛学向湘学全面渗透的历史。就其大者而言,佛学的影响可以作如下概括:

第一,佛学激发了湘学的学术自信。由于慧思称南岳为"有道之山",宣扬自己为寻找炼丹仙方而来,随着天台宗势力的上升,客观上鼓舞了道教的信心。而禅宗对经典的超越更使典谟之外的"湘州曲学"信心大增。吕澂认为,禅宗最初在岭南这样一个文化新兴地区出

---

① 周敦颐:《按部至潮州题大颠堂壁》,《元公周先生濂溪集》,岳麓书社2006年版,第108页。

② 冯友兰:《冯友兰选集》,北京大学出版社2004年版,第323页。

现，是适应了当地实际思想状况的。① 这只说对了部分原因，未触及地方文化的精神。事实上，禅宗真正发生的区域及其据点，主要是在楚文化的传统范围之内。楚王"蛮夷"的自我告白，最多只是显示楚人霸蛮的一面，"湘州曲学"是被人轻视、嘲笑的。而石头希迁关于成佛道路的宣称，以一种横扫一切的气势，克服世人对经典与权威的迷信，使湖湘哲学精神得到了一次充满自信的表达。欧阳常林说："湖南人天生不守规矩，性格中有颠覆的一面。"② 所谓物以类聚，湖南的文化气氛吸引大批志同道合者，又因为这些人的加入而使某一性格向度得到强化。

第二，佛学提升了湘学的理论思辨能力。佛学的传入，是湖湘哲学发展的重大事件。受其刺激，湖湘哲学开始发展了比较复杂的理论形态。在佛学入湘以前，湘学在理论性的学术方面乏善可陈，却因为佛教学者的努力，一跃而成为全国学术的标杆。慧思之《大乘止观法门》是一本体大思精之作，而由智𫖮所开创的天台学体系更因其博大精深而令人叹为观止，其本人亦获得"东方小释迦"的雅号。事实上，湖湘古代哲学传世的最早的理论性著作就是由他们所创作的。禅学虽然不重视理论体系的建构，却把思想的张力推至极端，大有"前不见古人，后不见来者"的独造。在此影响下，周敦颐的《通书》，胡宏的《知言》，接连涌现，一代胜过一代。当时就有人认为，《知言》胜过结构严密的张载《正蒙》，等等。

第三，佛学促进了湘学的学术转型。湖湘道教在北方"蓬莱仙学"的政治与学术压力下，仅仅能守住门户，谈不上有多大发展，更遑论对外界的影响力。在佛学介入以后，南岳道教仙学借助由"外丹"向"内丹"转变的大趋势，创造性地发挥自身特长，再一次成

---

① 参见吕澂《中国佛学源流略讲》，第381—382页。
② 转引自张依依《文化传统与文化产业之关连——以湖南现象为例》，《实践博雅学报》2008年第9期。

为天下宗仰的中心。而儒学被汉、唐儒者搞成一种空虚无聊的"注经学",不存在"典谟"之外的空间;在佛学的影响下,湘学再一次展现了空前的活力,以周敦颐为开端的道学遂能独步天下。

五　湖湘精神之豁显

在佛学传入湖湘的过程中既深受楚湘文化的影响,在漫长的发展历史中,又以其成熟的学术品质改良了湖湘哲学品质,塑造了湖湘哲学的性格。表现在:在佛学的影响下,古代湖湘哲学的直观性、现实性、实用性等方面的特点,得到了进一步的强化。

(一) 直观性

上古沅、湘巫术以歌舞娱神,以象征性的声色与神灵沟通,以促进人、神的友好关系,达到与天地万物的融合。这一文化特征,在屈原的创作中得到了充分的表现,并以其绚丽灿烂的色彩、豪迈奔放的想象力引人注目。但把这一文化特征上升为学术目标,则由禅学发挥到无上的境界。印度佛学本来是有极为复杂的概念体系的,尽管也强调终极境界的直观性,但是要通过系统的修行才能呈现。禅学则有见于人们在修行过程中产生的流弊,落入另外一种偏执,而主张抛弃一切理论体系,顿悟成佛。其极致,正如印顺所言,不是采用惯常的概念的阐发、逻辑的推演,而是直接用棒打口喝、扬眉瞬目、划圆相之类动作或符号,"在象征的、暗示的、启发的形式下,接引学人,表达体验的境地"[1]。禅宗最后的境界更适宜于用诗来表达,正如唐末益阳(今宁乡)诗僧齐己(586—938)所说:"禅言难后到诗言。"[2]诗正是以象征的表达方式,对万物的意义作最直观的表现,在禅学排

---

[1] 印顺:《中国禅宗史》,第350页。
[2] 齐己:《白莲集》卷10《酬光上人》,中国社会科学出版社2011年版,第597页。

除了概念的终极把握之后,就只剩下诗了。在儒学发动的时代,周敦颐其人其学都表现出一种洒脱的审美境界,黄庭坚以"光风霁月"称周敦颐,堪称湖湘哲学精神的象征。

(二)现实性

湖湘先民追求现实的快乐胜过彼岸世界,湘楚文化的现实性总是压倒理想性,故而身体修炼的神仙道在湖南特别发达。慧思之所以称南岳为"入道之山",从北方来到南岳,并最终归化南岳,就是为此地道教对身体本性的洞见所吸引。身体的维度在禅学的形成中发挥了非常重要的作用。禅学认为心净则土无不净,所谓心净,不过是保持一颗平常心,在砍柴担水的日常生活中实现此岸的超越。直到祖师禅的出现,则直接在农业劳作中实现作佛的目标。即使由佛学转向儒学,在主张"存天理,去人欲"意识占据绝对优势的理学时代,湖湘思想仍然不以为然,主张天理即人欲之合理性。对此,王兴国总结为"调和义理,统一理欲"[1]的湘学传统,实际是湘学现实性的体现。

(三)实用性

实用性相对于理论性、知识性而言。湘人对知识和理论兴趣不大,看一种思想,一门学问,直接就问能解决什么现实问题,有何功利。这一点得到禅宗的强化,并影响到整个湘学的性格。禅宗提倡"随当时事,应当时机"[2],要求修炼达到"即时度脱"的目标,反对理论体系的建构,这使以传授知识为主的学术,那些拘守章句之儒、之佛,在中国长期的思想史上,在全国广大的地区,都曾经声势浩大地存在过,可是在湖南这片土地上,却实鲜其人。寻章摘句老雕虫,

---

[1] 王兴国:《湖湘哲学发展的四个阶段及主要特点》,《湘潭大学学报》2008年第5期。
[2] 宗密:《禅源诸诠集都序》,第19页。

拜倒在古人脚下，不敢越雷池一步，与湖南人任率简谅的性格，格格不入！如张舜徽论清代湘学说："当乾嘉朴学极盛时，与江浙异趣。大抵以义理植其根基，而重视经世济民之学。"近代湘学，"走的是博通的路……学问极其广大，远非江浙所能及"。[①] 湖湘学者任何学术活动，就算本来是纯知识性的文献整理，也都带有思想与政治方面的目的，而非单纯的为知识而知识。

湘学的上述性格特点既显示了湘学独特的价值，同时也显示出其局限、缺点。

六　小结

佛教的输入，是中国文化史、思想史上的重大事件。从南北朝到隋、唐、五代，一种外来的宗教几乎在中国取得统治地位。但最终却功败垂成。在这一历史演变中，佛教经过了一个中国化的过程，其学术思想精华被吸收进传统的思想形式之中，而佛教亦以其中国化的新样式，在与儒、道的三足鼎立中确立自己的地位。在佛教的中国化过程中，湖湘哲学显然发挥了相当重要的作用，具有崇高的地位。第一个中国化的佛教宗派天台宗与此有直接的渊源关系，而中国化过程的完成，自南岳怀让以降的"五宗禅"的兴起与消歇，更是由其主导的。宋明道学又号称"新儒学"，其所以新，就是充分地吸收了"五宗禅"的思想学术成就，从而使之能够在"汉注""唐疏"之外别开新局，创造性地诠释了自身的传统。由此亦不难理解，土生土长的周敦颐何以能够成为此一思想潮流的开端。

在对佛学的转化中，湖湘古代哲学不是丧失了自己的本性，而是

---

① 张舜徽：《清人笔记条辨·越缦堂日记》，《訒庵学术讲论集·缅怀当代卓越的文献学家杨树达先生》。转引自单晓娜、涂耀威：《张舜徽湘学研究述评》，《云梦学刊》2011年11月第6期。

在佛学的挑战中变得更加精神焕发，创造性地发展了祖师禅这一佛学的新样式。可以说，祖师禅作为中国化的佛学，是湖湘古代哲学思想的新表达。它以其思辨性、透彻性、当下性以及对洒脱人生境界的追求，吸引了众多学人，锻炼了湘人的理性思维，改变了湘人的价值追求，重铸了湘人的审美趣味，使湘学的学术品质达到了一个新的高度。"砍柴担水，无非妙道"，为宋明儒学在政治、伦理、艺术等领域的发展，开拓了广阔的空间。

佛学对湘学产生过非常积极的影响，也仍然在发挥着影响，但是对其研究，却显得非常薄弱。这主要源于两大迷误：首先是由于对禅学性质的认识错误。由于把哲学看成是抽象的理论体系，因而对佛学的文化身份认识不够清晰。"原教旨主义"的观点认为，佛学是从印度传入的一套理论体系，一切以是否为释迦牟尼所说者为准绳，中国人只有理解得准确不准确的问题，本不存在"中国化"的问题。但南岳禅学显然不是这样理解佛学的，它追求的是"自得于心"，是指在佛经"触发"下自心的觉悟，反对把研习佛学变成知识灌输与接受，认为那样反而造成对本心的蒙蔽。南岳禅学鼓吹"随事应机"，针对当事人所面对的事情提出解决的方法，比之那些直接出自本地土著的抽象理论的演绎，更是一种真正本色的湖湘学术。其次则是由于对佛学的价值观的错误感觉。一般人认为湖湘先民好勇斗狠，佛学主张退让，其间好像有很大差距。这是对佛学精神的一种粗浅的理解。佛学主张一切放下，超越利害算计之心，正所谓淡泊以明志，故而在其追求理想时所表现出来的勇猛决绝，往往是无与伦比的。

对湖湘古代哲学的研究而言，忽视禅学的研究，割裂了整个学术史的发展，有关论述便容易落入主观任意的臆测。因此，为了便于全面认识湖湘古代哲学的历史，并进而全面理解湖湘精神，把握湖湘文化发展的方向，亟须对禅学的影响作深入的研究。

附：智顗籍贯初探

有关智顗的籍贯，现在成了一个聚讼纷纭的问题。最早为智顗（智者大师，538—597）写传记，交代其籍贯的，当是其弟子灌顶（561—632）。灌顶说："大师讳智顗，字德安，俗姓陈氏，颍川人也。高宗茂绩盛传于谱史矣。暨晋世迁都（317），家随南出寓居江汉，因止荆州之华容县。"[1] 但流传最广的，当属道宣《续高僧传》中有关说法。道宣说："释智顗，字德安，姓陈氏，颍川人也。有晋迁都，寓居荆州之华容焉。"[2] 道宣传记对智顗的籍贯的认定完全遵从灌顶，但删去了灌顶神化其师身世的"高宗茂绩盛传于谱史矣"一句。[3] 这或许是道宣对当时的僧记都喜欢吹嘘和尚出身高贵不以为然，也实在找不到这方面的史实。但是，由于华容县历史疆域变化甚大，遂引起关于智者籍贯的各种矛盾的说法。

本文认为，单纯从县域变迁来看这个问题，也许是一笔永远扯不清的糊涂账。而今华容县建置于智顗去世之后，故而，有人就直接排除于智顗的籍贯讨论之外。但是，引起笔者兴趣的，则恰恰是今天华容县设立的时间点。这是因为智顗在当时已是名闻天下、受皇朝尊重的"大师"，受到当局的顶礼。以此，笔者推断，隋朝重置华容县就是这一系列纪念活动之一，毫无疑问，以智顗籍贯为"湖南华容"就是不容置疑的了。

智顗与隋朝当局关系究竟达到什么程度，要重置一个县的地名来纪念呢？下面，首先讨论几种相关的观点，再讨论当日隋朝悼念智顗

---

[1] 灌顶：《隋天台智者大师别传》，《大正藏》第50册，第191页。
[2] 道宣：《释智顗》，《大正藏》第50册，第564页。
[3] 关于灌顶所记智顗的"高贵祖宗"，宋僧昙照查找一番后，只好说："余检齐、梁、陈、隋诸史则无陈起祖宗裔，信是章安远指前代矣。"（《智者大师别传注》，《卍字藏》第77册，第655页）

去世的情况，隋朝的宗教政策以及智顗与当权者的关系，最后再讨论华容县县域变迁的一些问题。

一　有关智顗籍贯的几个观点

历史上，华容县域变化很大，包括现江南、江北的广大区域。推断其原因，可能与长江、云梦泽、洞庭湖的地理变化有关。自春秋以来，云梦泽被长江泥沙淤塞，水体南北迁移，洞庭湖时大时小，而华容县城亦时南时北，甚至屡废屡设。据唐朝官修《元和郡县志》，今天湖南省岳阳市的华容县为隋开皇十八年（598），改南安县名而立。《华容县志》："开皇十六年，改南安为华容县，属罗州。大业三年（607），属巴陵郡。"① 可能是先期提出动议，然后才正式公布。此一行为发生在智顗家族迁居华容之后数百年，又在他去世之后。于是，智者大师的籍贯便成了一个有争议的问题。有关这个问题，有如下观点：

（一）湖南华容说

关于智者大师籍贯，李安校释智顗《童蒙止观》，徐孙铭、王传宗论湖南佛教史，介绍智者大师时，未加论证，称："家居荆州华容（今湖南华容县）"或"智顗（538—597），荆州华容县（今湖南华容县）人"。② 两者一致。可能是慑于近年来湖北潜江"楚章华台的考古发现"之气势，在其后为《南岳佛道著作选》所作"前言"中，改取"骑墙"立场，改称"荆州华容（今湖北潜江西南，湖南华容

---

①　光绪《华容县志》卷1《地理志·沿革》，《中国地方志集成·湖南府县志辑》第11册、第6册，江苏古籍出版社2002年版。华容所属的岳州的名称，在隋的短命的统治中，也变化多端。乾隆《岳州府志》卷3《沿革志》记载："开皇九年，改巴陵曰岳州。大业元年改□州，又改罗州。三年，复为巴陵郡，领巴陵、华容、沅江、湘阴、罗县。"

②　李安：《童蒙止观校释·前言》，中华书局1988年版，第3页。徐孙铭：《湖南佛教史》，湖南人民出版社2002年版，第50页。

县北）人"。① 此种态度引起他人嘲讽，徐孙铭则答以"明真、戒园法师五十年代就有湖南华容之说"。张松辉则据智者大师传记作者的时代背景，推断大师之籍贯为现在的湖南华容。他的推论是："古时叫华容的有两处，一在今湖北境内，一在今湖南境内。湖北境内的华容于南齐时已废除，而湖南境内的华容于隋时定名，此后基本没有改变。考虑到《续高僧传》的作者为唐人，《景德传灯录》的作者为宋人，那么书中说的华容应指湖南的华容。"② 此说较为合理，然而论证不够充分。

（二）湖北监利西北或潜江西南说

此说是根据古华容县的县城在荆州东的方位所进行的推断：偏北即在潜江，偏南即在监利。故而两说只是一说。郭朋主"监利说"，其佛教史著作相关章节叙述说，智𫖮祖先南迁时，在"荆州华容（故治在今湖北监利县西北）落户"。③ 至潘桂明等人则去掉"故治"二字，作如此表述："荆州华容（今湖北监利县西北）人。"④ 此后的诸种著作大都沿用此种注明格式，才是真正的监利说者。但潘氏之见等于说，智𫖮家族南迁几百年间一直居住在华容县城，而且县城也没有迁移过；或许县城废了，他们家还住在原地不动，智𫖮就出生在那里。上述观点都是以《辞海》的"华容"词条作为母本，却最不合情理。最近，则有"湖北潜江"之说。2000 年，据说在潜江龙湾发现"楚章华台遗址"，请了很多专家作了论证。因许多古书都明确记载章华台在华容县城之内，确定了章华台自然也就确定了县城的方位，由此断定智𫖮出生在此。于是，关于智𫖮籍贯就采用"荆州华容（今湖北省潜江县西南）"⑤的表达方式。但与"监利说"一样，同样是以县城代表全县，同样

---

① 徐孙铭，《南岳佛道著作选·前言》，岳麓书社 2012 年版，第 2 页。
② 张松辉：《十世纪前的湖南宗教》，湖南大学出版社 2004 年版，第 149 页。
③ 郭朋：《中国佛教思想史》中卷，福建人民出版社 1994 年版，第 69 页。
④ 潘桂明、吴忠伟：《中国天台宗通史》（上），凤凰出版社 2008 年版，第 83 页。
⑤ 湖南省地方志编纂委员会编：《湖南宗教志》，湖南人民出版社 2012 年版，第 28 页。

可疑。

(三) 湖北公安说

明代袁宏道可能是根据宋僧昙照注灌顶《智者大师别传》引《九域志》时，提到"公安县"①，故附会当地的一些民间传说，以证成公安之说。他说："《荆州碑》云：'智者禅师辞亲出家，母以甘旨为言，师遂指茅为穗。'其说颇不经。然邑中茅穗村名始此，今圣母塔，即其故封也。邑自汉、唐来无文士，故旧事多略，而塔碑剥蚀尽，逸事仅见《统纪》中，乃《统纪》夹注所拾耳，亦不知碑为何人作也。叹先迹之久湮，悲文献之残阙，后来者弥永弥敝，他日摩耶藏骨地，焉知不为卜兆者所夺略耶？"②但袁宏道所引《荆州碑》语气明显为明人口吻，所说"荆州碑"大概是子虚乌有之属。实际上，昙照《注》明明说："今岳州华容县是也。"按其意思，只是今华容县有过一段隶属公安县的历史时间而已。然而，袁氏为晚明文坛领袖，影响力很大，故在万历后期所刻之《佛祖统纪》注解中，亦颇信其说，断定智者大师即"湖广公安人"。③不过，今天大都不予采信。

如果"公安说"可信度不高，那么，关于智顗籍贯所在地的问题实际上只有两说：一说以古华容县县城为确定方向；一说则是隋华容县即今华容县域之内。

二 从隋王朝政治文化环境看华容县复名

本书认为，华容县名的重新设置就是为了纪念智顗而来。事实上，智顗在开皇十七年（597）十一月二十四日圆寂之后，开皇十八

---

① 昙照：《智者大师别传注》，《卍字藏》第77册，第656页。
② 袁宏道：《圣母塔院记》，《袁宏道集笺校》，上海古籍出版社2008年版，第1193页。
③ 据道昱《阅佛祖统纪说》所载年月，此书刻于万历四十二年（1614）。《大正藏》第49册，第129页。

年隋王朝为之举行了一系列隆重的悼念活动,延续到以后数年,其中就包括有改地名以纪念的行为。而其之所以隆重悼念智顗去世则既有国策的原因,也有个人的交情。

(一)从隋王朝纪念智者大师的情况来看

隋朝官方于十八年展开的一系列的纪念活动,内容广泛,有建立宏伟壮丽的寺庙、刻印经典、撰写碑记、题名、改变地名以纪念等活动。《佛祖统纪》卷六"智顗传"说:

> 智者弟子上首智越,遣僧使灌顶普明,奉遗书及《净名义疏》三十一卷至杨州。王(晋王杨广)遣使答遗旨:以小获亲承义疏,为之悔恨。所嘱造寺,今遣司马王弘,一遵指画。吴郡、郑境、剡邑三处,像塔及智者卧疾处,亦当严饰。复遣使至佛陇,建千僧法会。……四月十六日,佛陇僧众方就坐禅,上座道修,见智者常服按行堂内少时方出。上座惊起瞻拜,众共悲叹。十一月,王遣典签吴景贤入山,以讳日设五百众斋。①

智者大师所嘱之寺,即"国清寺"。灌顶记其事说:"太隋开皇十八年其岁戊午,太尉晋王于山下为先师创寺。因山为称,是曰'天台'。"②

《佛祖统纪》还记载了此后一些重大事件:开皇二十年(600),晋王杨广获立为皇太子。仁寿元年(601)十月,智者弟子上首智越遣使灌顶、智璪入京致贺,并谢造寺新成。为强调天下一统的政治意义,天台寺改名"国清寺"。十二月,皇太子杨广遣散骑侍郎张干威送灌顶还山,设千僧斋,为文致敬。

---

① 志磐:《佛祖统纪》卷6《智顗传》,《大正藏》第49册,第184页。
② 灌顶:《国清百录序》,《大正藏》第46册,第793页。

杨广继承大位后，国清寺同样遣使称贺。大业元年（605），车驾巡幸扬州，又遣智璪诣行在。炀帝主动提出要为智者"造碑"，令柳顾言为文，亲自书写"国清寺"三字，遣通事舍人卢正方入山奉安寺额。以十一月二十四日为智者忌辰，度四十九僧，设千僧斋。有司在千数之外增溢一人，人们都称智者化身来受国供。

由此可见，杨广与智𫖮的关系非同一般，对智𫖮的纪念持续了相当长的时间。这种纪念还涉及数千里外的衡山。据《南岳志》载：衡山上封寺，本为道教的光天观，隋大业（605—617）中改为佛寺。① 南岳是智𫖮之师慧思（515—577）的最后归宿之地，智𫖮本人生前多次来到衡山讲学论道，故天台宗后人特别重视。在智者去世后，其重要传法弟子灌顶曾多次"禀道衡岳"②。以此，炀帝不惜改道观为佛寺，并赐名"上封"。

因此，虽然史无明载，但从开皇十八年及以后数年间纪念智者大师的情况来看，为智者大师之故，恢复其祖籍华容县旧名，是很自然的。

（二）从隋王朝一贯的宗教政策来看

隋朝对智𫖮的尊崇非纯粹是出于宗教信仰的原因，而是有其政治"图谋"。郭朋称智𫖮所创的佛教宗派，是"为统一的隋王朝服务的天台宗"，并非毫无根据。隋朝是在中国南、北长久分裂后，击败陈朝而实现统一的，统治者需要利用天台宗的宗教影响力来安抚江南的官民，于是便想通过推崇在南朝颇有影响力的天台宗，消弭潜在的反抗。

智𫖮在南朝是相当成功的，地位崇高。在大苏山分手后，慧思前往衡山，而智𫖮于陈光大元年（567）来到金陵。陈宣帝太建元年

---

① 李元度等：《南岳志》卷19《寺观一》，岳麓书社2013年版，第603页。
② 道宣：《释灌顶》，《大正藏》第50册，第584页。

（569）便为朝廷延请住进瓦官寺。按郭朋的说法是："智顗自从到了金陵之后，便开始了他飞黄腾达的名僧生活。"智顗同陈王朝的关系见于《国清百录》《佛祖统纪》卷六、《隋天台智者大师别传》等处。其中最惹人注目者，乃是陈朝皇帝把一个县的赋税都赐予了"天台山"。[①] 天台宗可以说是陈朝的"国教"，而智顗便是"国师"。在这种情况下，智顗与隋朝的关系一开始是有些"曲折"的。陈祯明二年（588），隋发动灭陈战争，江南皆归于隋，但完全平定下来也经过了数年之久。志磐《智顗传》称："师（智顗）以时方丧乱，遂杖策荆、湘。"据此来看，智顗在此时仍然是陈朝残余势力的精神领袖，并为其事业而奔走。

而隋国对江南的军事征服中，也伴随着文化招安，智顗对其拉拢，也曾表现了一定的反抗。开皇十年（590），隋文帝即"敬问光宅禅师（智顗）"；秦王出镇扬州，致书延屈。智顗对使者说："虽欲相见，终恐缘差。"不过，由于隋王朝是"五胡之乱"的结果，中国正统始终在南方，故对于南方的宗教文化尤其表示尊崇，表现了足够的谦卑。这使得智顗的态度很快"软化"，终于与接任扬州总管的晋王杨广建立了亲密的关系。开皇十一年，杨广遣使奉迎。两人相见如故，智者称晋王："大王迂遵圣禁，可名总持。"晋王称赞大师说："大师传佛法灯，宜称智者。"十一月二十三日，于总管大听事设千僧斋，晋王受菩萨戒法，终于征服了南朝的宗教。此后，智者大师也确实为隋王朝的长治久安奔走卖力。

事实上，智者大师于开皇十二年（592）前往荆州，即是秉承朝命，"奉旨造寺"。该年八月，智顗往衡山营建功德，以酬师恩。十一月，晋王即遣书潭州奉迎。智顗随即来到荆州，于当阳玉泉山创立精舍，大修寺庙。智顗遣人奉书晋王，上《玉泉伽蓝图》，并求撰《衡岳禅师碑》。晋王为之上奏，由隋文帝赐名"玉泉"。智顗仍请晋王

[①] 郭朋：《中国佛教思想史》中卷，福建人民出版社1994年版，第69—71页。

为其所在荆州所创之十住寺、玉泉寺"檀越",以为庇护。荆州自东晋以来,一直成为南朝对抗北方入侵的军事重镇。智顗在此名为弘扬佛法,具有特别重要的政治意义。晋王听闻智顗在荆州非常成功,"旧学名僧,无不归服",极表赞赏。

以此看来,如果还有人记得智顗本荆州华容人,那么在他去世时,为他恢复这个因为各种原因而取消的旧名,似有其必要性。

(三) 从智顗与杨广的特殊关系来看

自开皇十一年(591)始,杨广就成为朝廷控制智顗的中间人。而杨广乘机借助宗教影响,以提升个人声望。首先,如前所述,晋王杨广通过确立与智顗的"师徒"关系,为其攀登权力高峰增添神秘气氛。其次,杨广也确有一些"慧根",对佛学有一定的兴趣。据志磐《智顗传》,开皇十五年(595),杨广请求学习"禅慧"。可见,杨广是以当时开始流行的禅宗风尚为取向,并非以智顗之所有而学之。这自然引起智顗的不满,便以自己乃"天台学"为由,加以拒绝。杨广仍以"非禅不智,验乎金口"为辞,指智顗自己"赶时髦"在先。不得已,智顗奉上《净名义疏》一书。由此可见,他们之间的接近既有作为国事的"公"的方面,也有向智顗问道的私谊的方面,从而使两人的关系更加稳定持久。

事实上,在智顗身后,杨广与天台宗的关系还在继续发展,也暴露了杨广的内在用心。开皇二十年(600)杨广获立皇太子,天台使者灌顶等人入贺时,即明言:"王既鼎创蓝宇,即登春宫,此皇太子寺基是也。"云云。所谓"皇太子寺基",是当地人称呼国清寺地址的俗名。这就把"国清寺"当作了晋王的"发祥地"。

杨广即位之后对天台宗的各种"关照",大都有其政治企图。在开皇十八年(598)正是晋王急剧扩张其势力的关键时期,不会放过一切可以抬高自己声望的事情,自然会为纪念智顗的活动而出力,为智顗籍贯所在地恢复旧名,顺理成章。

在上述政治文化背景之下，开皇十八年华容县恢复旧称，与隋王朝大规模地纪念智者大师是有很大关系的，是其借此以安抚江南人心并强化王朝的正统地位的政治意图的一部分。同时，也包含了后来登上帝位的晋王杨广的某些照顾与图谋。若说此时恢复华容县名之事与智者大师无关，是难以说得通的。换言之，隋华容县就是智𫖮的故乡，恢复旧名就是为了纪念智者大师，否则，不会在这个时间节点上做出这么一项决策。

三 由晋至隋华容县域的相关考证

不过，隋华容地区是否就是古华容的范围呢？如果这一点不能成立，那么上述推断也是站不住脚的。与华容县城或其疆域的变幻不定不同，洞庭湖虽然在历史上变幻莫测，但是作为"江南云梦"的核心位置似乎一直没变，因而今华容县作为旧华容县的一部分或其所属府、郡的东南边界，得到了特别清晰的界定。

史载，晋代华容县属于南郡，位于郡界东南端。杜预（字元凯，222—285）曾拜镇南大将军、都督荆州诸军事，任内主持开拓杨口，直达巴陵，"内写长江之险，外通零桂之漕"①。他在《春秋释例》中说："南郡东南有巴丘湖，江南之云梦也。"② 南郡的东南临"江南云梦"，显然包括了今华容的范围。在晋人中，杜预所说应当最为权威。《水经注》称："杜预克定江南，罢华容县置之，谓之江安县，南郡治。"③也就是说，晋代华容县境只限于江南地区。江安，即今公安。袁宏道说智𫖮为公安人，可能即据此而言。但当时的江安县地域显然更广大一些。不久，晋朝又恢复了华容县名。郭璞（276—324）《尔

---

① 《晋书》卷34《杜预传》，中华书局1974年版，第1031页。
② 杜预：《春秋释例》卷6"土地名第四十四之二"，清刻本。
③ 郦道元著，陈桥驿校证：《水经注校证》卷35《江水》，中华书局2007年版，第801页。

雅》释"楚有云梦"中说："今南郡华容县东南巴丘湖是也。"① 巴丘、巴陵实为同一意思。《水经注》称："云梦泽在南郡华容县之东。"② 这就更加明确地说明了晋代至南北朝，古华容县都是包括了今华容县的范围的。其中，郭璞的生活时代在智顗祖先南迁古华容的时间范围之内。

在晋朝以后，"云梦"所指范围以在华容东南的巴丘湖为主，可由此反观今华容为古华容的一部分的历史由来已久。清末《洞庭湖志》说："云梦湖，一名云梦泽，在县东南，荆州之薮。考班固《地理志》谓：华容、枝江、江夏、安陆皆有云梦。而杜预、郭璞、张楫诸家之说及宋《山川志》，俱以华容南巴丘湖当之。范蔚宗亦谓：云梦泽在华容南。郑康成、孔颖达又谓：华容之泽则云梦。虽非华容所得专，而以属之华容宜矣。"③ 由于与云梦泽神话相连的此种历史文化积淀，使人们终于不能舍弃华容之名，在机缘到来时即能复旧。

由此可见，至少自晋代以至于古华容县废置以前，隋华容所辖区域是属于古华容县的。那么，智顗世代生活于隋华容县境内的推断，是有其合理性的。以此，联系上述种种机缘，对智者大师的籍贯所在地下一个判断，也是较为可靠的。

其实，从智顗在岳州停留的情况来看，也可以发现他与今华容特别关系的某些端倪。《佛祖统纪》"智顗传"载："十四年……是年过岳州，刺史王宣武请授大乘戒法，学士昙捷请讲《金光明》。其俗专业捕杀，及闻法感化，于是一郡五县一千余所，咸舍杀业。"华容县居于洞庭湖中，渔业发达，是岳州五县应当重点"感化"的地区，此文显示智顗有深入湖区的迹象。而且，智顗与普通百姓接触的记载也非常罕见，很有可能是智顗回到其故乡访旧。不过，智顗最多能感化

---

① 郭璞：《尔雅·释地第九》，四部丛刊景宋本。
② 郦道元著，陈桥驿校证：《水经注校证》卷40，中华书局2007年版，第955页。
③ 陶澍、万年淳修纂：《洞庭湖志》卷2《湖山·华容县》，岳麓书社2003年版，第42页。

其乡邻改从农业，若是说能使五县百姓全部放弃渔猎，恐非实际。

综上所述，隋华容县或今华容县本是旧华容县的一部分，智𫖮先祖南迁即至旧华容县域，而至智𫖮出生时，可以肯定即在今华容县境内。不过这时华容县名早就取消，而智𫖮也只能听人传说，或从家谱之类文献中得知华容县名。两汉以来，荆州包括今天两湖的全部或大部区域。换言之，荆州华容知名度较高，新名所谓江安、南安之类，外地人大都不知所指。智𫖮便以"荆州华容"之名向人介绍自己的籍贯，使其明了大体的方位，遂在其弟子中形成印象。不过，当隋王朝特地恢复这个地名纪念智𫖮时，不可能不调查一下他的真实出生地。而当时智𫖮的弟子皆在，或许还与智𫖮一起回到乡下去探望过其故旧，便不难指定其实际的方位。否则，何不指潜江或监利一带而改名？前面已经说了，若在当时的时间节点上改名与智𫖮无关，是不可想象的。

实际上，智𫖮十八岁便在湘州果愿寺出家，又从学于对南岳极为向往的慧思，即使是湖北人，也不影响其湘学身份的论述。何况湖南、湖北长期共省，文化上是相通的，特别是在这种边界地区，民风几乎没有差别。换言之，讨论智𫖮的籍贯对分辨其湘学的性质意义不大。在此，主要还是借此考察宗教信仰与世俗政权之间的关系，以及对学术走向的影响。

第五章　南岳内丹之学的勃兴

一　引言

衡山自远古时起即有神仙出没，在夏商周的时代沉默了；到再次被人们普遍关注，则已在汉代之后。衡山中有"九真观"，就是纪念晋宋间有"九位真人"在此修炼，然外人难晓。至南岳夫人，始为天下所知。南岳夫人原名魏华存（252—334），任城人，司徒魏舒之女，幼而好道，得景林真授《黄庭内景经》。东晋大兴年间（318—321）间来南岳，住黄庭观，受封为"紫虚元君上真司命南岳夫人"，又称"魏夫人"，为道教上清派的第一代宗师。南岳黄庭观因此成为上清派的"祖庭"。《黄庭内景经》①为上清派的重要经典，其中"琴心三叠儛胎仙"，被后世奉为内丹修炼之首。慧思所闻所见的"内丹"，当即此脉流裔。上清派主修符箓咒术，祈禳斋醮，辅以行气导引，存神守一，保留了较多巫术的成分，很有地方特色。

南岳道教的繁盛，在唐代达到顶峰。"白云子"司马承祯（字子微，647—735）无疑是一个中心人物。他是司马懿之弟司马馗之后，二十一岁为道士，师事潘师正，居嵩山。后浪游天下名山，中年栖止

---

①　或以为此书即魏夫人所作，而王明认为这是一部"古书"："夫人得之，详细研审，撰为定本，并予注述；或有道士口授，夫人记录，详加诠次。"见氏著《道家和道教思想研究》，中国社会科学出版社1984年版，第332页。

天台山，晚年著书于衡山。司马承祯为上清派茅山宗第十二代宗师，主要著作有《服气精义论》《修真精义杂论》《坐忘论》《天隐子》等，是由外丹烧炼转入内丹心性的里程碑式著作。司马承祯曾经亲见武则天，并被唐睿宗、唐玄宗屡请入宫，咨询大道。玄宗对承祯的道术非常欣赏："林泉先得性，芝桂欲调神。……音徽从此间，万古一芳春。"① 司马承祯还山时，百官以诗饯行，唱和者三百余人，集为《白云记》。司马承祯大约在开元初（713—741）来到南岳，住白云庵。宰相张九龄有事南岳，亲自上门拜访："将命祈灵岳，回策诣真士。绝迹寻一径，异香闻数里。分庭八桂树，肃容两童子。入室希把袖，登林（床）愿启齿。诱我弃智诀，迢兹长生理。吸精返自然，炼药求不死。斯言渺霄汉，顾余婴纷滓。相去九牛毛，惭叹知何已。"② 玄宗又召其弟子薛季昌入禁中，恋恋不舍："炼师初解簪裾栖心衡岳，及登道录，慨然来兹。愿归道居以守虚白，不违雅志，且重精修。倘遇灵药，尚望时来城阙也。"③

唐廷圣君贤相的加持，大大地提高了南岳道教的声望，形成了上清派茅山宗下的"南岳天台派"。④ 关于此派，卿希泰主编的《中国道教史》称："是派是以居住于南岳、天台，或在南岳、天台受道而得名。传授上清大洞秘法或三洞经箓。"⑤ 如薛季昌"遇正一先生司马承祯于南岳，授三洞经箓，研真穷妙，勤久不解"⑥ 等。薛亦被皇室封为"天师"，门下弟子众盛。茅山宗十五世徒孙中有徐灵府（生卒年不详)，自称元和四年（809）起，在衡山写作《通玄真经注》，

---

① 唐明皇：《王屋山送道士司马承祯还天台》，载《司马承祯集》，社会科学文献出版社2013年版，第198页。
② 张九龄：《登南岳事毕谒司马道士》，载李元度主编《南岳志》，后麓书社2013年版，第343页。
③ 唐明皇：《赐薛天师往南岳诗序》，同上书，第463页。
④ 司马承祯至五代王栖霞世系，见卿希泰主编《中国道教史》第2卷，四川人民出版社1996年版，第405页。
⑤ 卿希泰主编：《中国道教史》第2卷，第401页。
⑥ 赵道一：《历世真仙体道通鉴》卷40，载《道藏》第5册，第327页。

即对《文子》的注解，前后达 8 年，亦成为道教经典。迄于五代，南岳道士谭峭（860—976）及其《化书》，亦甚有名。① 其余如薛幽栖注《灵宝度人经》等，于道皆能有所发明。

由于上清派不以"内丹"为中心展开自己的理论，一般并不把上清派列入"内丹"派。但是，由上章论及慧思的内、外丹的区分中，显然可以看出他把草药当作"外丹"，而以其"止观"的修炼为"内丹"。以司马承祯的学术传承关系来看，称之为"内丹学"是完全没有问题的，甚至可以说是内丹学的正宗。南岳内丹之学的兴起，承北方方士神仙学或称"蓬莱仙学"之弊。北方方士凭借皇权的影响力，把丹药烧炼术发展成为道教学术的主流，在魏、晋之际达到高峰。流风所及，上层贵族大都热衷于烧炼，死人无数，白骨如莽。代之而起者，则为内丹学。"内丹"一词虽出现较晚，但在神农问道于太乙子，太乙子有"上药养命，中药养性，下药养病"（《本草经》）之说中即已存在。"上药""中药"即是"内丹"。前面提到，《黄帝内经》也初步阐述了"内丹"的基本原理。不过，由于"下药"有其方便与直接效应，使日理万机的帝王特别醉心其中。当外丹术日渐难继之时，"内丹"便自然开始发展起来，并最早在南岳形成气候。"内丹"一词是相对于"外丹"而言的，对"外丹"含有贬斥之意；但仍称其为"丹"，则也表示了一定程度的肯定。司马承祯等人，都有一些外丹的功夫，能用药治病。

司马承祯从天台来到南岳，遵循了灌顶由天台宗前往南岳问道的传统"路线"。唐末李冲昭《南岳小录》"自述"颇能表达这些求道者的心情，其中说："冲昭幼年悟道，近岁依师，洎临岳门，频访灵迹，唯求古来旧记，希穷胜异之事，莫之有者。咸云兵火（指黄巢攻

---

① 南岳有关地方志书均以谭峭为南岳道士，其代表性著作《化书》收入《湖湘文库》。而志磐则说："隐士谭景升（景长为谭峭字）居终南山，与陈抟为友，著《化书》……"（《佛祖统纪》卷 40）游方多处。

入衡州）之后其文散失。遂遍阅古碑及《衡山图经》《湘中说》，仍致诘于师资长者、岳下耆年。或得一事，旋贮箧笥。"对于这些"粗迹"尚且如此苦苦相寻，何况是往圣前贤的修炼心法？

司马承祯等人光大发扬了南岳"内丹"之学，使之达到了一个新的高度。司马承祯通过重新解释了老子、庄子的道论，形成了对内丹真正意义的阐述，确立了内丹修炼理论的大体框架。徐灵府的《文子》注解，则为之建立了经典依据。谭峭的《化书》推衍了丹道修炼的社会学维度。本章，先讨论他们通过对老庄哲学的阐释所形成的内丹的精义；次及其依此而形成的"性命双修""顺逆循环"等修炼原则，以完成"炼精化气，炼气化神，炼神还虚"之目标；再补充说明其对儒、佛的融汇。

二　内丹之精义

内丹是一个相对于外丹而来的概念，外丹是指通过服食外在的药物对身体机质加以转换而成仙，内丹则是通过协调人自身内在的心、身状态而得道成仙。内丹的关键在"得道"——得道家一贯所倡导之道，故司马承祯自称其学"归根契于伯阳，遗教齐于庄叟"。实际上，南岳内丹的概念诠释受到慧思、智𫖮"止观"哲学的影响，比当时或后世对老、庄的理解总是含有某种形而上学的残余而言，更是个纯粹心学的概念、内在性的概念。本节先论内丹之心性意义，以及于身，最后论内丹表现的整体形态。

（一）得道

《老子》是内丹理论的重要来源，老子之"得道"，就是道教的"成仙"。流行的《老子》版本是汉儒以形而上学观点理解《老子》思想的表现，以道为某种绝对性的宇宙真理，而人心反映之，显示了一种主、客对立的思想方式。长沙马王堆出土的两种《老子》抄本、韩非子所见《老子》则是"德道经",即"德经"在前,"道经"在后。这一文本结构则意味着:老子是从"德"的角度立论的,讨论的是人的心灵处于何种境界时,"道"得以显现,因而"得道"。而道本来就不是某种孤立的绝对物,因人而在,否则即虚无。老子在"德论"开门见山就讨论了"上德""下德"一对概念,并各自进行了解释,很显然,他回答了这个问题,即只有当人的心灵处于上德的状态时,人即得道。因此,德与道实际上是一回事,两者对举时,德是就人的内在心灵方面而言,而道是就其显现于外物者而言。德、道又可统称为"一",老子论"抱一"(《老子》第十章)既是讲德,又是讲道。从人的心灵方面而言,人心本来是"一",只是由于受到后天知识与欲望的恶性循环的影响,日渐沉沦,而"贰"——主、客对立,支离破碎,故老子以"无知""能如婴儿"作为修炼的目标。换言之,修炼就是把后天习染的东西加以扫除,恢复"玄鉴"。内丹学之"炼神还虚",就是据此而来。

司马承祯的《坐忘论》,从其标题看就知其显然是标榜庄学的,因此其"道论"归结为"心斋"的境界,即通过对感性欲望和经验知识的排除而与道合一。庄子在《人间世》借孔子之口论"心斋"说:"一若志,无听之以耳,而听之以心,无听之以心,而听之以气。听止于耳,心止于符,气也者,虚而待物者也。唯道集虚,虚者,心斋也。"耳代指人的感官,听,感觉;而心指人的意识。人的意识,即《齐物论》中之"我",在主客"对待"的情况下,最多能够达到对于外物的"符合",而"气"则是经过了"吾丧我"之修炼过程的道心。司马承祯把"坐忘"的过程分为:信敬、断缘、收心、简事、真观、泰定、得道,附以枢翼:"先导人以敬信,使心不狂惑;次则令断其缘业,收心简事,体寂内明;故又次之以真观,中外无有,然后可以跻于泰定,气泰神定,故曰得道。前悉叙坐忘之阶渐,其坐忘总说,不过无物无我,一念不生。"(真静居士《坐忘论序》)所谓"得道",综合老子之"德"与庄子之"真人",司马承祯说:

> 夫道者，神异之物，灵而有性，虚而无象，随迎不测，影响莫求，不知所以然而然，通生无匮谓之道。至圣得之于古，妙法传之于今。循名究理，全然有实。上士纯信，克己勤行，虚心谷神，唯道来集。道有深力，徐易形神，形随道通，与神合一，谓之神人。神性虚融，体无变灭，形与道同，故无生死。……身为滓质，尤至虚妙，况其灵智益深益远乎！（《坐忘论·得道》）

上文是外在的描述，下文则是得道者内在的体验：

> 行道而不见其行，非坐之之义乎！有见而不行其见，非忘之义乎！何谓不行？曰心不动故。何谓不见？曰形都泯故。天隐子瞑而不视，或者悟道乃退，曰道果在我矣。我果何人哉？天隐子果何人哉？于是彼我两忘，了无所照。（《天隐子·坐忘》）

道不可以概念来表达，只能在现象中加以把握，其方法就是让自己的内心处于虚静的状态，而让万物成其所是。在此种境界中，身体直接与道合一，就不用再说人的精神了。如果说"得道"侧重于对修炼成仙的外在景象的描写，"坐忘枢翼"则是对"道心"本身的描写，接近于佛学话语。如称"内观正觉""不依一物，而心常住"，为引入佛学的修炼方法铺平道路。

徐灵府则通过对《文子》的注解，为内丹学的发展建立道教自身的经典论据。过去人们多以为《文子》是伪书，但自1973年河北定县出土《文子》竹简后，此说已熄；而从其体现《德道经》的基本精神来看，也可证明它起码写作于韩非子之前。关于"德"居"道"前，《文子》就说得很清楚："天地之道，以德为主。道为之命，物以自正。"（《自然》）由此亦可以看出，徐灵府选择注解《文子》的某种原因：人们对《老子》已经形成了道的外在性"定见"，沿习已久，一时反之为难；另外，该书比《老子》有更加明确的道的内在性立场。徐灵府显然也很看重这一点，卷一《道原》"题解"说："物之为贵，莫先于人，然不能定心瑗而朗照，裂爱网于通津，遂使性随物迁，生与物化……"当然，也是因为《原道》本身的观点也确实显现了此一维度，而徐灵府则据此作了一些发挥。

《文子·精诚》阐述"正其道而物自然"的"心本论"观点，说："阴阳四时，非生万物也；雨露自降，非养草木也；神明接，阴阳和，万物生矣。"神明，就是心灵的精诚，此处意味着把生物学意义上的万物的生长提升为存在论层次的事物的生成。"德道观"可以从以下两个层次来理解：

首先，肯定"道不远人"，不能离人以为道，特别强调身体的维度。《文子·道原》说："中之得也，五脏宁，思虑平。筋骨劲强，耳目聪明。大道坦坦，去身不远。求之远者，往而复返。"徐诠释说："中者，在国即君也，在人即心也。君明则国安，心正则身治。故以中制外，天下无对；以外制中，或达或穷。知中知外，万事不败。"徐灵府的注解颇能体会老子的"德道"观，自觉拒绝把道解释为某种远离人事的神秘物，从而使自己丧失在外物之中，有别于一般装神弄鬼的俗道。

其次，强调正心修身为得道之本。《道原》又设"孔子问道"，老子答曰："正汝形，一汝视，天和将至。摄汝知，正汝度，神将来舍。德为汝容，道将为汝居。瞳兮若新生之犊，而无求其故。形若枯木，心若死灰。真其实知，而不以曲故自持，恢恢无心可谋。明白四达，能无知乎？"徐灵府解释说："一形正则四体皆端，一心平则群邪不忤，一其见则所遇皆真，绝诸虑则天和自至。"

由此可见，道论根本上就是一种身体本位论，而其养生论则是通过控制逐物之心以回归本心，使身体保持其自然状态，得以尽其天年或延年益寿。《文子·下德》揭示养生的根本原则说：

治身，太上养神，其次养形。神清意平，百节皆宁，养生之本也。肥肌肤，充腹肠，供嗜欲，养生之末也。

徐灵府注解说："神者生之本，形者生之末，致本则神全而合道，重末则形逝而归土。"神、形之分，也就是内、外之分。《文子·符言》又以"遮诠"的方式阐述其养生观说：

治身养性者，节寝处，适饮食，和喜怒，便动静，内在己者得，而邪气无由入。饰其外者伤其内，扶其情者害其神，见其文者敝其真。

徐灵府解释道："善不外求。……夫辅身御性，必宜节饮全和，使心气内平，而神明可保。"养形是通过知识和技术控制外物，以满足自己的生理欲望，为外；而养神则调节自己的精神，节制欲望的泛滥以保持身体的健康，为内。

（二）服气

从内丹修炼的"路线图"中可以看出，"气"是内丹学的关键概念；服气，是内丹修炼的要诀。服气概念，发端于老子"抟气致柔"之"气"。《文子·九守》阐述了老子这一观点："夫血气者，人之华也，五脏者，人之精也。血气专乎内而不外越，则胸腹充而嗜欲寡，嗜欲寡则耳目清而听视聪达，听视聪达谓之明。五脏能属于心而无离，则气意胜而行不僻，精神盛而气不散，以听无不闻，以视无不见，以为无不成。"其中表述的基本思路为：由呼吸而进乎"血气"，最后达到一种心灵的超越，这样，就可以使身体器官处于健康的状态，从而可以自主地处理日常生活中的各种问题。

庄子《人间世》所说"气也者，虚而待物者也"之"气"，则完全虚化了其实质性内容，使之成为一个与"道"相应的纯粹的哲学概念。道是从心灵的角度而言，气则是从身体的角度而言的：气是身体虚至极处的一种状态，非某种物质实体。最初有关"气"的养生学的记载，多与"辟谷术"联系在一起，以"吸气"代替"五谷"，指的是对"食欲"的超越，而非真有一种可供充饥的气体。在《逍遥游》中，庄子讲述藐姑射山之神人，在"肌肤若冰雪，绰约若处子，不食五谷，吸风饮露；乘云气，御飞龙，而游乎四海之外"中，神人是一位辟谷术士。换言之，气只是对物质欲望的排除。在此意义上，庄子对仅仅作为一种控制呼吸吐纳运动的"导引"，评价不高。《庄子·刻意》说："吹煦呼吸，吐故纳新，熊经鸟申，为寿而已矣。此导引之士，养形之人，彭祖寿考者之所好也。"在庄子学派眼中，修炼真人还有"不刻意而高……不导引而寿"之更高的形式。

司马承祯很明了庄子对"导引"与"食气"的区分，沿袭了庄子的观点。首先，司马承祯解释了作为一种体育运动的"导引"的意义及其操练方法。他说：

> 夫肢体关节，本资于动用；经脉营卫，在于宣通。今既闲居，乃无运役事，须导引以致和畅。户枢不蠹，其义信然。人之血气精神者，所以养生而周其性命也。脉经者，所以行血气也。……阴阳相随，内外相贯，如环之无端也。……是知五劳之损，动静所久，五禽之导，摇动其关。然人之形体，上下相承，气之源流，升降有叙。……其五体平和者，依常数为之；若一处有所偏疾者，则于其处加数用力行之。（《修真精义杂论·导引论》）

导引之术虽然是一种呼吸吐纳的锻炼，不过，由于他把人的呼吸与作为生命力的"气"作了一种关联，从而使其思想具有了新的内容，为气功理论的发展提供了新的可能性。

其次，司马承祯从哲学的意义上论述了"食气"的性质与基本原则。他把"气"当作人对有形世界之开端的体悟，则完全回到了"虚而待物"的境界。他说：

> 夫气者，道之几微也。几而动之，微而用之，乃生一焉。故混元全乎太易。夫一者，道之冲凝也。冲而化之，凝而造之，乃生二焉。故天地分乎太极。是以形体立焉，万物与之同禀；精神著焉，万象与之齐受。在物之形，唯人为贞。在象之精，唯人为灵。并乾、坤居三才之位，合阴、阳当五行之秀。故能通玄降圣，炼质登仙。……若乃为之速效，专之克成，虚无合其道，与神灵合其德者，其唯气妙乎！（《服气精义杂论·序》）

在此，气，既不是一个物理学的概念，也不是一个生理学的概念，而是一个哲学的概念。服气是以"虚无之道"为目标的精神修炼，在此精神修炼中求得生命潜能的充分实现，而非仅仅只是导引那样的体育锻炼活动一下筋骨而已。在此一维度之下，气功修炼逐渐融入了辟谷术、房中术的内容，而成为道家修炼的主要方式。

对于气的非实质性的理解，在内丹修炼中是反复强调的话题。后世道士解之说："此精不是交感精，此气不是呼吸气，此神不是思虑神，幸勿从自己身心中摸索。"傅勤家认为上述说法是"进一步之谈"，非是。[①] 此在道家思想中古已有之。

（三）自然

在现代知识体系中，人们容易把古代思想中的"自然"理解为人类社会之外的存在物，从而误解古人的思想。自然，在古代汉语中实际上是由两个单音词组成的词组，意即自然而然，或他自己是如此之类的意思。自然的观点非独为道家所有，凡是反形而上学者皆支持这

[①] 傅勤家：《中国道教史》，东方出版社 2008 年版，第 107 页。

一观点。如儒家的荀子便有非常明确的自然观点。他说:"心者,形之君也而神明之主也;出令而无所受令。自禁也,自使也,自夺也,自取也,自行也,自止也。"(《荀子·去蔽》)换言之,在心外别求一物以为之主宰就非自然了。从这一点上看,荀子哲学也是心本论,从来对荀子的许多穿凿都是错误的。荀子此处是从心的角度而论,其实也可以从物的角度而论。南岳内丹学的自然观点是在上述范畴下的发展。

从老子以"能婴儿"为修炼之功可以看出,人的心灵本来是虚静的,之所以沦陷,主要是受到人的感性经验与知识的熏陶、引诱。人们对外物进行一种对象性的认识以获取知识,操控外物以满足自己的欲望,往而不返,便反过来伤害了人的生命。庄子所举的中央之帝沌浑,一旦凿成"七窍",获得了感官知觉,也就丧失了生命。即是此意。因此,从内在心灵方面说,自然就是超越人的感性知觉,摆脱知识的操控,让事物成其为自身。司马承祯论神仙,认为神仙就是通过心灵的虚无而达到自然。他说:

> 人生时禀得虚气,精明通悟,学无滞塞,则谓之神宅。神于内遗照,于外自然,异于俗人,则谓之神仙。故神仙亦人也。在于修我虚气,勿为世俗所论折;遂我自然,勿为邪见所凝滞,则成功矣。(《天隐子·神仙》)

简言之,神仙就是一个自然的人。此与禅学以"饥来吃饭,困来即眠"为圆满,同出一脉。王阳明合两家为一炉,说:"饥来吃饭倦来眠,只此修行玄更玄。说与世人浑不信,却从身外觅神仙。"[①] 在对自然的理解上,佛、儒、道浑融为一。人之动静本来合道,只是在受到主观欲念的牵引时,方才离道,于虚空中结起一朵乌云,从而做出

---

① 王守仁:《答人问道》,《王阳明全集》,上海古籍出版社1992年版,第871页。

种种有悖自然之事。修行，只是回归自身的本来性而已。

徐灵府为《文子·自然》解题说："自然，盖道之绝称，不知而然，亦非不然，万物皆然，不得不然。然而自然非有能然，无所因寄，故曰自然也。"换言之，自然就是不在已然之外去追究其形而上学的道理，作一种知识性的把握，把不能知的、不必知的，付之于不知，万物就自然如此。《文子·自然》开篇即说："清虚者，天之明也。无为者，治之常也。去恩慧，舍圣智，外贤能，废仁义，灭事故，弃佞辩，禁奸伪，则贤不肖者齐于道矣。"徐解："去此七者，即贤无所尚，愚无所愧，洪同大道，复归自然也。"《文子·九守》通过揭示阐述了一些"非常"行为对生命的危害，从反面显示了"自然"的意义。其中说："夫人所以不能终其天年者，以生生之厚。夫唯无以生为者，即所以得长生。"徐解："厚生者，谓贪饕无厌，只求快心，诚自疎也。"

概而言之，内丹修炼基于一种内在性的思想，通过心灵的感悟而调整人的身体状态，从而使人的生命潜能得到充分的发展。

三　内丹修炼的基本原则

基于对人的存在及其生命的认识，在长期的历史发展中，中国人形成了以"气"为中心的一套精细完备的内丹修炼体系。这在南岳内丹之学中得到集中体现。其主要原则可以从如下方面来认识：

（一）性、命双修

性、命双修是指身体修炼与心灵修炼相结合。与现代体育文化相比的独特性在于，它在强调身体锻炼时更重视心灵修炼，并要求以之主导身体锻炼。"性"的本字是"生"，生非生物学的意义上的生长义，而是指万物在人的心灵中的显现，生成。故在"生"被单纯地理解为"生长"之义以后，加一"心"旁以表示"性"，指事物在人的本心中显现为其自身。虽然在历史上人们对"性"的理解有偏差,但"性"之显现义,在中医学理论与实践中也始终有所体现。譬如说,中医学认为,某物之为补药还是毒药,并非可以预定,唯看其应用于何种情况:用错了对象,补药可能即是致命的毒药,反之亦然。

内丹学家在进行身体的修炼时,重新发现了心灵的重要性,并对佛、道两家修炼的优劣进行反思,提出了性、命双修的原则。司马承祯论"坐忘"(内丹),非如俗道之气功修炼专注于默念口诀,搬弄手脚,而以"存想"为中心:清除俗念,斋戒,安处,在"存想"作一总的了断,然后达到"坐忘"。如何存想?司马承祯说:

> 存谓存我之神,想谓想我之身。闭目即见自己之目,收心即见自己之心。心与目皆不离我身,不伤我神,则存想之渐也。凡人目终日视他人,故心亦逐外走;终日接他事,故目亦逐外瞻。营营浮光,未尝复照,奈何不病且夭邪?是以归根曰尽,静曰复命,诚性存存,众妙之门。此存想之渐,学道之功半矣。(《天隐子·坐忘》)

存想主要是一种精神活动,而其功夫之深浅却是见于形体的:

> 然虚无之道,力有深浅,深则兼被于形,浅则唯及于心。被形者,神也;及心者,但得慧觉而身不免谢,何耶?慧是心用,用多则心劳。……山有玉,草木以之不凋;人怀道,形骸以之永固。资薰日久,变质同神,炼形入微,与道冥一。(《坐忘论·得道》)

炼形,即身体锻炼。身体的本性,道家通谓之"命"。修心,谓之"性功";炼形,谓之"命功"。站在性命双修的立场上,司马承祯批判了当时只重精神修炼的现象:"近代常流,识不及远,唯闻舍形之道，未达即身之妙。无惭己短，有效人非。其犹夏虫不信冰霜，醯鸡断无天地。其愚不可及也，何可诲焉。"（同上）司马承祯所贬斥的"近代常流"，暗指俗禅。此乃孟子"形色天性"的观点之强调，可谓深刻。

（二）阴、阳平衡

阴阳的概念首先出现在《老子》第四十二章："万物负阴而抱阳，冲气以为和。"此后，阴阳概念成为道家主要的话语形式。伴随着阴阳概念而出现的，有动静、屈伸、上下、昼夜、水火、天地、男女等。后人由于不懂阴阳的本义，往往把阴阳看成是某类事物或属性，则是错误的。比如作为具体的男、女，不可以理解为男即阳、女即阴，而是指他们在人类共同体中显示其特征的行为分别有阴、阳的功能，而实际上本身又各自有其阴、阳。天地、水火也是如此。这就是说，任何事物的存在都是阴、阳平衡的结果，人亦不能外。在司马承祯看来，"服气"就是调和阴、阳："神仙之道，以长生为本。长生之要，以养气为先。夫气受之于天地，和之于阴阳。阴阳神灵，谓之心；心主昼夜寤寐，谓之魂魄。如此，人之身，大率不远乎神仙之道。"（《天隐子序》）这是把老子的观点反过来作实践的应用，由对身体之"和"的追求而在气的方面调节阴、阳。

在"服气论"中，司马承祯对上述观点，作了更加具体的阐述。他说："夫人之为性也，与天地合体，阴阳混气，皮肤骨髓，藏府荣卫，呼吸进退，寒暑变易，莫不均乎二仪，应乎五行也。是知天地否泰，阴阳乱焉；藏府不调，经脉之候病焉。因外所中者，百病起于风也；因内所致者，百病生于气也。故曰：恬淡虚寂，真气居之，精神内守，病安从来？"（《修真精义杂论·慎忌论》）阴、阳在人身表现为血气中的卫气、营气，因寒暑有不同的表现，并使人的身体发生各种变化；人若不能顺应这种变化，就会伤害身体的健康。其治疗的方法，则是通过心念以控制血气，使之应对季节的运行。他说：

夫气者之为功也，广矣，妙矣！故天气下降，则寒暑有四时之变；地气上腾，则风云有八方之异。兼二仪为一体者，总形气于其人。是能存之为家，则神灵俨然；用之能禁，则功效著矣！况以我之心，使我之气，适我之体，攻我之疾，何往而不愈哉？（《修真精义杂论·疗病论》）

紫阳真人张伯端（983—1082）所讲的内丹修炼，便是以调节水、火形式来加以表述的。"坎电烹轰金水方，火发昆仑阴与阳。二物若还和合了，自然丹熟遍身香。"（《悟真篇》十四）水、火也即阴阳。他又说："取将坎位中心实，点化离宫腹内阴。从此变成乾健体，潜藏飞跃总由心。"（同上，十六）坎，水；离，火。

（三）顺、逆循环

顺，是指万物生成、世界逐渐展开的过程；逆，则是事物变化、消失的过程，两者是不断地进行循环的。这也是所谓"造化"一词的本来意义：造，是指事物的创造；化，是指事物的变化。"道生一，一生二，二生三，三生万物"，描述了事物展开的过程，而"物壮则老"则要求人们顺应事物的消亡。事物由内而外地展开，即顺，几乎是一种本能，其容易产生的毛病就是自以为是，不知因时通变；而逆，则要学习才能体会，但逆而不知顺，则走入遗弃事物的毛病，"枯禅"就是这种病症的典型表现。

在内丹修炼中，道家把心灵向外铺陈看作是一个自然的过程，因此，主要探讨了"逆"的原理。谭峭论内丹修炼说：

道之委也，虚化神，神化气，气化形，形生而万物所以塞也。道之用也，形化气，气化神，神化虚，虚明而万物所以通也。是以古圣人穷通塞之端，得造化之源，忘形以养气，忘气以养神，忘神以养虚。虚实相通，是谓大同。故藏之为元精，用之为万灵，含之为太乙，放之为太清。是以坎离消长于一身，风云发泄于七窍，真气熏蒸而时无寒暑，纯阳流注而民无死生，是谓神化之道者也。（《化书·紫气宫碑》）

由对"逆"的重视，后世内丹学把修行的程序简明地表述为：炼精化气，炼气化神，炼神还虚。而谭峭在此所表达的不仅是个人得道成仙的路线，同时也包含了普度众生的宏大誓愿，是内丹学根本精神的自然发展。顺、逆循环的观点对周敦颐所谓"原始返终，故知死生之说"有很大影响。

（四）天、人合一

此处所讲的天人合一，指人与自然环境的协调与统一。人是从自然环境中走出来的，人的身体在受到损害时，往往能在原生态的自然环境中自动康复，这是不难发现的事实。自然环境从大的方面看，可以分为天、地两个方面：地形物产的选择体现了丹道修炼在空间方面的追求，并发展为内容丰富的"风水学"；而天文星相的研究，主要体现了练功在时序季节上的考虑。前者称为"地理"，后者则称为"天时"。

事实上，传统的丹道修炼总以寻找一块"洞天福地"为重要任务，并把自身融入其中。湖湘地区山川壮丽，物华天宝，景色宜人，民风淳朴，自古便是神仙窟宅。在道教所谓"三十六洞天，七十二福地"中，此地便占到全天下六分之一有余。其中之著者，有衡山朱陵洞天、宁远九嶷山洞天、沅陵大酉山洞天、常德桃源山洞天、岳麓山洞真福地等。朱陵洞天又名为"朱陵太虚小有之天"，尤擅胜场。在这些风水宝地之中，再加上合适的建筑，便成为内丹修炼的理想场所。司马承祯阐述内丹修炼的理想场所说：

何谓安处？曰：非华堂邃宇、重袇广榻之谓也。在乎南向而坐，东首而寝，阳明适中，明暗相半。屋无高，高则阳盛而明多。屋无卑，卑则阴盛而暗多。故明多则伤魄，暗多则伤魂。人之魂阳而魄阴，苟伤明暗，则疾病生焉。此所谓居处之室尚使之然，况天地之气，有亢阳之攻肌，淫阴之侵体，岂不防慎哉？修养之渐，尚不法此，非安处之道。（《天隐子·安处》）

根据自身的身体素质安排修炼功课，也是天人合一的表现。[①]"天人合一"既是修炼的条件也是修炼的目标，在人自身、人与人、人与自然的平衡与和谐中进行修炼，并促进此一境界的扩大与延续。

唐末、五代，社会动荡，人民生活在水深火热之中；即使深山之中，亦无一片安静之地。"人和"上升为道士关注的对象。谭峭的《化书》中便多有对社会贫富分化的批评，谴责统治阶级穷奢极欲，破坏社会安宁。他批评儒学的虚伪说："一日不食则惫，二日不食则病，三日不食则死。民事之急，无甚于食，而王者夺其一，卿士夺其一，吏兵夺其一，战伐夺其一，工艺夺其一，商贾夺其一，道释之族夺其一，稔亦夺其一，俭亦夺其一。所以蚕告终而缲葛苎之衣，稼云毕而饭橡栎之实。王者之刑理不平，斯不平之甚也；大人之道救不义，斯不义之甚也！而行切切之仁、戚戚之礼，其何以谢之哉？"（《化书·食化·七夺》）

因之，谭峭提倡"均食之道"，从解决人的生存需要出发，实现一种内在性的礼乐制度，实现世界太平：

[①] 明代政治家张居正不但功业显赫，同时也是一位对丹道修炼很有心得者，为此提供了一种非常经典的说法："夫惟至人有道之士，其天定，其神凝。其天定，故不与世俱移；其神凝，故不与形俱敝。方其壮也，众方驰骛鸷勃，而彼或敛之若无；及其老也，人皆萎惫沮丧，而彼则炼之愈锐。四时之变，生长凋谢，日交代乎前，而其守如一，则有道以驭之也。"（《张居正集》，第 3 册，湖北人民出版社 1994 年版，第 424—425 页）

> 夫礼失于奢，乐失于淫。奢淫若水，去不复返，议欲救之，莫过乎俭。俭者，均食之道也。食均则仁义生，仁义生则礼乐序，礼乐序则民不怨，民不怨则神不怨，太平之业也。（《化书·俭化·太平》）

只有社会太平，才有真正的神仙世界。

（五）易简

内丹修炼在具体操作方面的一个总的原则，则是"啬"——经济原则，也即《易传》所阐述的易简之道。老子说："治人事天，莫若啬。……是谓深根固柢，长生久视之道。"（《老子》五十九章）内丹学反对过于复杂的运动。司马承祯阐述内丹学的"易简之道"说：

> 《易》曰：天地之道易简者，何也？天隐子曰：天地在我首之上，足之下，开目尽见，无假繁巧而言，故曰易简。易简者，神仙之德也。（《天隐子·易简》）

上述内容，为内丹修炼确立一个大体框架，为修炼建立了具体循守的路径。

四　融汇儒、佛

南岳内丹学发展的一个重要方面，表现在它能够在道家哲学的基础上融汇儒、佛，对之进行改造，以服务于自己的目标。道士所祖的《老子》本来就是一本政治哲学的著作，故皇帝召见道士，除了请教宗教、养生方面的问题外，另一个重要的话题就是咨询"治国之道"。司马光《资治通鉴》卷二百一十载，唐睿宗景云二年（711）召见司马承祯问以阴阳术数。承祯回答说："道者损之又损，以至于无为，安肯劳心以学术数乎?"上曰:"理身无为则高矣,如理国何?"承祯回答说:"国犹身也。顺物自然而心无所私,则天下理矣。'睿宗赞赏说:'广成之言,无以过也。'"当时实行科举取士制度,大多数官僚都是通过学习儒学经典走上仕途的,且未必有皇帝的道家修养,这就使道士们在与之交流时面临处理道、儒话语如何衔接的问题,从而也迫使他们努力熟悉儒家文化。

事实上,司马承祯早年淹贯诗书,深通乐理,对礼乐文明深有体会,使他能在上流时尚社会如鱼得水,也大大丰富了丹道内涵。他所作的《素琴传》,对琴的来源与去向,皆能说得条条是道:

> 昔伏羲氏之王天下也,以谐八音,皆相假合。思一器而备于律吕者,遍斫众木,得于梧桐,制为雅器,体名曰琴。琴者禁也,以禁邪僻之情,而存雅正之志。修身理性,返其天真。……施以五弦,绳缫有差;品以五音,调韵成弄。于是奏之,通神明之德,合天地之和。黄帝作《清角》于西山,用会鬼神;虞舜以《南风》之诗,而天下理。此皇王以琴道致和平也。故曰:"琴者乐之统,君臣之恩矣。"①

司马承祯认为,琴在不同的境遇中有不同的价值,在神仙,则"以琴理和神";在隐士,则"以琴德而兴逸";在君子,则"以琴德而安命"。"孔子穷于陈、蔡之间,七日不火食,而弦歌不辍。原宪居环堵之室,蓬户瓮牖,褐塞匡坐而弦歌。"此君子之琴也。等等。司马承祯不仅能弹琴,还会自己制琴,具有多方面的才艺。

子微尤长于书法,其篆体号称"金剪刀",玄宗曾令以三体写《老子经》,至今仍可以看到其书影。即使盛唐诗坛高手如云,白云子亦能应付裕如。他与当时诗家名流陈子昂、卢藏用、宋之问、王适、

---

① 司马承祯:《琴赋》,《司马承祯集》,社会科学文献出版社2012年版,第4—6页。

毕构、李白、孟浩然、王维、贺知章为"仙宗十友",尤与宋之问关系密切。今存《答宋之问》《山居洗心》两诗,简古旷远,清新自然,确非俗手。子微曾与崭露头角的李白相见于江陵,称后者"有仙风道骨,可神游八极之表"。太白子受宠若惊,即刻挥毫写下《大鹏赋》。苏东坡《水龙吟·咏子微太白事》云:

古来云海茫茫,蓬山绛阙,知何处?人间自有,赤城居士。龙蟠凤举,清静无为,坐忘遗照,八篇奇语。向玉霄东望,蓬莱晻霭,有云驾,骖凤驭。

行尽九州四海,笑纷纷,落花飞絮。临江一见,谪仙风采,无言心许。八表神游,浩然相对,酒酣箕踞。待垂天赋就,骑鲸路稳,约相将去。

这一千古际遇,确实令人向往!

不过,神仙们并不都是这么潇洒的。当时的俗道往往都是"山中宰相"的模仿者,借道教以为终南捷径,获取政治利益。卢藏用早年曾为隐士,见司马承祯将还山,指终南山谓曰:"此中大有佳处,何必天台。"承祯回答说:"以仆观之,乃仕宦之捷径耳。""终南捷径"遂成为一个成语。不过,大多数的道士还是身在山林之中,心存魏阙之下,即使不能亲见皇帝,也愿退而求其次。

当南岳道士试图从道教养生学的角度对儒学经典进行诠释时,便以道的内在性精神解构了儒学自汉儒以来所发展的外在性宇宙论的形而上学维度,从而促进了儒学的发展。谭峭的《化书》是其中的佼佼者。该书分为六卷,其中《德化》《仁化》涉及儒学的内容,而《食化》《俭化》则往往谴责统治阶级,主张均贫富,态度激进。《德化》批评儒学外在行为规范的"五常之道",转而提出儒道的内在性。他说:

儒有讲五常之道者……所以听之若醯鸡之游太虚,如井蛙之浮沧溟，莫见其鸿濛之涯，莫测其浩渺之程。日暮途远，无不倒行。殊不知五常之道一也，忘其名则得其理，忘其理则得其情。然后牧之以清静，栖之以杳冥，使混我神气，符我心灵。若水投水，不分其清；若火投火，不间其明。是谓得五行之英，盗五常之精，聚之则一芥可饱，散之则万机齐亨。其用事也如酌醴以投器，其应物也如悬镜以鉴形。于是乎变之为万象，化之为万生，通之为阴阳，虚之为神明。所以运帝王之筹策，代天地之权衡，则仲尼其人也。（《化书·德化·五常》）

五常之道不能通过纷繁复杂的自然现象进行一种对象性的归纳推测而来，更不能从研究既有的名理而来；世儒之学骗得了一时，骗不了一世，最后总要因其颠倒混乱露出马脚，成为世人嘲笑的对象。五常之道根本上就不是一种外在性的规范，而是内在人性的自然流露，可以应对一切问题，才是真正的孔子之道。儒者，惯于在先王的经典中寻找行动的依据，谭峭从内在性的角度加以否定、批判，令人耳目一新。

对儒学的内在性的改造，下开周、程、陆、王之先河。至李贽，更是直接以内、外判学术真伪："盖由中而出者谓之礼，从外而入者谓之非礼；从天而降者谓之礼，从人而得者谓之非礼；由不学、不虑、不勉、不识、不知而至者谓之礼，由耳目闻见，心思测度，前言往行，仿佛比拟而至者谓之非礼。"[①] 云云。

道教内丹学对佛学的融汇更加明显。一方面，佛学不断本土化，道化，另一方面则是道教借其开拓的通道吸收佛学的成果。上一章提到慧思称南岳为"有道之山"，并留下有关"内丹"的最早记载。慧思以后，南岳道教对佛学的影响继续深入，禅师都对气功修炼表现出

---

① 李贽：《焚书》卷3《四勿说》，《李贽文集》第1卷，社会科学文献出版社2000年版，第95页。

相当的热诚。希迁本人能够远距离传声，其弟子药山惟严，一笑能传声九十里，等等。佛学在接受道教思想影响的过程中，也反过来深刻地影响了道教。道教从向外追逐的"蓬莱仙学"转型为内丹之学，佛学起了重要作用。司马承祯前往天台、南岳，明显就是沿着天台宗思想的发展轨迹而追根溯源的学术之旅，显示了道教对佛学融汇仙术的某种积极的回应。

关于司马承祯所受佛学的影响及其丹道思想的特点，以及他在道教思想发展史上的地位，蒙文通评论说："道家自齐、梁以后，已受佛法影响，以不生不死言长生。显与汉、魏殊致。……司马子微后逮于两宋，道家所取于佛法者为智者之天台宗。不言白日飞升，为隋、唐道教之一变。宋之道教，凡钟吕传道所谓，实近于陈图南（抟）之传，远绍子微，而经箓外丹之说以衰，此道教之又一变也。"[①]《坐忘论》中之"真观"与天台宗"止观"的关系，尤其明显。其中借用的诸如"色""空"之类概念，具有浓浓的佛味。

但自道教的立场来看，则又不同。张耒（1054—1114，晚年监南岳庙）《送张坚道人归固始山中序》："大道甚简，守心而已；守心无他，守一而已。……《老子》曰：'虚其心，实其腹，弱其志，强其骨。'心虚志弱，则腹自实、骨自强矣。是道也，智者得之则为止观，司马子微得之则为《坐忘》，皆一道也。"

但是，这一融汇却使得佛道两家的界限越来越模糊。陈撄宁认为，尽管内丹与禅有其共同性，但两者仍然在身、心两个方面各有其侧重的发展。他说：

> 人身精、气、神原不可分，佛家独要明心见性，洗发智慧，将神光单提出来，遗下精气，交结成神，弃而不用。……若道家则性命双修，将精、气、神混合为一……佛家重炼性，一灵独

[①] 蒙文通：《坐忘论考》，载氏著《佛道散论》，商务印书馆2011年版，第183—189页。

耀，加脱根尘，此之谓性长生。仙家重炼气，遍体纯阳，金光透露，此之谓气长生。究竟到了无上根源，性就是气，气就是性，同者其实，异者其名耳。①

就实际情况而言，佛、道两家都在身、心方面有所发展，只是略显侧重而已。总体而言，在佛、道融汇的过程中，佛教占据较为明显的优势。佛学既有外来的资源，其本土化的过程可不露痕迹地尽数吸收道教的精华——普通中国人并不理解印度佛学是什么样子，对佛学究竟包含一些什么内容也不是很清楚，都由和尚说了算。而道士一旦援引中国原本没有的术语，马上被人认出抄袭，十分尴尬，格局就显得越来越小。

因此，司马承祯及其弟子虽然受到唐室的尊崇，又有李白之类许多名人高官为之捧场，但其影响力终究难以与佛学抗衡。李元度等论南岳佛、道兴衰之迹说：

隋、唐以前，衡岳羽流白日冲举者，不可胜数。自思大师振锡南来，怀让、石头继之，宗风盛而道流稍替矣。然洞天福地间，异人盖不少也。②

上述论断大体符合实际。要之，道虽归一，修行各别，在当事者根据个人之气质潜能与兴趣选择适合的修行方式，不必强分尔我。

五 小结

直到唐末，北方地区仍然是"蓬莱仙术"的天下，热衷于秦皇、

---

① 陈撄宁：《孙不二女功内丹次第诗注》，见《金丹集成》，第 227 页。
② 李元度等：《南岳志》，岳麓书社 2013 年版，第 448 页。

汉武以来急功近利的外丹烧炼，唐朝中后期有几位皇帝都死于服食"仙丹"中毒。但南方地区则凭借"内丹"的传统，以司马承祯为代表的南岳、天台道士，利用佛学（南岳—天台"止观"佛学）的思想成果，通过对道家经典的诠释，形成了内丹学的基本理论和方法。质言之，他们虽然与后世的专门以"内丹"为追求的派别有所不同，但内丹学的大体框架已经成型：强调以心灵修炼为主导，强调身、心统一，养身以养心始，而养心则在养气：去其人为之蔽，而回归其天然之真，使生命得到自然的发展，其潜能得到充分的发挥。其"炼神还虚"之终极，追求有限的生命融入无限的"太古"之中，则使其由一种巫术深化为纯粹的信仰。可以说，南岳内丹学是马王堆养生学的进一步发展，而其贡献尤在于关于心灵的规训方面，并由此带动整个修炼系统的更新换代，操作方式更加详备，程序更加明晰。同时，由个人在山林炼养转而关心社会生活，在广阔的社会背景下追求身、心和谐。

在隋唐五代，南岳衡山上演了道、儒、佛兴衰转化的经典情节。司马承祯与怀让几乎是同时到达南岳，但两人在当时的地位和名声有天壤之别。承祯受到唐室的尊崇，俨然帝师，而怀让仅仅是慧能众多弟子中不显眼的一位。但南岳禅学后来形成了"走江湖"的盛况，又是道教所无法比拟的。在此消彼长之中，则是佛、儒、道的融合与发展。南岳禅学发展了身体实践的维度，最终形成了以践履为特色的"祖师禅"，与道教的影响是分不开的。而道教则通过对天台宗学止观学说与禅宗心学的融汇，突出了道家思想中内在性的一面，深化了内丹学的理论与实践。在特定的时代背景下，内丹学引入了儒学社会关怀的层面，扩展了内丹学的视野。同时，它对儒学所作的内在性的解释，也影响了儒学的发展，使儒学由文物制度之末的斤斤计较，转而把握心、性本体。

尽管学派有兴衰，但南岳内丹学是中华民族贡献于世界文化的瑰宝。它强调身、心修炼的共同促进，对现代体育单纯强调身体锻炼具有某种"规正"的意义，有利于促进身、心的协调发展。因此，人们也将继续前来有"寿岳"之称的南岳朝圣。

第六章　濂溪学

一　引言

周敦颐（1017—1073），道州（今湖南道县）人，字茂叔，号濂溪。周敦颐十五岁时父死，便离开了老家，居住衡阳。"幼孤，鞠于舅氏，因读书其间。及长，以龙图荫补官，盖生长于衡者。"① 其舅为宋龙图阁学士郑向，故宅在石鼓书院西南，后世辟为"濂溪书院"。

关于中国学术思想发展的特点，向来就有儒道互补、儒法互补、三教合一等种种说法，周敦颐则是上述倾向的一个集大成者，而归宗于儒学。这在于：周敦颐的哲学思想主要是通过对儒学经典的诠释构筑的。他的《通书》所解释的《易经》虽然是与道家分享的一部经典，但以《中庸》统摄之，显然更显出儒家的态度；《通书》以"蒙艮"作结，暗含了以神农氏《连山易》"艮止"之义为指归，明显表达了对大宋王朝"火德应运"的神学解释的呼应，尤显出儒者之用心。以此，周敦颐被宋廷谥为"元公"，位居宋儒之首，可以说是大有深意的（见第一章第四节）。

不过，由于周敦颐思想来源的复杂性，学术界对周敦颐为"道学宗主"的地位，或然或否，异见纷纷。容肇祖力排"道学宗主"之说，认为周敦颐的道教倾向更为明显。他说："我们由周敦颐这种飘

---

① 李元度：《南岳志》卷18《书院二》，岳麓书社2013年版，第602页。

逸的生命理想，便知他所企之道、证之道绝对不会是理学家的仁义、天理之类东西，而显然更接近传统道家的大道之门。"① 牟宗三认为，周敦颐的根本立场是儒学，只是偶然与佛学相同并顺便采用了佛学的一些术语而已："此为儒者最根源之智慧，握住此义，则纲领定矣。焉有所谓由佛老来者乎？纲领既定，佛老岂无相出入之义？岂无可资为用之词语？"② 如果说，儒学以世间事物为致思对象，追求现世价值，有别于二氏之出世，那也是对的。由于周敦颐著述甚少，更有不少学者对周敦颐的思想学术地位，或明或暗，有所质疑。如黎锦熙评价周敦颐"道学宗主"的地位，认定是由朱熹吹嘘出来的，周的思想学术"本来也甚平常"。③ 黎本身是一位湘籍学者，其议论只是拘于其时代视界。然此亦颇能代表一部分人的心理。

还是明代李贽的评价比较合理。在他看来，正是因为周敦颐能够融汇佛、道，才开创了宋明道学。李贽评论说："周濂溪非但希夷正派，且从寿涯禅师来，分明宗祖不同，故其无极、太极、《通书》等说超然出群。"④ 其后，由程颢到杨时、张九成、罗从彦、李侗、陆九渊、杨简等人，都是按照周敦颐的学术道路走的，成为宋儒学术思想进取的主流。既然如此，周敦颐称为"道学宗主"，完全是没有问题的。

事实上，周敦颐与道、佛皆有很密切的交游。其亲戚与密友蒲宗孟在周敦颐墓志铭记其"方外"生活说：

> 生平襟怀飘洒，有高趣，常以仙翁隐者自许。尤乐佳山水，遇适意处，终日徜徉其间。酷爱庐阜，买田其旁，筑室以居，号曰濂溪书堂。乘兴结客，与高僧道人跨松萝，蹑云岭，放肆于山

---

① 容肇祖：《周敦颐与道教》，载陈鼓应主编《道家文化研究》第5辑，上海古籍出版社1994年版。
② 牟宗三：《心体与性体》上册，上海古籍出版社2000年版，第277页。
③ 黎锦熙编：《宋元明思想学术文选》第一辑，北平著者书店1933年版，第5页。
④ 李贽：《与焦漪园太史》，《续焚书》卷1，《李贽文集》第一卷，社会科学文献出版社2000年版，第26—27页。

巅水涯，弹琴吟诗，经月不返。(《元公周先生濂溪集》卷八)

周敦颐非独一般地领会道家的哲学思想、隐逸情怀而已，对内丹修炼亦颇深入。他咏丹道说："始观丹诀信希夷，盖得阴阳造化机。子自母生能致主，精神合后更知微。"(《元公集》卷六《读英真君丹》)希夷即陈抟，故后人据此判断他们之间有学术上的渊源关系。实际上，正如前面所说，《太极图说》与司马承祯"服气论"的话语相近。周敦颐的仙风有强烈的感染力。程颐在《明道先生行状》中说："先生（程颢）自十五六时，闻汝南周茂叔论道，遂厌科举之业，慨然有求道之志。未知其要，泛滥于诸家，出入于老、释者几十年，返求诸《六经》而后得之。"(《河南程氏文集》卷十一)

周敦颐是一位相当开放的学者，虽倾心于仙学，青年时期居住镇江鹤林寺即以寿涯禅师为师，中年与佛印等人交往，晚年居住庐山即以东林常总为侣。他自述学术渊源说："吾此妙心，实得启迪于南老，发明于佛印。易道义理，廓达之学，若不得东林开遮拂拭，断不能表里洞一，该贯弘博矣。"[1]周敦颐的佛学经历只存在于"居士传"中，正统儒者是并不认可的。不过，周敦颐的语言概念有浓厚的佛学气息，却是不能否定的。不论是他对莲花"出淤泥而不染"的审美形象的塑造，还是其学术中心命题"主静无欲"的提炼，或作为其人生终极追求的"孔颜乐处"，都可以直接追溯到佛学的来源，以至于程明道称其为"穷禅客"。

人们关于周敦颐的代表性著作《太极图》的佛道来源争论不休，主要在对当时佛、道融合的历史情况的无知。实际上，佛、道一直表现出融汇的趋势。在禅学盛行时，沩山灵祐就特别喜欢以与易学太极图形相似的圆相启示学人；其后曹山本寂（840—901）在"五位君臣图"中作了进一步的发展；宗密的"真如""阿梨耶识"符号，与

---

[1] 宗本：《归元直指集》卷下，《中国佛教思想资料选篇》第 3 卷第 3 册，中华书局 1989 年版，第 544 页。

《太极图》的相似性也是一望而知的。人们争论的思想上的原因,主要是认为老子之道是纯粹外在性的"普遍性规律",周敦颐的《图》是一种对象性的自然宇宙论,与禅学截然不同。① 实际上,老子之道从来就不是什么外在性的"宇宙规律"。

周敦颐虽归宗于儒学,但却能有所别择,并不盲目崇拜:(1)调侃道统论的发明者韩愈与大珠慧海的交往(《按部至潮州题大颠堂壁》),对儒学孟、荀皆有批评,如不满孟子的"寡欲说",主张"寡焉以至于无,无则诚立明通"(《养心亭说》),又批评"荀子元不识诚"(《金陵记闻注辩》)。(2)自立新道统。标榜自己的人生志向是:"志伊尹之所志,学颜子之所学。"(《通书·志学》)伊尹曾流放自己的君主,类似于法家;颜子经庄子发挥,则为"心斋坐忘",开启融汇禅学的通道。(3)周敦颐没有任何科举功名,而且有一种厌恶科举的倾向;在他的影响下,二程甚至产生了同样的情绪,在普世沉溺的场屋陋习中,刮起一股清风。

概而言之,周敦颐作为"道学宗主",在于他在学术上吞吐百家的气魄,融汇了当时一切思想成果,重新诠释了儒学经典,顺应了时代的要求,开创了儒学的新时代。本章首先通过对周敦颐及其交游的考察确定其学术的性质;其次,通过对其所使用的一些重要的学术概念的思想史考证,探讨其与道家、法家的关系,以确定其思想主干的意义,以及以"公"为目标的法治思想及其实现方式,从而使他基本的哲学观点得到更加确凿的理解。

二 濂溪学的性质

后世道学家的学术大抵可以归入道德哲学,主要特点就是论证道

---

① 忽滑天快谷在《中国禅学史》中驳斥《归元直指》关于太极图出于禅师为妄,认为只有《易》学学者与道教徒才会感兴趣,是明显不符合学术史事实的。(上海古籍出版社2002年版,第556—557页)

德教化是治国平天下的唯一正确道路，反对法治。而周敦颐虽然坚持儒学的一些主要价值，却是位法治的践行者，他的学术思想主要是一种独立的法治哲学。

周敦颐的思想首先并非出于一个学者的学术兴趣，而是出于官员的实践需要。从周敦颐一生来看，绝大多数时间都是作为司法官员的形象出现的，传统儒学表现出抵制取消法治的倾向，不利于他完成自己的司法官职责，必须在德治、人治之外寻找新的思想资源。侯外庐等主编的《宋明理学史》提示说："人们不要忘记，这位具有仙风道骨的人物，是'剪奸屠弊'的'快刀健斧'。"[1] 仙风道骨与法官形象在人们的心目中并不一致，这种说法似乎意味着周敦颐有分裂性的人格。但道、法的结合是中国思想长远的传统。司马迁《史记·老庄申韩列传》既以道、法人物"合传"，又肯定韩非"归本于黄老"。法家思想之所以以道家为本，是因为道家否定任何预设的前提，追求无条件的"公"，开启了法治的维度。陈鼓应说："道家各派莫不尚'公'，老子的'道'，本蕴含着'公'的客观精神，黄老援法入道，乃将道之为公转成法之为公提供了哲学理论的基础。"[2] 而韩非子同样很欣赏潇洒的仙风，赞赏官员"身坐于庙堂之上，而有处女子之色"，鄙视儒、墨推崇的事必躬亲的"瘃瘝"的舜、禹形象。（《韩非子·外储说左上》）这就是说，周敦颐仙翁隐者的风度与其持有的法家立场并不像人们所想象的那样矛盾，相反更显示出法治因循现实的自然无为。

由于周敦颐的学术语言过于简要、玄远，中间经过宋儒的反复改窜，其学术性质晦暗不明。本书认为，朱学对其"道学宗主"的推崇遮蔽了其法治思想维度。因此，本节首先从其生活背景出发，来进一步探明其学术实质。

---

[1] 侯外庐等主编：《宋明理学史》，人民出版社1984年版，第83页。
[2] 陈鼓应：《道家的人文精神》，中华书局2012年版，第69页。

（一）从出身来看，周敦颐是以其在司法方面的优秀表现，而开拓其官场进取之途的

周敦颐进入仕途，是由其舅父郑向把"叙例封荫"名额让给了他。但周敦颐虽由其舅父的提携而进入官场，站稳脚跟，则纯粹依靠自己在司法上的表现。据度正《年表》，周敦颐在任洪州分宁县主簿时，"分宁县有狱不决，先生至，一讯立辨。士大夫交口称之"。如果说此事使周敦颐取得"能吏"的名声，那么，下面的事情则使他具有刚正不阿的声誉。度正称："南安狱有囚，法不当死，转运使王逵欲深治之。逵苛刻，吏无敢相可否，先生独力争之。不听，则置手版，归取告身，委之而去，曰：'如此尚可仕乎！杀人以媚人，吾不为也。'逵感悟，囚得不死。"如此表现，使周敦颐在以后的仕途生涯中受益匪浅。如他升任南昌县知县时，当地人就是把他当作在分宁体现了司法公正的官员来表示欢迎的。

此后，周敦颐先后通判合州、虔州、永州等地，也说明上司对他在司法方面的才能的认可。这种履历，使他在熙宁新政中被破格提拔，显得很自然。王安石变法，意在重振法治，自然需要有一大批具有执法意愿与执法能力的官员来推动。吕公著在推荐周敦颐任广东转运判官时，称其："操行清修，才术通敏，凡所临涖，皆有治声，臣今保举，堪充刑狱钱谷繁难任使。"（《元公集》卷六《遗事》）吕的推荐成就了周敦颐一生中最后一次重要的升迁，更可以见出周敦颐真正擅长的职业才能。

（二）从周敦颐的朋友圈来看，其中的核心人物，法家风格也非常突出

蒲宗孟是周敦颐的姻亲，关系非同一般。据度正《年表》记载，蒲宗孟初见周子，相与款语连昼夜，对人感叹说："世有斯人欤！"以其妹嫁之。而蒲却是一位比较彻底的法治人物，即使在王安石变法集团中也很突出。《宋史》卷八二三本传称：吕惠卿制订"手实法"，有所变通，宗孟建议说："愿诏有司，勿以丰凶弛张其法。"《宋史》

差不多是把宗孟当作一个"酷吏"形象来塑造的，称为"法家"，无论从何种意义上都是合适的。他与周敦颐一见如故，又称周子的"为政必有能名"的专业精神，则周子之学为何学，恐怕不难判断。

至少，蒲宗孟是这样理解周敦颐的，前述周敦颐在司法方面表现的"快刀健斧"评价，就出自蒲宗孟之口。蒲宗孟在周敦颐《墓碣铭》中说："君益思以奇自名，屠奸剪弊，如快刀健斧，落手无留。"周敦颐临终在写给蒲宗孟的信中，还表现出对王安石变法的牵挂。蒲宗孟《碑碣铭》转述说："上方兴起数百年无有难能之事，将图太平天下，微才小智，苟有所长者，莫不皆获自尽，吾独不能补助万分，又不得窃须臾之生，以见尧舜礼乐之盛。今死矣，命也。"此种态度在《按部至春州》一诗也有明确的表达："万里诏音频降下，一方恩惠尽均匀。丈夫才略逢时展，仓廪皆无亟富民。"（《元公集》卷六《遗诗》）史载：王安石变法时，"遣提举官四十余辈，颁行天下"。（《宋史》卷三二七《王安石传》）

关于周敦颐与王安石的直接联系，《元公集》卷六《遗事》载："茂叔闻道甚早。王荆公为江东提点刑狱时，已号为通儒。茂叔遇之，与语连日夜。荆公退而精思，至忘寝食。"一般认为，这些都只是传说，但也说明周、王之间确有某种思想上的共通点。

（三）从周敦颐使用的语言来看，带有浓烈的传统律法语言色彩

最为典型的是周敦颐在《通书》中则反复发挥的春生秋杀、阳生阴成的话语，常见之于古代"刑法"类的书籍中。如《隋书·刑法志》"先春风以播恩，后秋霜而动宪"、《唐律疏议·卷首》"观雷电而制威刑，睹秋霜而有肃杀"之类，明显受到司法官读"律"的影响。

人们一向认为儒、法水火难容，其实，在历史上更多时间内，儒、法是互补的。韩非子所谓集法家之大成，就是融合了儒、道的结果。他本是大儒荀子的学生，在某种意义上，韩非子的学术努力可以说是为师门理想探讨一条更加切实可行的道路。如其《忠孝》一篇，

就是阐述"察孝悌忠顺之道而审行之"的道理。荀子曾任稷下学宫的祭酒，深谙黄老之学，虽然尊孔，对包括思孟学派在内的后儒则痛加驳斥，为实施刚性的礼、法扫清道路；而韩非子则直接彰显了黄老学派的思路，并由俗儒而搁置孔子，离开了儒学，但更具实用性。周敦颐的法治思想显示出由道入法的大致方向，但他鉴于俗儒对法治的抵制，在"孔孟之传"之外，别立"孔颜之传"，开拓了儒学容受黄老（通过禅学）的空间。在维护儒家道统的程度上，类似于荀子。周敦颐，乃至执政的王安石，都是"儒法互补"的类型，都有老学、禅学的修养，其哲学思路亦大体一致；与之一见如故，符合情理。

可以说，周敦颐一生以司法官员为职业，表现了非常卓越的职业才能，也非常希望在自己的职业中建功立业。因此，法治无疑是周敦颐基本的思想课题。他的哲学思考是立足于自己作为司法官的政治实践的，是为了根本性把握法治实践的本性、在更加自觉的维度上处理职业事务而展开的。他的思想主要是一个司法官员对其法治实践的反思。换言之，他不可能像一个国子监的博士或经筵讲官那样，去考虑儒学的道德教化的问题。但周敦颐的价值取向则表现出对儒学"三代之治"理想的向往，与韩非子救亡图存的富国强兵的目标有缓急之别。

三 濂溪之"道论"

那么，周敦颐是如何在一个司法官员的视角下发展韩非子的法治思想的呢？司马迁论"其归本于黄老"，并非需要特别的洞察力，事实上，韩非子有《解老》《喻老》之作，完全接受老子的哲学观点，比庄子更无保留；而其"德道经"的诠释结构也最合老子原意，为马王堆出土帛书所确证。周敦颐的法治思想的进路，大致上与韩非子相似，但通过颜子对庄学（禅学）的吸纳，心学的维度更加明确，论述更加明晰。以此，下文便不再受限于"道学宗主"的成见，在新的观点下重新探讨其思想内涵。

(一)"道"的意义

在具体的学术策略上,周敦颐以《中庸》统率《易传》,以心性论统率宇宙论。虽然这两部著作被认为是儒学经典,但与道家的思想方式亦能完全融通。陈鼓应甚至认为:"《易传》的哲学思想,属于道家,而非儒家。"[①] 果如其言,则周敦颐通过《中庸》的视角进行解释,而使之真正成为儒家的了。

1."一"与"独"

濂溪主要学术著作《通书》是从《中庸》的核心概念"诚"开始的。《中庸》有"不诚无物"的说法,濂溪直接把"诚"当作宇宙万物的本源,从而《易传》所讲的万物的生成就成了万物在人的心灵中的显现。

《通书》开章明义说:"诚者,圣人之本。'大哉乾元,万物资始',诚之源也。'乾道变化,各正性命',诚斯立矣。"即是说:"诚"是通过万物的发生来体现的,而"诚"的确立则是以万物成其所是为效验的。但濂溪提出"圣人"的概念,就意味着不是每个人都能达到"诚"的境界;在凡庸者的面前,事物往往被遮蔽,不能得到如其所是的显现。那么,如何才能掌握"圣人之本"呢?濂溪认为就在于使心灵保持在"一"的状态。他说:

> 圣可学乎?曰:可。曰:有要乎?曰:有。请闻焉。曰:一为要。一者,无欲也。无欲,则静虚动直。静虚则明,明则通;动直则公,公则溥。明通公溥,庶矣乎。

濂溪明确指出,学术的关键在于如何领会"一"的意义。"一"

[①] 陈鼓应:《易传与道家思想》,中华书局2015年版,第3页。

是超越于感性欲望而对事物进行直接的观照——因为欲望总是习惯于把事物当作一个满足自己的对象进行认识和宰制。上文大意：领会到超越性的"一"，就自然达到了不言而喻的"诚"的虚静境界，表现为对于事物的正确的理解与通达的行为，从而实现普遍性的"公"。由此理路，他的学术被后人称为"原一之旨"。可是，对于这么关键的内容，朱熹却认为"其辞义明白，不烦训解"。朱子被王阳明批为"二"（即朱熹的"格物""裂心、物为二"），对于周子之"一"有点隔膜也很自然。可是老子大讲其"一"，他却不可能不知道。

只要对中国哲学略有所知，就知周子所谓"一者，无欲也"来自老子。对《老子》第十章从哲学的角度论"一"，张岱年解释说："老子讲'为道'，于是创立一种直觉法，而主直冥会宇宙本根。'玄览'即一种直觉。"① 不过，老子之意不是"创立"，而是要求回到心灵的本来性的状态，故而说"能如婴儿乎"。"一"就是身心如一的本来性的"纯粹直觉"，即"玄览"。因为是本来性的，故而这一回复的过程就是清除外加的东西，如人的意欲、经验和知识等。在后面章节，老子更从不同的层次深化了"一"内涵：（1）"一"既是人的心灵境界，也是"道"的展开。四十二章："道生一，一生二，二生三，三生万物。"此即是说，本于"道"之"一"，能使世界万物一一呈现出来。（2）人的心灵能始终保持在这"一"的状态，万物就成其为自身。三十九章："昔之得一者，天得一以清，地得一以宁，神得一以灵，谷得一以盈，万物得一以生，侯王得一以为天下正。"（3）治理天下的最高思想境界就是"执一"。第二十二章："圣人执一为天下式。"等等。"一"即"道"，而所以要舍"道"而讲"一"，则"一"是由本体世界落实到现象世界的关键。

在老子之后，道家继续丰富和发展了"一"的观点。文子说：

---

① 转引自陈鼓应《老子今注今译》，商务印书馆2003年版，第110页。

"无形者，一之谓也。……视之不见，听之不闻，无形而有形生焉，无声而五音鸣焉，无味而五味形焉。故有生于无，实显于虚，道者一立而万物生焉。"（《原道》）等。"一"既是超越人的感觉经验而又是感觉经验之所以可能的依据。庄子的表达则更为清晰，他说："端而虚，勉而一，则可乎？……一若志，无听之以耳，而听之以心，无听之以心，而听之以气。耳止于听，心止于符，气也者，虚而待物者也。"（《人间世》）"一"就是清除特殊性，合于道的普遍性。道家的观点也为其他学派所肯定，如孔子讲"吾道一以贯之"。只是由于曾子以"忠恕"（《里仁》）实之，才与老子之"一"发生了歧异。[①] 但《中庸》虽然没有正面讲"一"，却讲了"不贰"："天地之道，可一言而尽也：其为物不贰，则其生物不测。""其"字所指即"诚"。因为前文说："诚者物之终始，不诚无物。"换言之，所谓天地之道，人只要保持"壹"的心灵境界，万物就能自然地呈现。《中庸》又以"独"来形容道："莫见乎隐，莫显乎微，故君子慎其独也。""独"，不与他物为对，在先秦哲学语境中实与"一"无异。

由荀子到韩非子，则专注于在政治、法制的领域发展。荀子提出"壹虚而静"的观点，要求"不以所已臧害所将受"（《解蔽》）。但概观荀子的思想，基本上停留在经验认识论的层面，应是濂溪批评他"元不识诚"的原因。因此，韩非超过荀子，回到老子的道论。韩非论"一"说："道无双，故曰一。是故明君贵独道之容。"（《扬权》）韩非子的理论兴趣不是很大，致力于道论在政治领域的应用，他把自己的政治理论核心概括为"用一之道"，以对老子"执一"思想的承受为起点，在政治领域推衍道家道论。

通过对由老子发端的关于"一"与"独"的思想传统的讨论，

[①] 李泽厚说，"一以贯之"这一章"非常著名而异解甚多。有的且涉神秘。关键在于何谓'一以贯之'。有的解作禅宗顿悟，秘诀心传……"（氏著《论语今读》，生活·读书·新知三联书店2008年版，第134页）另第十五章有孔子告子贡曰："汝以予为多学而识之者欤？非也……予一以贯之。"

我们理解到周敦颐的"一者，无欲也"就是克服主观意志、知识成见的偏执，达到一种与道合一的"纯粹直观"的"玄鉴"之境，从而实现普遍性的"至公"价值观。至于韩非的"用一之道"如何发展到法治，以及濂溪对此的发展，则留待后文"由道入法"加以阐述。

2. 变化与循环

濂溪关于"一"的论述是一种静态的分析，而现实的"道"则是不断地发展和变化的。濂溪关于道的现实状态的观点，是一种不断往复的循环论。

濂溪的循环论的概念，同样来自老子。老子论述自己的循环论说："有物混成，先天地生。寂兮寥兮，独立不改，周行而不殆，可以为天下母。"（《老子》第二十五章）"周行"，即循环。老子的意思是说，任何具体的事物是不可能永远不变的，发展的结果则是回到其起点，不断往复。而把握事物生成的开端，就能使自己获得应对事变的主动权，以不变应万变。故而又说："天下有始，以为天下母。既得其母，以知其子；既得其子，复守其母，没身不殆。"（《老子》第五十二章）濂溪在《读英真君丹诀》中，运用老子母、子的概念，论述道的发展以及人对万物的顺应，同样体现了循环论的观点。《太极图说》更是以"无极而太极"展开阴阳、五行，而"复"之以："五行，一阴阳也。阴阳，一太极也。太极，本无极也。"表达了同样的意思。最后归结为："原始反终，知死生之说。"万物既如此生成，又如此消逝，构成了宇宙的"创造"与"消化"，人不应以私意阻滞"造化之机"。

质实而言，宇宙乃是一个人生存于其中的宇宙；离开了人，讲什么天地万物都是没有意义的。故濂溪说："惟人也，得其秀而最灵。形既生矣，神发知矣，五性感动而善恶分，万事出矣。"但人心被蒙蔽后，事物就无法显现。以此，周子又提出了"定之以中正仁义而主静"而"立人极"。即保持心灵的虚静，回到事物发展的起点，也就回到了真理。故颜子号为"复圣"，而濂溪愿以颜子为学。

(二)"由道入法"的政治法学运用

探讨"由道到法"的关键,则是对"道"—"名"—"法"的关系做出合理的解释。"名"与"道"的关系是老子思想的重要话题,而"名学"事实上就是先秦时期因应立法活动而兴盛的;"法"是特别种类的"名"。由"道"而"名"而"法",有清晰的逻辑脉络;从老子"名"为"万物之母"到韩非子"以名为首",并提出"以法为本",其间的关联是很明显的。海德格尔说:"惟当表示物的词语已被发现之际,物才是一物。惟有这样物才存在。"[1] 从现代语言哲学以语言为事物存在的基本方式的观点来研究中国"名本论",可以更好地理解濂溪法治思想的真正意义。

1. 由"以名为首"到"拟议"

在老子思想中,"名"是万物之本源,实为"道"的另一名称。《老子》在"道论"第一章两个排比句中,"道"与"名"是可以互释的。故接着说:"无名,天地之始;有名,万物之母。"世界涌现为森然万象(自然),故"有名"必然否定"无名";但同时万物的存在是有限的(三十二章:"始制有名,名亦既有,夫亦将知止,知止可以不殆"),故"无名"解构"有名"。在此名言观下,所谓道的发展与循环,就是由无名而显现出有名,由有名而复归于无名的过程。而推动这一切的,则是作为宇宙力量之表现的人的意志力。故《老子》第一章接着又说:"故常无欲,以观其妙;常有欲,以观其徼。"事物是外在环境与人的内在意志相互作用的产物,人们可以在"无欲"与"有欲"的变换中发现事物的生成及其边界。此种观点在《乐记》中也有发挥,其内涵也更加明确。其中说:"人生而静,天之性也。感于物而动,性之欲也。物至知知,然后好恶形焉。好恶无节于内,知诱于外,不能反躬,天理灭矣。"《乐记》的上述观点源

---

[1] 海德格尔:《在通向语言的途中》,孙周兴译,商务印书馆2004年版,第152页。

于道家，前人已有论述。① 上文的意思是说，万物产生于人的意欲，也决定了其事物的时空有限性；如果不能反思事物发生的原因，被外物迷惑，善善恶恶，就走到了事物的反面。这就把哲学观转化为一种具体的人生态度。而庄子对由"一"到"名"的逻辑发展的论述，则更为具体。而在庄子看来，"一"作为事物最初的本源，也就是最纯粹的"名"与"言"。《齐物论》说："天地与我并生，万物与我为一。既已为一矣，且得有言乎？既已谓之一矣，且得无言乎？一与言为二，二与言为三……"郭象注："万物万形，同于自得，非得一也。已自一矣，理无所言。……物或不能自明其一，而以此逐彼，故谓一以正之。既谓之一，即是有言矣。……夫以一言言一，犹乃成三，况寻其支流，凡物殊称，虽有善数，莫之能纪也！"② 从物回归于道，就是由有言走向无言；由道走向物，则由无言走向有言。而"名"如何构成事物存在之本质属性的观点，在《天地》中也有所披露。其中说："泰初有无，无有无名。一之所起，有一而未形。物得以生谓之德。"德，就是事物成其为自身的本质属性，同时也就是"名"或"言"的显现。事物的本质属性与其得以显现的人的直观心灵，是一件事情的两个方面，二而一：让事物成其为自身者，即是有德；反之，障蔽事物的存在，则无德。

概而言之，老、庄学术是以文明批判为特征的，因此，虽然老子提出"有名""无名"一对辩证概念，庄子对"言"与"一"也有很深刻的阐述，但根本兴趣则在于以"无名"解构"有名"，实行"解构就是正义"的策略。而对于那些希望建立一个稳定的社会秩序的人而言，他们的名言观则侧重于以"有名"克服"无名"的一面。孔子、荀子的"正名"论就是此种企图的表现，故儒教称为"名教"；

---

① 如张岱年说："《乐记》此节受到宋代理学家的称赞，其实出于《淮南》，而《淮南》本于《文子》。"见氏著《试谈〈文子〉的年代与思想》，载陈鼓应主编《道家文化研究》第5辑，上海古籍出版社1994年版。

② 据郭庆藩《庄子集释》，中华书局1961年版，第82页。

而韩非子则由礼制发展到法制，而法律也称"名法"。名家名学在法制建设中影响很大，邓析子在"成文法"的颁布中发挥了重要的作用。但是，名家以实际应用为取向，对"名"的哲学意义兴趣不大。而韩非子以老子思想为基点，则框定了法律的最终地位。韩非论治国之道说："用一之道，以名为首，名正物定，名倚物徙。故圣人执一以静，使名自命，令事自定。"（《韩非子·扬权》）宋乾道本旧注："一谓道。可以常行古今莫二者，其唯正名乎？故曰以名为道。"①"名"，也就是"法"。在韩非看来，首先是有人提出某种"建言"；一旦被采纳并付诸实施，即为法令。因此，"以名为首"只是"以法为本"的抽象的、概括的表述。由"名本论"，法律作为某种特定"名言"，自然也就构成了其所指范围内事物的基本规范。故《韩非子·饰邪》篇中以一种不容置疑的语调说："先王以道为常，以法为本。……凡智能明通，有以则行，无以则止。"关于"名"与"法"的区别，韩非子说："民朴而禁之以名则治，世知（智）维之以刑则从。"可见，"名"只是"法"的一个更为原始的概念。②

由上述对韩非子思想的理解来看，濂溪的"拟议"与韩非子的"以名为首"，表达的是同样的意思。"拟议"即是对事物的语言学架构，而一切事物都必须置于这种语言学的架构之下，才能完成其自身的发展。濂溪《通书·拟议》说：

> 至诚则动，动则变，变则化。故曰："拟之而后言，议之而后动，拟议以成其变化。"

前面一句是《中庸》的观点，后面一句则来自《易传》，合并起

---

① 据王先慎《韩非子集解》，中华书局1998年版，第45页。
② 对于"名"、"法"同一性，后人有许多论述。近代梁启超、胡适、吕思勉等人均对名、法的同一性有所论述。参见马腾《先秦法思想之名学框架略诠》（载《北方法学》2012年第6期）其实，早在司马迁论法家，即以"专决于名"概括其特色。"专决于名"就是"专决于法"。

来的意思可以理解为，由"诚"，万物成就其自身的变化。这一过程是通过"拟议"方式实现的。"拟议"出自《易传·系辞上》，指的是圣人通过一套语言符号系统，给混沌杂多的世界建立秩序，从而促进事物的发展变化。其原文说："圣人有以见天下之赜，而拟诸其形容，象其物宜，是故谓之象。圣人有以见天下之动，而观其会通，以行其典礼，系辞焉以断其吉凶，是故谓之爻。言天下之至赜不可恶也，至动而不可乱也。拟之而后言，议之而后动，拟议以成其变化。"这是说，作为道的具体展开的人的言说与行动，必须通过对圣人以"拟议"的方式所建立的规范来进行，而圣人的"拟议"则不是阻止任何事物的发展，而是通过一种秩序的建立，从而使万事万物的全面发展成为可能。

为什么濂溪要使用"拟议"，而不使用更有学术味道的抽象"名""言"等概念呢？首先是由于《通书》是一部释《易》之作，使用的主要是《易》学的概念。其次，则"拟议"以"拟诸形容，象其物宜"，强调形象思维，突出了语言的诗性本质。在《易传》看来，《易》之作是圣人以"仰则观象于天，俯则观法于地，观鸟兽之文，与地之宜"的方式完成的，是人类诗性思维的结果。海德格尔说："人之说话之纯粹被令者乃是诗歌之所说。"[1] 即是说，只有诗歌的语言才能说出最客观的真实。在语言的发展中，由于逻辑推理的因素日益发达，语言在远离现实生活的领域中悬空延伸，往往与事实有很大的出入。故而，提倡诗性的语言，体现了语言显现事物真相的取向。在宋代，法律文本都力图表现出诗性，以致力于还原某种生活"现场"。虽然濂溪本人的作品没有流传下来，但同时代的苏轼所写作判决有些就与诗赋几乎没有区别，即是此种努力的表现。不过，即使《易传》的"拟议"也包含了对世界的主观架构的因素，在显现事物的同时也遮蔽了事物，故而以返本还原为取向的禅学批评说："拟议

---

[1] 海德格尔：《在通向语言的途中》，孙周兴译，商务印书馆2004年版，第24页。

即乖，动念即差。"濂溪对"拟议"的肯定表明其追求文明秩序的入世取向，也来自一个司法官员的职业经验——因为单凭直观行事，完全放弃推理论证，司法将无从进行。

濂溪的"拟议"与韩非子的"以名为首"的继承关系，除了上述意义上的探讨外，还可以从其司法实践来加以分析。濂溪曾抵制其上司转运史王逵枉法杀人的指令，试想，如果不是凭借《宋刑统》的法律文本，以一个不入流的小官抵制上司，是不可想象的。可见，濂溪在司法实践中，践行的也是"以法为本"的策略。

2. "势"论

学问的探究是为了找到事情真相，以便采取合适的行动。周敦颐的道论，以及通过"拟议"所架构之名言观，目的在于应用；就政治领域而言，核心问题便是通过法制控制权力。权力，古称"势"；"势"论，即关于权力控制的观点。《通书·拟议》说：

> 天下，势而已矣。势，轻重也。极重不可反。识其重而亟反之，可也。反之，力也。识不早，力不易也。力而不竞，天也。不识不力，人也。天乎？人也何尤。

濂溪"势"论中所使用的"轻重"概念，是韩非子常用的词语之一。《韩非子·喻老》解释老子"重为轻根，静为躁君"说："制在己曰重，不离位曰静。重则能使轻，静则能使躁。"并以轻、重概念说明政权的巩固与削弱。如《亡征》说："凡人主之国小而家大，权轻而臣重者，可亡也。"法治则是把权力的轻重交由法律规范："衡执（法）正而无事，轻重从而载焉。"（《饰邪》）而大臣"专制"则是"擅权威而轻重者也"（《人主》）。一旦客观性的"衡"被搁置，即不再实行法治，则"人主愈弊而大臣愈重"（《孤愤》），国家政权即面临瓦解的局面。故在《难势》篇中，韩非强调法律的重要性说："抱法处势则治，背法去势则乱。……释势委法，尧、舜户说而人辨之，不能治三家。"其实，即使违法势力也有足以形成稳定小集团的规则。否则，单个人擅权，随时会被擒杀。故而政权的势只能是法律的势，而法律则是势的法律，两者互相依存，同时消失。

由此可见，濂溪论"势"之意，即为：国家政权只是一个权力控制的问题，必须防止一切违法的行为，否则就会使权力下移。在觉察到僵化局面形成时，就要及时进行改革。改革，就是重新掌控权力。觉察越迟，改革越不易。但是，不论到了什么程度，改革都是唯一的选择；不成功，那是命运。没有觉察或是力量不够，则是人的因素。是命运，人就没有责任了。濂溪在这里论述权力，即使是专讲道德的朱熹也是予以承认的，只是他可能认为权力的控制可以通过教化来实现。然而，濂溪从头到尾都是从"力"本身的角度展开论述的，其中即使提到某种职业道德，也无关于权力控制的方式与方法。

由韩非的观点来看，法治只是"势"成其为自身而已。濂溪所谓"反之"也只能是变"法"，而非把权力直接攫取过来——这对于政权来讲也是不可能的。张居正关于"势"的论述，有助于理解上述观点。张居正说："天下之势，最患于成。成则未可以骤反。……夫吏之被讦也，以虐政毒民。然茹其毒者，恒不能讦吏，皆武断乡曲、素不畏官法者也。盗之起也，以迫于饥寒。然饥寒者，不能为盗。而为盗者，皆探丸亡命喜乱好斗者也。……故识其几而豫图潜消之，上也。"① 张居正在这里所讲之"成"是对濂溪"极重之不可反"之局面的概括。张居正更加明确地阐明了国家政权的崩溃，乃在于法制被废弃。

法制被废弃并不意味着不再存在司法现象，如张居正所谓贪官污吏与素不畏法者以法律为武器的攻讦、濂溪被人逼迫枉法杀人等，司

---

① 张居正：《杂记》，《张居正集》第三册，湖北人民出版社1994年版，第650—651页。

法现象仍然普遍地存在。所谓法制被废弃是指对少部分人讲身份等级，讲人情，讲礼让，讲下不为例，等等，对多数人则以苛法镇压之。在此情势下，司法不再作为国家治理的手段而成为国家政权的掘墓者。

四 "仁政"与"法治"

上面，通过论述濂溪与道家、法家哲学的关系，其基本的哲学观点，以法为本的观点，以及关于权力与法制的观点，确定了濂溪在中国思想格局中的位置。下面，再根据上述认知，分别从"仁政"与"法治"两方面来阐述他的具体主张，明了其"政主刑从"的法治观，以巩固上面的论点。

（一）仁政

1. 仁义观

一提起"仁政"，人们认为这是儒学的专利，不知道家、法家也讲"仁政"，只是内容不同，实现的手段也就不同。儒学所讲的"仁政"主要是从实现某种道德理想的意义上来讲的，如孟子所说："尧舜之道，孝悌而已矣。"（《告子下》）道、法讲"仁政"，则从利害着眼。韩非子在《解老》中对"仁""义"分别进行解释，在他看来，"仁"就是对个人利益诉求的肯定，事实上人人都知道追求自己的利益，统治者并不能直接赠予人民利益，只是因为人们在追求各自利益时产生冲突，对冲突进行管理，去其泰甚而已，故说"为之而无以为"。但是韩非认为，人生在世有如君臣之间之类的义务需要承担，这就是"义"。"仁"指对个体权利的肯定，"义"即义务，个体的权利只有在相应的社会环境中才能实现，故义务有其必要性。"义"是一种外在的社会性要求，需要国家力量维持，故说"为之而有以为"。韩非训"义"为"宜"，排除了其绝对性的道德形而上学，仅指某种社会义务的时代合适性，而这种合适性只能通过法律来规定，否则，"皆挟相为而不周于为己"（《韩非子·外储说左上》），君臣、父子之间就会由于对于对方道德的无限期望而产生无法控制的冲突，终至于发生"为人子者取其父之家，为人臣者取其君之国"（《韩非子·忠孝》）之事。

对比"仁政"之内容，濂溪显然更接近道、法的精神脉络，而非孟子之儒。濂溪《通书·顺化》说：

> 天以阳生万物，以阴成万物。生，仁也；成，义也。故圣人在上，以仁育万物，以义正万民。天道行而万物顺，圣德修而万民化。大顺大化，不见其迹，莫知其然之谓神。故天下之众，本在一人。道岂远乎哉！术岂多乎哉！

"不见其迹，莫知其然"的"大顺大化"，显然是"无以为"之"仁"。"仁"是"义"的主脑，"义"是"仁"的成就。"义"作为一种外在性的社会要求，以"有以为"来维护，濂溪在论《刑》一章中主张"政以养民，刑以肃之"，提出实现"义"之具体路径。故与韩非一样，濂溪主张法治。自然，儒者以建设一个理想的道德社会为目标，发现或发明一套道德说辞，对人民进行教化，为濂溪所不能接受。他论"治"说：

> 十室之邑，人人提耳而教且不及，况天下之广、兆民之众哉！曰：纯其心而已矣。心纯则贤才辅，贤才辅则天下治。纯心要矣，用贤急矣。（《通书·治》）

此处所谓"纯其心"，是讲纯统治者之心，而非纯百姓之心。百姓之心自然纯净，不须再纯；相反，根据老子"以百姓心为心"（《老子》第四十九章），纯心要以百姓之心为目标。而且前面明明讲教化十户人家的村落都不可能，教化天下就更不可能，而后面讲纯心、用贤的主语都是作为政权符号的君主。濂溪在此所述的"纯心"，也即前述之"一"的境界。濂溪以自己的司法职业追求表明，"贤才"就是韩非式之"贤者勑其才"之类专业才能。朱熹以"贤才"为道德教化之才，君主教不过来，就用贤人从事，显然不合文义。

2. 身本论

濂溪所讲的"仁政"所带给人民的利益，也是一种基于老子的"身本论"而来的肯定人的生存需要的实际利益，而非某种抽象道德境界的纯粹精神"受用"。老子在提出"贵以身为天下，若可寄天下"（《老子》第十三章）的观点后，即提出其具体展开路径："修之于身，其德乃真；修之于家，其德乃余；修之于乡，其德乃长；修之于邦，其德乃丰；修之于天下，其德乃普。"（《老子》第五十四章）林希逸注："即吾一身而可以观他人之身，即吾一家而可以观他人之家，即吾一乡而可以观他人之乡。"濂溪"观身"的观点，显然是从此而来的。其论《易·家人》说：

> 治天下有本，身之谓也；治天下有则，家之谓也。本必端，诚心而已。则必善；善则，和亲而已。……是治天下观于家，治家观身而已矣。身端，心诚之谓也。诚心，复其不善之动而已矣。（《通书·家人睽复无妄》）

从濂溪论"富贵"以"君子以道充为贵，身安为富，故常泰无不足"中，可以看出其中"身本"的意义。而从濂溪提出的"仁政"的具体内容来看，更可以发现他吸收与发展道家思想的直接证据。庄子有句名言说："道之真以治身，其绪余以为国家，其土苴以治天下。"（《让王》）道家政治哲学是身体养生学向社会领域的扩展而已，与儒学的道德路径不同。

（二）法治

1."刑"法的意义

在涉及制度论述的传统话语中，人们总是"刑""政"并举，以对应于道德教化的"礼""乐"。如孔子说："道之以政，齐之以刑，民免而无耻。道之以德，齐之以礼，有耻且格。"（《论语·为政》）而在日常谈论中，"法"与"刑"常常混用，但并不一定只指刑法。在法学家中因之谬种流传，认为中国古代只有刑法或以刑法为中心。[①]事实上，中国古代的行政法规，如"职官表"之类；经济法规，如"会计录"之类，以及综合性的"会典"等，一般虽不称"法"，都是货真价实的法律规范。这都属于"导之以政"的内容。换言之，在中国古代法律包含了"政""刑"两方面，单称法律为"刑"，可能只是为了突出法的强制性的一面。由于与西方文明不同，中国很少有官方发布的"私法"，其功能主要由官府通过支持一些地方性的民间习惯法之类规范的方式来实现，因此，中国古代法律基本上属于"公法"范畴，其强制性的特点也就非常突出，是其混称为"刑"的原因。据韦伯（Max Weber）所言："任何公权力通常都包括惩罚的力量……以不利于对方的威吓手段来令其屈服……在这一点上，'公法'直接触及'刑法'。"[②]如此说来，中国古代法制与其他文明并无根本不同，只是侧重从社会利益的立场来处理问题而已。上述的澄清，有利于全面理解濂溪的法治思想。在《通书·刑》中，濂溪说：

> 天以春生万物，止之以秋。物之生也，既成矣，不止则过

[①] 认为中国古代只有刑法的观点，不符实际。如韩非论述典衣、典冠的事例：典衣、典冠的职责规范属于"政"，而"越官则死，不当则罪"则是"刑"，就都是法。事实上，韩非所谓"循名责实"之"名"主要指官员的职责规范、政策建言，而不是指刑法；王安石"变法"基本不涉及《宋刑统》，说明刑法也不是国家法制的重心。

[②] 韦伯著：《法律社会学》，康乐等译，广西师范大学出版社2011年版，第21—22页。

焉，故得秋以成。圣人之法天，以政养万民，肃之以刑。民之盛也，欲动情胜，利害相攻，不止则贼灭无伦焉，故得刑以治。

对于濂溪在这里所讲的思想，朱熹看出是对《通书·顺化》一章的发挥。就是说，政、刑是仁、义内容在法制中的落实。儒者以道德教化作为政治之本，推崇的是"无讼"的理想，以能够取消刑、政为教化的效验。而濂溪则不然，肯定刑、政为实现仁义的具体实现方式，具有不容置疑的必要性：以某种社会利益为目标的法制设计，必须通过强制性的手段来保证其实施。相对于礼治的"德主刑辅"，此种观点可以称之为"政主刑从"。

2. 司法的地位

韩非子以给婴儿治病来比喻法治，认为这是"犯其所小苦，致其所大利也"（《韩非子·显学》）。刑罚是以消极的方式实现积极的仁爱，非常重要。《通书·刑》继续说：

情伪微暧，其变千状。苟非中正明达果断者，不能治也。《讼卦》曰"利见大人"，以刚得中也。《噬嗑》曰："利用狱"，以动而明也。呜呼！天下之广，主刑者，民之司命也，任用可不慎乎！

士大夫主流意识蔑称专业性司法官员为"刀笔吏""刑名家"之类，仅仅只比"讼师"稍微高一点，是不入流的职位，尽可能逃避之。但在濂溪看来，因为"肃之以刑"有促成"政以养民"的重大意义，所以应当选拔优秀的人才来担任。

五　小结

王阳明说："事即道，道即事。"反对官员"离了簿书讼狱，悬空去讲学";又以"簿书曾屑乘田吏"赞扬濂溪①,可谓深得濂溪学之精神。周敦颐亦有一般儒者"三代之治"的理想("见尧舜礼乐之盛"),然而实现此一理想非按载籍所言,恢复"井田""封建",更不是从抽象的道德理念推导出一套理论体系,一一落实于具体的政治实践中,而是通过做好身为宋朝一个司法官的职责而体现之。换言之,周敦颐始终作为一个恪尽职守的司法官而行动,而思想。他的学术思考只是为其法治实践建立某种哲理的依据,以统揽全局。

北宋中期,社会经济繁荣,利益冲突渐趋激化。周敦颐以其司法官员的身份,处于时代生活之前沿,具有顺应时代潮流的倾向。《通书》以"蒙艮"作为结束章,体现的是"时中"境界,即表明了其态度。在周敦颐看来,顺应时代的发展,关键在于以一种包容万有的胸怀,平等地对待一切利益诉求。故而说:"天地至公而已矣。"濂溪的"至公"观认为,世界上并无绝对的善、恶,善恶的概念是后天的:"诚无为,几善恶。"如相对于农夫的耕作而言,禾苗是善,草是恶;但从生态环境而言,善、恶也许就要易位。故"周茂叔不除窗前草"被后学反复称赏,成为其人格风范的标志。不过,周敦颐虽然具有完整的法治思想,但不同于韩非对儒家的礼乐采取完全排斥的态度,也予以正面评价。显然,他认识到法治并不是孤立的,而是在更加广阔的社会环境中进行的。

周敦颐的主要著作《通书》,以《中庸》统摄《易传》,以心性论统摄宇宙论,一方面是对《连山易》的继承,另一方面则是对时代学术潮流的某种顺应。在当时,禅学虽然号称融合世出世间,但毕竟以出世之学为主,因而学术转向儒学入世的路径已经到来。在《太极图说》中,周敦颐试图建构一个具体的宇宙生成图像,以之作为顺应时代变化的指南。不过,他的体系实际只是一套无实质内容的运算规则。正如冯友兰称《易经》为"宇宙代数学"一样。在当事者设立

---

① 王守仁:《王阳明全集》,上海古籍出版社1992年版,第10、95、687页。

某一目标之后，通过对其内部力量与环境因素的加减乘除，以预测可能的结果，并规划行动的方式。与形而上学体系被一次性地给予的（上帝一次性创造的）定量世界不同，周敦颐的世界图像是一个人类自身参与其中的变量。

周敦颐作为"道学宗主"的地位，不在于他特别地突出了传统儒学的门户立场，相反，在他表现了广泛的包容性。他响应了大宋王朝"火德应运"的神话传说，阐述了《连山易》的"艮止"精神，并把佛、儒、道三教的哲学精髓融合为一，用儒学的一套话语加以表达，有效运用于自己的职业生涯中，显示了精深的学术功底。

周敦颐思想体现了湖湘古代哲学的"践履"精神，他的哲学思考本来就只是为其政治实践探讨一种学理的依据。他给人的印象亦非道学家惯常的冷峻，而是一种洒脱的人格风范。黄庭坚以"光风霁月"描写之，颇为中肯。周敦颐传予程氏兄弟者，主要也是一种审美风尚："明道自再见周子，吟风弄月以归。"[1] 千古圣贤学脉尽在不言中，唯见风清月朗而已。

---

[1] 胡宏：《周子通书序》，《胡宏集》，中华书局2009年版，第161—162页。

第七章　湖湘学派与朱熹

一　引言

周敦颐晚年隐居庐山，又从未开坛讲学，甚少门徒。在二程旁系后学胡安国一家来湘以前，湖湘哲学精神总体上处于潜伏和自发状态中，不太为人所知。期间，晚年隐居衡山的赵抃，则堪称濂溪在本地唯一之直系学脉。赵抃（1008—1084）字阅道，浙江衢州人。官至参政，谥"清献"。赵抃号称"铁面御史"，由于听信谗言，与周敦颐初次在川中相遇时，十分冷淡，后来熟知其为人，虚心从学。赵抃向往衡山之胜，举家迁居于此。赵抃学术完全入于禅学，司马光论其为学经历说："清献公赵抃居士，字阅道。年四十余，摈去声色，系心宗教。会佛慧来居衡之南禅，公日亲之，慧未尝容措一词。后典青州，政事之余，多宴坐。忽大雷震惊，即契悟，作偈曰：默坐公堂虚隐几，心源不动湛如水。一声霹雳顶门开，唤起从前自家底。慧闻笑曰：赵阅道撞彩耳。"[1] 朱熹评论说："赵清献公晚知濂溪先生甚深，而先生所以告之者亦甚悉……而公于佛学盖没身焉，何邪？"[2] 但对其人品非常崇仰："独恨三亭芜没，不得追寻，晚步遗迹，不胜高山

---

[1] 司马光：《赵清献公传》，《南岳志》卷10《前献一》，岳麓书社2013年版，第355页。"衡之南禅"之"衡"，他书作"衢"，较为合理。

[2] 黄宗羲原著，全祖望补修：《宋元学案》卷12《濂溪学案》下，中华书局1986年版，第531页。

仰止之叹。"① 衡山有"赵清献书院",在王阳明心学推崇周敦颐之前,他在衡山的地位甚至在周之上。从赵抃的人生志趣来看,他选择隐居衡山,应当是向往这里的禅学。但是由于他并无重要著作传世,不太为人重视。其孙赵方(? —1221)中淳熙八年(1181)进士,投入张栻门下,方子赵葵、赵宦俱为显宦,然其学无传。

胡安国一家于宋高宗绍兴三年(1133)正式迁湘,从此世居于此,讲学传道,故其学称"湖南学"。(宋朝在唐湖南观察使管辖区域设"荆湖南路",仍简称"湖南")胡安国(1074—1138)字康侯,福建崇安人,于宋哲宗绍圣四年(1097)成进士,官到宝文阁直学士等,谥"文定"。胡安国在京师游学期间,正值程氏学盛行,接触了许多程门学者,大致可称杨时(龟山,1053—1135)门人。胡安国在徽宗崇宁五年(1106)任湖南提学,在此地有一定的"人脉",是他选择湖南的一个重要原因。胡安国及其子胡寅(致堂,1098—1156)、胡宏(五峰,1105—1161)是胡氏学的主要学者,从学子弟颇多。《宋元学案》称:"五峰不满其兄之学,故致堂之传不广。"② 胡氏学的主要哲学著作为胡安国的《春秋传》、胡宏的《知言》等。胡宏亦曾亲见杨时。胡宏季子胡大时(季随,约1149—1210)是湖湘学派的后期领袖,与朱熹、陆九渊均有来往,主要著作《湖南答问》,以阐述家学为己任。胡氏入湘,奠定了湖湘学派的基础。对于胡安国一家迁湘的原因,朱熹说:"向见籍溪(胡安国侄子胡宪,朱熹之师)说,文定当建炎间,兵戈扰攘,寓荆门,拟迁居。适湘中有两士人协力具舟楫,往迎文定,其一人乃黎才翁。文定始亦有迟疑之意,及至湘中,则舍宇动用,便利如归,处之极安。又闻范丈说,文定得碧泉,甚爱之。《有本亭记》所谓'命门弟子往问津

---

① 朱熹:《跋赵清献公遗帙》,《南岳志》卷17《前献一》,岳麓书社2013年版,第547页。
② 黄宗羲原著,全祖望补修:《宋元学案》第2册,中华书局1986年版,第1340—1341页。

焉',即才翁也。"① 又称南迁是受到侯师圣的指授:"文定本居籍溪,恐当其冲,世乱或不免,遂去居湖北。侯师圣令其迁,谓乱当作,乃迁衡岳山下。"②

不过,朱熹反复强调安全原因,反倒让人起疑。换言之,胡氏一家南来,也受到张浚的影响,其原因与赵抃相同。从胡氏后来与南岳僧人的关系来看,也可以得出这样的结论。张氏在胡安国来湘之前,先在宁乡沩山附近定居,故胡安国先到宁乡,后来由于各种原因才迁往湘潭衡山下的。胡氏自己的诗文则直接表达了此地在古代作为"神仙洞府"的魅力。胡宏在咏碧泉的诗中,赞美南岳风光说:

祝融地势东南俯,西北星辰拱汉关。冷落山河凭玉几,凋残名物损朱颜。西风凛凛鹏空搏,朔雪飘飘雁亦寒。正恐中原消息断,问谁曾到五陵间。

云日韬光山水幽,亭亭风送雁来秋。当时被袯千华好,今日登临万叶愁。刻蜡桂香环远路,缕金莲色乱方舟。丹青妙处身知在,不作浮鸥信浪流。③

在另一首诗中,胡宏称碧泉为神仙洞府:

为无经济学,万里筑幽栖。波涨青冥阔,柳垂春色低。烟花薰小院,风竹掩丹梯。便是神仙宅,世人应未迷。④

胡氏对此地风俗人情之美的向往,曾经深深地影响了明代陈献

---

① 黎靖德编:《朱子语类》,岳麓书社1997年版,第2321页。
② 同上书,第2334页。
③ 胡宏:《碧泉九日有感》,《胡宏集》,中华书局2009年版,第64页。
④ 胡宏:《书院即事》,《胡宏集》,第67页。

章,后"遣人往衡山问彼田里风俗"①,欲终老于此。

在优良的自然人文情境中,胡氏之学蓬勃发展。除胡氏家族之外,以胡宏门人张栻为优。张栻(1133—1180)字敬夫,又字钦夫,号南轩,张浚之子,是一位贵公子。张栻师从胡宏,与朱熹讲学,名声籍甚,惜其年寿不足。朱熹所论的"湖湘之学",主要是指胡宏、张栻的学术。

学术界对胡宏的学术评价不高,一般的哲学史著作都不予讨论。只有牟宗三在《心体与性体》一书中极力推崇五峰之学为"性学",可与程朱之"理学"、陆王之"心学"并列为三。不过,朱熹称胡氏之学有多种名称"湖南一派""湖南学""湖湘学者"等,根本就没有地方文化的含义,大意不过是说居住在湖湘奉胡氏为宗的一批学者而已。

但是,由于"湖湘学派"深受湖湘本土文化的影响,与周敦颐的思路更为接近,却是不争的事实。本章从"湖湘学派"与本地文化交流的事实入手以确定"湖湘学派"的思想内涵,探讨其与朱子学的分歧,以明湖湘哲学演变的大势。

二 湖湘道统的重新确认

"湖湘学派"的主要学者都是外地人,虽然如今学术界对他们在湖湘文化中的地位看涨,但由于在某些学者的心目之中,湖湘哲学就是由他们凭空创造的,对他们与湖湘地方传统的关系的探讨基本上付之阙如,不能不说是一个很大的遗憾。在本书的视角下,"湖湘学派"作为湖湘古代哲学发展的一个阶段,首先是它与本地思想遗产的关系,从儒学来说,首先就是他们与周敦颐思想的关系。

很多学者认为,周敦颐的地位是朱熹推高的。这是不符合历史事

---

① 陈献章:《与湛民泽》第10书,《陈献章集》,中华书局1987年版,第193页。

实的,最初整理并推崇周敦颐思想学术达到"道学宗主"地位的,是湖湘学派的学者,朱熹只是推波助澜而已。湖湘学派对周敦颐思想的继承与发展的过程,可以分为三个阶段:

(一) 整理刻印周敦颐著作

周敦颐的著作简要高深,又与王安石集团有这样那样的关系,颇为道学集团所冷落。即二程亦从未自居于濂溪弟子之列,提到周敦颐时也不太恭顺,讽之以"穷禅客";自称其核心概念"天理""是自家体贴出来的"。何况世代已远的胡安国?胡宏对周敦颐的推崇亦只出于乡邦之谊,以二程曾问学于周氏,遂刻印周敦颐的著作,并表扬濂溪启发二程的思想意义。此外,胡宏对周敦颐的"志伊学颜"特色命题还是肯定的,表明向湖湘学术过渡的特点。《周子通书序》说:

> 程明道先生尝谓门弟子曰:"昔受学于周子,令寻仲尼、颜子所乐者何事。"而明道先生自再见周子,吟风弄月以归,道学之士皆谓程颢氏续孟子不传之学……今周子启程氏兄弟以不传之学,一回万古之光明……其功盖在孔、孟之间矣。……
>
> (濂溪)患人以发策决科,荣身肥家,希世取宠为事也,则曰:志伊尹之所志。患人以知识闻见为得而自尽,不待贾而沽也,则曰:学颜回之所学。……然后知《通书》之言包括至大,而圣门之事业无穷矣。①

胡宏虽然推崇周敦颐,但也可以看出,这种推崇是很有限的。他在《简彪汉明》一诗中叙述道统说:"近得程夫子,一线通天泉。荡涤净尘垢,逸驾真无前。"② 只尊二程,不提周敦颐。这种情况,在张

---

① 胡宏:《周子通书序》,《胡宏集》,第161页。
② 胡宏:《简彪汉明》,《胡宏集》,第50页。

栻那里却发生了彻底的改变。

（二）以周敦颐为中心建立学统

（1）张栻在胡宏整理周敦颐著作的基础上，推高周敦颐的学术地位。乾道九年（1173）南剑州尤溪县学修"传心之阁"，绘周敦颐与二程之像供奉其中，朱熹命名，张栻为之作"铭文"。在此，张栻提出了一个新的"道统"，始在周敦颐与二程之间不分伯仲："某窃惟念：自孟子没，圣学失传，历世久远，其间儒者非不知尊孔孟而诵《六经》，至考其所得，则不越于诂训文义之间而已。于圣人之心所以本诸天地而措诸天下与来世者，盖鲜克涉其藩，而况睹其大全者哉！惟三先生生乎千载之后，乃能考诸遗经，而得其不传之妙，以相授受，然后《六经》之言，群圣之心，全体大用，晦而复明，如日之中，万物皆睹。呜呼盛矣！"① 这个道统是以"不传之妙"为特点，超越于语言文字之外。淳熙五年（1178），朱熹在南康修建濂溪祠，张栻对上述说法作了补充，则进一步确立周敦颐的"宗主"地位：

> 自秦汉以来，言治者汩于五伯功利之习，求道者沦于异端空虚之说，而于先王发政施仁之实，圣人天理人伦之教，莫克推寻而讲明之。故言治者若无预于学，而求道者反不涉于事。孔孟之书仅传，而学者莫得其门而入，生民不克睹乎三代之盛，可胜叹哉！惟先生崛起于千载之后，独得微旨于残篇断简之中，推本太极，及乎阴阳五行之流布，人物之所以生化，于是知人之为至灵，而性之为至善，万理有其宗，万物循其则，举而措之，则可见先生之所以为治者，皆非私知之所出，孔孟之意于以复明。至于二程先生，则又推而极之，凡圣人之所以教人与学者之所以用

---

① 张栻:《南剑州尤溪县学传心阁铭》，《张栻集》，岳麓书社2010年版，第834—835页。标点有调整。

工，本末始终，精析该备。于是五伯功利之习无以乱其正，异端空虚之说无以申其诬，求道者有其序，而言治者有所本。其有功于圣门而流泽于后世，顾不大矣哉！①

上述道统论述以周敦颐为宋儒之宗，下开王阳明道统论述的先河。王阳明"颜子没而圣学亡。……又二千余年而周程续"②，与上述观点如出一辙。而《传习录》卷二有名的"王道熄，而霸术焻"一段议论，也明显是袭取上段文字而来；但王阳明主攻的是儒学袭取了"霸术"的思想方式（朱子学的知识论），又不如"霸术"真有点实用。

张栻又作《希颜录》，继承周敦颐以"孔—颜"取代"孔—孟"道统认知，亦下开阳明心学"颜子论述"之端。③ 张栻认为，颜子的思想至宋而大明："逮夫本朝，濂溪周先生、横渠张先生出，始能明其心，而二程先生则又尽发其大全。于是孔子之所以授于颜子，颜子之所以学乎孔子，与学者之所当从事乎颜子者，深切著明，而无隐于来世者矣。"④ 此书收录有关颜子评论，其初只限于儒书，在胡宏的建议下，录入庄子之言。⑤

同时，张栻写作各种"祠记""序跋"专文推崇阐明濂溪学。大致计有：

---

① 张栻：《南康军新立濂溪祠记》，《张栻集》，第582页。
② 王守仁：《别湛甘泉序》，《王阳明全集》，上海古籍出版社1992年版，第231页。
③ 阳明心学兴盛之后，颜子话题更为流行，有《颜子鼎编》《颜子绎》之类著作刻印。四库馆臣称其"姚江末派借颜子以阐禅宗"，慨叹"颜子之学为异端所假借久矣"。编颜子书，始于南轩。
④ 张栻：《跋希颜录》，《张栻集》，第811页。
⑤ 张栻说："某顷年编《希颜录》，如《庄子》等诸书所载颜子事多削去。先生（胡宏）以书抵某云：'其它诸说亦须玩味，于未精当中求精当，不可便容易指以为非而削之也。'此事是终身事，天地日月长久，今十有二年矣，愈觉斯言之有味，愿吾友深体之。"（《答胡季随》第5书，《张栻集》，第727页）胡宏的建议与胡安国的学术态度有明显的关联。胡安国的《春秋传》卷首《述纲领》一文中就引用庄子评《春秋》之言。

《永州州学周先生祠堂记》（绍兴二十八年，1158）
《南剑州尤溪县学传心阁铭》（乾道九年，1173）
《邵州复旧学记》（淳熙元年，1174）
《濂溪周先生祠堂记（韶州）》（淳熙二年，1175）
《三先生祠记》（淳熙二年，1175）
《道州重建濂溪周先生祠堂记》（淳熙五年，1178）
《南康军新立濂溪祠记》（淳熙五年，1178）
《通书后跋》（乾道五年，1169）
《跋濂溪先生帖》（约1174）
《太极解义》（乾道八年，1172）
《南轩文集并语录答问》
《希颜录》（初作于绍兴二十九年，1159）（以上见《张栻集》）
《广东宪司生祠记》（淳熙二年，1175）
《太极图解序》
《太极图解后序》
《濂溪先生》（以上见《元公周先生濂溪集》）

在上述文章中，张栻有意颠覆周敦颐因二程而被尊崇的成见，而以周敦颐为道学的真正开创者。在"传心之阁"的铭文中，张栻对宋学的道统即作如此表述："惟子周子，崛起千载。熟探其源，以识其大。立象尽意，阐幽明微。圣学有传，不曰在兹！惟二程子，实嗣其徽，既自得之，又光大之。"等。由于湖湘学派的大力推崇，濂溪学在当时渐趋流行。《南康军新立濂溪祠记》："近岁以来，先生之书遍天下，士知尊敬讲习者寝多。"①

（2）同时，张栻重新诠释了周敦颐的哲学思想，进一步阐述了心本论的宇宙观。从周敦颐太极图的组成元素来看，明显地取自禅宗对

---

① 张栻：《南康军新立濂溪祠记》，《张栻集》，第582页。

《周易》的诠释。① 张栻对此一思路心领神会，因此，继续大力拓展《太极图说》与《通书》之间互释的通道，使周敦颐的宇宙图像更加明确地建立在以"诚"为中心的心本论基础上。

而这，又是在胡宏心性论的基础上进行的。不同于周敦颐以"太极"作为万物的本源，胡宏直接以"性"为本源。他对性加以定义说："大哉性乎！万理具焉，天地由此而立矣。世儒之所言性者，类指一理而言之尔，未有见天命之全体者也。"② 此性即万物的本体，即万物之所以成其为自身的原因。通常所说的"性"是指事物的属性，如犬、马之"性"，指犬、马相对于牛、羊有何特点。在胡宏看来，程氏"道外无物，物外无道"即可以化作"性外无物，物外无性"。"形而在上者谓之性，形而在下者谓之物。性有大体，人尽之矣。一人之性，万物备之矣。论其体，则浑沦乎天地，博浃于万物，虽圣人，无得而名焉；论其生，则散而万殊，善恶吉凶百行俱载，不可掩遏。"③ 然而，人无两心，道、名是一。胡宏说：

> 天地，圣人之父母；圣人，天地之子也。有父母则有子矣，有子则有父母矣，此万物之所以著见、道之所以名也。非圣人能名道也，有此道则有此名也。圣人指明其体曰性，指明其用曰心。性不能不动，动则心矣。圣人传心，教天下以仁。④

天下归仁，名相显现为其自身，即道。现象即本体。其中的比喻出于《老子》书中的"母、子"之喻，周敦颐"丹道"之论。不过，在这里不是很恰当，故启朱、张之疑。但胡宏论名非外而是"自名"

---

① 对此一问题的详细论述，可以参见印顺《中国禅宗史》，中华书局 2010 年版，第 392 页。
② 胡宏：《知言·一气》，《胡宏集》，第 28 页。
③ 胡宏：《释疑孟·辨》，《胡宏集》，第 319 页。
④ 转引自朱熹《胡子知言疑义》，《胡宏集》，中华书局 2009 年版，第 336 页。为朱熹、张栻所删除者。

的观点，颇合《说文》所释"名"之本义。

在胡宏的"道外无物"（性外无物）之后，张栻复提周敦颐的外在宇宙图像，阐明"物外无道"（物外无性）的道理。他论濂溪学的意义并诠释太极、无极之义说：

> 太极所以形性之妙也，性不能不动，太极所以明动静之蕴也。极乃枢极之义，圣人于《易》特明太极二字，盖示人以根抵，其义微矣。若只曰性而不曰太极，则只去未发上认之，不见功用。曰太极，则性之妙都见矣。体用一源，显微无间，其太极之蕴欤！所谓"太极天地之性"，语意亦未圆，不若云天地亦形而下者，一本于太极。又曰"惟其有太极，故生生不穷"，夫生生不穷，固太极之道然也。所云"一阴一阳之谓道，继之者善也"，不若云有太极则有两仪，生生而不穷焉。言其如此则曰性，言其如此则曰太极，似亦不必如此说。又曰"惟天地及人具此大本"，亦有病。人仁则太极立，而天地之大，万物之多，皆吾分内耳。①

观张栻所改，太极的内在性的维度更加明晰。最后一句分明是陆九渊"宇宙内事乃己分内事，己分内事乃宇宙内事""宇宙便是吾心，吾心便是宇宙"之所本。张栻反复强调事物之"理""岂在外乎"，世界万物是作为人的存在世界整体的组成部分的显现，各在这整体性中之地位而有其意义，而非人的认知所设定的那样，是一个外在于人的绝对性道理。张栻又进一步解释了"无极"的意义，无极是指人的本心（诚）的无方所：

> 所谓无极者，非谓太极（本作"无极"，据文义改）之上复

---

① 张栻：《答吴晦叔》第 1 书，《张栻集》，第 668 页。

有所谓无极也。太极本无极，故谓之至静。而至静之中，万有森然，此天命之所以无穷，而至诚之所以无息也。①

早在邵雍（1011—1077）即明确以太极为心极，因此，胡宏、张栻之类的解读，并不显得如何标新立异。邵雍说："心为太极，日道为太极。"② 在张栻之后，更形成了《太极图》心学诠释的"共识"。杨万里（1127—1206）之"心易"、杨简（1141—1246）之"己易"，就是此一思潮的代表性作品。在此思想前提之下，真德秀（1178—1235）遂能对《太极图说》做出更加成熟的解读：

> 周子因群圣之已言而推其所未言者，于《图》发无极、二五之妙，于《书》阐诚源诚立之指。昔也太极自为太极，今知吾身自有太极矣。昔也乾元自为乾元，今知吾心即乾元矣。有一性则有五常，有五常则有百善，循源而流，不假人力，道之全体，焕然复明者，周子之功也。③

周敦颐重塑了宋明儒学的新形态，开启了宋明儒学的新时代，被称为"道学之祖"，绝非浪得虚名。而张栻对此一事实的认知，使他自然成为道统的当代担纲者。

在此一诠释的基础上，张栻论"道学之源"即归本于周子，而不是二程，就有了充分的根据。张栻说：

> 二程先生道学之传，发于濂溪周子。而太极图乃濂溪自得之妙，盖以手授二程先生者。……《通书》之说，大抵皆发明此

---

① 张栻：《南轩文集并语录答问》，载《元公濂溪周先生集》，第 37 页。
② 邵雍：《观物外篇下之中》，《邵雍集》，中华书局 2010 年版，第 152 页。
③ 真德秀：《韩周二先生祠记》，载《元公濂溪周先生集》，第 195 页。标点有所调整。

意。故其首章曰："诚者圣人之本，大哉乾元，万物资始，诚之源也。乾道变化，各正性命，诚斯立焉。"夫曰圣人之本，诚之源者，盖深明万化之一源也，以见圣人之精蕴。此即《易》之所谓密，《中庸》之所谓无声无臭者也。至于乾道变化，各正性命，则是本体之流行发见者，故曰诚斯立焉。其篇云五行、阴阳、太极，四时运行，万物终始，混兮辟兮，其无穷兮，道学之源，实出乎此。①

所谓"濂溪自得之妙"，乃指濂溪自得本心。程门弟子务内而遗外，只知袖手谈心性，全不论天下之兴亡，故张栻以周子铺陈"本体之流行发见"者救之。

（3）由此本体的确立，张栻设计了具体的修炼"程序"。胡宏曾经探讨过此事。他据"艮止"之义论述修炼的难点及其用力之"纲要"说："情一流则难遏，气一动则难平。流而后遏，动而后平，是以难也。察而养之于未流，则不至于用遏矣；察而养之于未动，则不至于用平矣。是故察之有素，则虽婴于物而不惑；养之有素，则虽激于物而不悖。《易》曰：'艮其背，不获其身；行其庭，不见其人。无咎'此之谓也。"② 这种说法过于混沌。张栻在《艮斋铭》中对此作了比较具体的论述，使人易于遵循。铭文说：

> 物之感人，其端无穷。人为物诱，欲动乎中。不有反躬，殆灭天理。圣昭厥猷，在知所止。天心粹然，道义俱全。易曰至善，万化之源。人所固存，曷自违之。求之有道，夫何远而。四端之著，我则察之。岂惟虑思，躬以达之。工深力到，大体可明。匪由外铄，如春发生。知既至矣，必由其知。造次克念，战

---

① 张栻：《太极图解序》，载《元公濂溪周先生集》，第9页。
② 胡宏：《知言·一气》，《胡宏集》，第28页。

兢自持。事物虽众，各循其则。其则匪他，吾性之德。动静以时，光明笃实。艮止之妙，于斯为得。①

对修炼"艮止"境界之具体程序的阐发，使湖湘学派更加实在地行走在湖湘学术传统的大道上。

由于此种修炼直接为《大学》"止至善"提供了具体进路，朱熹对此亦非常欣赏。他说："去冬，走湖湘，讲论之益不少。然此事需是自做工夫，于日用间行住坐卧自有见处，然后从此操存，以至于极，方为己物尔。敬夫所作《艮斋铭》便是做工夫的节次。近日相与考证古圣所传，门庭建立此个宗旨相与守之。"②又在《与何叔京书》中说："向来妄论持敬之说，亦不自记其云何。但因其良心发见之微，猛省提撕，使心不昧，则是做工夫的本领。本领既立，自然下学而上达矣。……近因反求未得个安稳处，却始知此未免支离。如所谓因诸公以求程氏，因程氏以求圣人，是隔几重公案。曷若默会诸心，以立其本，而其言之得失自不能逃吾之鉴耶？钦夫之学所以超脱自在，见得分明，不为言句所桎梏，只为合下入处亲切。"③

不过，朱熹坚持一段时间后，放弃了此一路数，而宗朱者则断定其为"异学"。牟宗三评论说："殊不知朱子本已攀援此路而走不上耳。走不上，即为异学乎？"④

（三）湖湘学派式微之因

据牟宗三说，胡宏虽然在道学学派中有独特之创见，惜其门下无得力人物，张栻学力薄弱，完全跟着朱熹的脚跟转，湖湘学派亦因之

---

① 张栻：《艮斋铭》，《张栻集》，岳麓书社2010年版，第831页。
② 朱熹：《答程允夫》，《朱子全书》第22册，上海古籍出版社、安徽教育出版社2002年版，第1871页。
③ 朱熹：《答何叔京》，同上书，第1822页。
④ 牟宗三：《心体与性体》下册，上海古籍出版社1999年版，第119页。

渐失其传。① 此论未免过于低看了张栻。但是，湖湘学派一再丧失自我立场，听凭朱熹对自家学术文献进行删改，则是其迅速走向式微的一个重要因素。

朱熹（晦庵，1130—1200），福建南剑州尤溪县（福建南平）人，与胡安国一家本是同乡，又与安国之侄胡宪有师生关系，故有"朱张会讲"。朱熹与张栻初会于宋孝宗兴隆元年（1163），第二年，张栻之父张浚去世，朱熹前往吊唁，张栻送朱熹数本新刻《知言》。乾道三年（1167），张栻主持岳麓书院，朱熹从福建老家赶来"论学"，两月有余。《长沙府岳麓志》记："朱、张两大儒同集此地，后先主教，学徒千余，舆马之众，至饮池水立竭，一时有潇湘洙泗之目焉。"在张栻身后，朱熹于绍熙五年（1194）五月到任潭州知府、荆湖南路安抚使，修复岳麓书院。七月，召赴行在奏事，亦两个月左右。

1. 朱熹"潜入"湖湘学术并不是要接受其影响，而是试图改变其方向。前期，朱熹颇受张栻的影响，亦写作了很多推崇濂溪学的文章。在其故乡尤溪县学中的"传心之阁"就是朱熹命名的，而后请张栻作"铭"，可以明显看出张栻的主导地位，但对比他与张栻对濂溪地位的评价，则有天壤之别。朱熹所作表彰濂溪学术的文章有：淳熙四年（1177）作《江州濂溪书堂记》、淳熙六年作《隆兴府学先生祠记》、淳熙八年作《徽州婺源县学三先生祠记》、淳熙十二年作《韶州先生祠记》、绍熙四年（1193）作《邵州特祀先生祠记》等。从中可以看出，朱熹坚持"孔—孟"道统、二程主体、"理"本体的观点。在《南轩文集序》中叙述道统时，甚至不提濂溪之名。②

2. 除了有意扭曲湖湘学统外，朱熹还肆意删改文献。当时流传周敦颐的《系辞说》，因其中有""《易》之冒天下之道也，犹狙公之罔

---

① 牟宗三：《心体与性体》中册，上海古籍出版社1999年版，第356页。
② 朱熹：《南轩文集序》中说："孟子没，而义利之说不明于天下。中间董相仲舒、诸葛武侯、两程先生屡发明之，而世之学者莫之能信……"见《张栻集》，岳麓书社2010年版，第436页。

众狙也",就断然判定其非周氏之作而加以删除。乾道六年(1170),张栻、朱熹、吕祖谦写作《知言疑义》,对胡宏《知言》加以删削、篡改。胡大原、胡实、吴翌"守其师说甚固,与朱子、南轩皆有辩论,不以《知言疑义》为然"①。今所传张栻集是张栻弟定叟送朱熹编辑的,删削尤多。据朱熹序中自述,定叟嘱咐他编书后,一直未动,同时却有张栻文集别本刻行。"遽取观之,盖多向所讲焉而未定之论。"对此,他大加删削。"其它往往未脱稿时,学者私所传录,敬夫盖不善也,以故皆不著。"不仅湖湘学者,宋代名儒几乎都受到如此对待。②

3. 在删改文献后,扭曲其学术思想。朱熹在解释周子学说时,纯粹把宇宙的生成当作某个神秘事物的自在"演化",就好像旁观了整个过程一样。这显然不再是周子"原意"了。朱熹的诠释很能迎合一些常识水平的读者的口味,却完全抹杀了周子的哲学意义;朱熹的周子诠释,成为明、清两代科举考生理解周敦颐的标准文本,巩固了周子"道学宗主"的地位,却也使其学术思想发生扭曲,被束之高阁。

凡此之类,表现了包括张栻本人在内的湖湘学派的主要人物对自己的学术缺乏足够的信心,其很快式微非无故也。试想,陆九渊的文集也经过朱熹删改,哪里还有陆王心学?

三 湖湘学派与南岳禅学

张栻能够发现周敦颐超越"文义训诂"之外的"不传之妙",即心,应与其家传之禅学有关。其祖母秦国夫人(法号法真)曾向宗杲

---

① 黄宗羲原著,全祖望补修:《宋元学案》第2册,中华书局1986年版,第1386页。
② 周汝登说:"上蔡之语,皆文公手定,乃削去其百余章,内称五十余章。……大抵文公以前,诸儒之书未有不为所删者。至《程氏遗书》,亦自云去取之。则凡不合于文公之意者,皆所不录,而全书多不传矣。"见《圣学宗传》卷7《谢良佐》,上海古籍出版社2015年版,第650页。但张栻却说:"元晦所编《遗书》,只是裒聚逐家所编全人之,都无所删也。""今元晦所集皆存元本,在学者亦好玩味……"(《答胡季随》第3书、第4书,《张栻集》,第727页)由此看来,宋儒以删书为常态。

问法，颇通禅机。父亲张浚（1097—1164）更是一位有名的居士，与大慧宗杲（1089—1163）同出于克勤圆悟的门下。张浚，字德远，四川绵竹（今四川省绵竹县人），谒圆悟问道法，圆悟举岩头"却物为上，逐物为下"语以告之，有省，作偈呈圆悟曰："教作单传佛祖机，本来无悟亦无迷，浮云散尽青天在，日出东方夜落西。"张浚为相时，迎宗杲居径山（今浙江省嘉兴县境内），退居长沙时，宗杲常遣其徒道谦远道来致慰问，与其母秦国夫人谈禅论道，转述"话头禅"新功。秦国夫人曾作偈一首呈宗杲："逐日看经文，如逢旧识人。莫言频有碍，一举一回新。"① 卒，遗命供奉宗杲一年。在宗杲死后，张浚为之作《塔铭》。宗杲文集中有致其母子两人书信各一通。

宗杲与湖南亦颇有渊源。他在流放衡阳期间（1141—1151）谈禅论道，名声大震，僧俗从者万余人。当局深感忧虑，转置梅州。自然，宗杲在南岳有很大势力。故后来张栻与朱熹争执不下，引其共游南岳，以诗唱和，即有以宗杲派佛学开悟之意图。但从朱熹的言论来看，一生攻宗杲尤力，显然拒绝张栻的此类开导。而且，由于朱熹对张栻文集的删改，除了"南岳酬唱"，张栻本人与禅僧来往的文字已难觅踪影，其学术进程之真面目，因之模糊。

而胡氏之学的学术门径尚可分辨。胡氏师从杨时，本与禅僧东林常总关系密切，沾染禅风尤深。朱熹揭露说："摠（总），龟山乡人，与之往来，后住庐山东林。龟山赴省，又往见之。"② 而胡安国在"溺禅"方面有过之而无不及。"灯史"把胡安国归为"上封秀禅师法嗣"，为"南岳下十五世"：

（胡安国）字康侯，久依上封，得言外之旨。崇宁中过药山，有禅人举南泉斩猫话问公。公以偈答曰："手握乾坤杀活机，纵

---

① 见彭绍昇《居士传校注》卷31《张德远》，中华书局2014年版，第263—266页。
② 朱熹：《朱子语类》卷101《胡康侯》，岳麓书社1997年版，第2326页。

横施设在临时。玉堂兔马非龙象,大用堂堂总不知。"又寄上封,有曰:"祝融峰似杜城天,万古江山在目前。须信死心元不死,夜来秋月又同圆。"①

胡安国曾与曾几(字吉甫,谥文清,1084—1166)问答,颇有些禅意。吉甫问:"今有人居山泽之中,无君臣,无父子,无夫妇,所谓道者果安在?"曰:"此人冬裘夏葛,饥食渴饮,昼作入息,能不为此否?"曰:"有之。"曰:"只此是道。"② 这让一般儒生说,一定认为还未能显示人之为人者。对于此类话题,朱熹曾挖苦说:"胡文定初得曾文清时,喜不可言。然已士宦骎骎了,又参禅了,如何成就得他!"③朱熹最不满胡安国以儒书"至善"与佛氏说"善哉"相似的观点,又列"无善无恶"为胡宏学术思想八大问题之首。"(胡)季随主其家说,说性不可以善言。本然之善,本自无对;才说善时,便与那恶对矣。才说善恶,便非本然之性矣。"④"不可以善言"是禅学"作用是性"的必然结果。"作用是性"按朱熹的说法是"专就践履上说",不能与他所主张形而上学之"善"相兼容,故成了问题。

其实,就是胡安国的《春秋传》也是充满禅意的。人们一贯认为《春秋》是本"史书",从中可以得到某些历史经验,可胡安国称《春秋》"乃史外传心之要典"。他认为,孔子著《春秋》,是在于"假鲁史以寓王法,拔乱世反之正"。这相当于说,孔子为后世著了一部"法例法"。不过,孔子之法并非真能去审判乱臣贼子,只是一部供人自我省察的"心法"。他为什么不直接去阐明孔子的道理呢?这里再一次显示出禅学的影响。他引《太史公自序》所记孔子之言:

---

① 普济:《五灯会元》,《卍续藏经》,第80册,第382页。
② 黄宗羲原著,全祖望补修:《宋元学案》卷34《武夷学案》,中华书局1987年版,第1178页。
③ 朱熹:《朱子语类》卷101《胡康侯》,岳麓书社1997年版,第2321页。
④ 同上书,第2325—2356页。

"我欲载之空言，不如见诸行事之深切著明也。"断言："空言独能载其理，行事见其用。"① 这里强调的是祖师禅"作用见性"所主张的事外无理的观点。

不过，胡氏因为欲在道学上发展，便以扫除异端显示自己的门户立场。胡寅论胡安国学术"转变"说："壮年尝观释氏书，亦接禅客谈话，后遂屏绝。"② 然而，他也只是不满禅学"于作用处全不究意"，在应对具体事物时有误差，不如圣学"不昧本心，如日方中，万象毕见，则不疑其所行而内外合也"③。

胡宏亦有类似矛盾。他一方面贬低佛学说："彼惟欲力索于心，而不知天道，故其说周罗包括，高妙玄微，无所不通，而其行则背违天地之道，沦灭三纲，体用分离，本末不贯，不足以开物成务，终为邪说也。"④ 但在阐述自己的哲学时，又完全是禅学的思想。他说："探视听言动无息之本，可以知性；察视听言动不息之际，可以会情。视听言动，道义明著，孰知其为此心？视听言动，物欲引取，孰知其为人欲？是故诚成天下之性，性立天下之有，情效天下之动，心妙性情之德。性情之德，庸人与圣人同，圣人妙而庸人所以不妙者，拘滞于有形而不能通尔。"⑤ 如果说禅学修养是由"拘滞于有形"的世俗心态中走出，收视返听，那么，胡宏则也只是论述了人在自觉自己的本性之后走向世俗事务的"道理明著"而已。故而胡宏也肯定佛学的本体论论证，认为："释氏窥见心体，故言为无不周遍。"⑥ 也暗示了其思想的出发点。

从胡宏的实际交游来看，除了门人弟子之外，大都是南岳的禅

---

① 胡安国：《春秋传序》，《胡安国〈春秋传〉校释与研究》，北京师范大学出版社2016年版，第1页。
② 胡寅：《先公行状》，《斐然集》，岳麓书社2009年版，第522页。
③ 同上书，第523页。
④ 胡宏：《皇王大纪论·西方佛教》，《胡宏集》，中华书局1987年版，第224页。
⑤ 胡宏：《知言·事物》，同上书，第21页。
⑥ 同上书，第22页。

者。在诗作中，固然有附和"辟佛"的《和马大夫辟佛五首》，但与本地和尚交流的诗就有《题上封寺》《题法轮寺》《和僧二首》《示澄照大师》《和僧碧泉三首》《送琏老》等，占了胡宏整个诗作的很大比例。"送琏老"赞扬琏老的佛学修养说：

湘中应山古道场，复有峨嵋道人住。昔日三生藏里来，今朝十二峰前去。杖锡飘然别故人，笑望梅花理征路。我曾问公五宗派，电扫群生小见解。直指万法无尽身，坐觉灵光满沙界。辨舌横放倾天河，峥嵘整顿禅宗坏。吁嗟我生在儒门，儒门大业无人论。滔滔姑想天之下，衣冠满目如云屯。焚香再拜愿圣主，一统三教清乾坤。①

从诗中可知，胡宏虽站在儒门的立场，但坦承在学术上儒远不如禅。故其教弟子多从禅入，求之于语言文字之外。写给其门下高足彪居正之父彪汉明的论学诗说：

斯文久寥落，我欲问苍天。苍天默无言，我欲问古先。古先群圣人，去我三千年。纷纷儒林士，章句以为贤。问之性命理，醉梦俱茫然。……湘中彪夫子，有志穷益坚。读书文字表，至善时一迁。老去不自止，直欲求纯全。问我曾点意，乘风舞零颠。行年付造化，笑问青铜钱。默契天地心，谁能泥青编。②

彪汉明"本诸六经，泛观百氏，无所不通，甚不喜浮屠学"③。可见，彪氏虽然标榜儒学，不喜佛学，但欣赏"与点"，超越"青

---

① 胡宏：《送琏老》，《胡宏集》，第56—57页。
② 胡宏：《简彪汉明》，《胡宏集》，第50页。
③ 胡宏：《彪君墓志铭》，《胡宏集》，第184页。

编"，便与禅不远。上述观点同样出现在胡宏的"示子"诗中，鼓吹自我与个性，追求"机员"：

  此心妙无方，比道大无配。妙处果在我，不用袭前辈。得之眉睫间，直与天地对。混然员且成，万古不破碎。
  体道识泰否，涉世随悲欢。滞迹红尘中，情寄青云端。早年勤学道，晚节懒为官。心活乾坤似，机员身自安。①

与讲学朋友、门人弟子所说者应当都是真心话，此亦可见出其真正的学术取向。

胡宏"事理合一"的哲学观，即是对南岳禅学"砍柴担水，无非妙道"观点的发挥：

  道充乎身，塞乎天地，而拘于躯者不见其大；存乎饮食男女之事，而溺于流者不知其精。诸子百家亿之以意，饰之以辨，传闻袭见，蒙心之言，命之理，性之道，置诸茫昧则已矣。悲夫！此邪说暴行所以盛行，而不为其所惑者鲜矣。然则奈何？曰：在修吾身。②

所谓"传闻袭见，蒙心之言"，即世儒俗学，科举之学。下面接着批判释氏"定其心而不理其事""自处以静"云云，皆是指"下等禅学"或进学初阶而言，禅学自身即已进行了批判与超越，非真有高于禅学之见解。

胡氏另一位重要学者胡寅，也同样如此。胡寅虽作《崇正辩》以辟异端，《宋元学案》称赞说："当洛学陷入异端之日，致堂独蠁然

---

① 胡宏：《示二子》，《胡宏集》，第68页。
② 胡宏：《知言》，《胡宏集》，第3页。

不染，亦已贤哉，故朱子亦多取焉。"① 但其与佛门的往还，比之父兄，一点也不逊色。《斐然集》前五卷中，直接与禅僧唱和的诗，计有：

《示上封长老洪辩》《示高台足庵绍印》《示能仁长老祖秀》《题能仁照庵，绍亨所建》《过方广，不遇主僧，留示》《陪叔夏游法轮（戊辰）》《示法轮宗觉》《送智京长老》《示黄冈长老二绝》《同邢子晋、范伯达游方广二绝》《将游上封，先寄南台珏老》《登上封三绝》《和上封洪辩，用明察院韵》《同宣卿、和仲、仲达游上封，值雨而归，时上封辩病，南台珏同行》《初冬快晴，部宣卿叔夏游石头庵，过三生藏……》《和玉泉达老饷笋》《赋永宁严老幻庵》《题净明观》《示诗僧了信》《上封登高》《题石头庵》《示法轮长老》《宿余干临江高寺，题清音寺》《游龙山寺（六祖故居也）》等诗，共24首。从诗题即可看出，诗中所写大抵参禅论道，而与南岳上封寺、南台寺之洪辩、珏老等的关系尤其密切。对此，四库馆臣称其"尤未免自乱其例"。

护佛之文又有：

《智京语录序》《丰城县新修智度院记》《湘潭县龙王山慈云寺新建佛殿记》《桂阳监永宁寺轮藏记》《衡岳寺新开石渠记》《罗汉阁记》《元公塔铭》《祭龙王长老法赞》《慈云长老开堂疏》《严州报恩寺长老开堂疏》《光孝长老请疏》《光孝抄题疏》《龙山长老请疏》《龙山长老开堂疏》等文，表彰佛学，护持其教。

胡氏学术直接"皇农之道"。胡宏在衡山紫盖峰前辟一小圃，以修养心性：

有志从来不浪忧，只忧心不似前修。敷菑未竟已头白，待获忘情在晚秋。自觉才疏胜北海，又无经学震西州。甘为稼圃南山

---

① 黄宗羲原著，全祖望补修：《宋元学案》第 2 册，中华书局 1986 年版，第 1341 页。

下，长谢周公愧孔丘。①

另一首咏"小圃"的诗中有这样的句子："悠然种植得佳趣,春意生生自无已。"② 胡宏在其不多的诗词中,写"小圃"就有三首。孔子骂樊迟学农、圃之事为"小人",胡宏这么向往,离经叛道之心昭然若揭。不过,孔子也有"先进于野人"之说,胡宏借此以明其志向:"孔圣去矣不可见,野人有歌谁复听。"③

胡宏曾深入到荒废已久的"舜帝祠",赞叹舜之"妙心":"有姚心妙赞乾坤,尧禹兴亡赖两存。蒲坂旧都西望远,苍梧陈迹事难论。九官效绩群英聚,二女宜家圣德尊。万代君王模范表,吁嗟一庙破荒村。"④ 胡宏的诗大都写湘中景色,多带仙气,上承舜传。

四 朱张南岳唱酬

乾道三年(1167)冬,朱熹、张栻会讲之暇,遂由方广寺始,畅游衡岳,前后七天,随其所感,赋诗149首,编成《南岳唱酬集》。同来的讲学之友林用中(字择之,号东屏,生卒年不详,福州古田人)亦是主要的唱和人。质实而言,朱、张南岳唱酬,本是其旷日持久的学术交流活动的一部分。乾道元年,朱熹监潭州南岳庙,在长沙与张栻共同讲学。乾道三年十一月,闻张栻得"衡山胡氏之学",又往衡山访之。两人论《中庸》之义,三昼夜不能合。而后,决策游衡岳。南轩"决策君勿疑,此理或贯通"⑤,即透出个中信息。在游山中,朱子通过与南岳禅学的实地接触,表现出虚心探讨的柔和姿态。

---

① 胡宏:《呈伯氏兼柬彦达先生》,《胡宏集》,第63页。
② 同上书,第52页。
③ 胡宏:《题谈氏濯缨亭》,《胡宏集》,第55页。
④ 胡宏:《谒虞帝祠》,《胡宏集》,第66页。
⑤ 以下所引见李元度《南岳志》相关篇章,不一一注明。

试对当时朱张"南岳唱酬"的内容略加评述,以明其实际。

(一)对佛、道风物顶礼膜拜

莲花峰下的方广寺景色幽美,久已传颂天下。李白《方广寺》一诗咏叹说:"圣寺闲栖睡眼醒,此时何处最幽清。满窗明月天风静,玉磬时闻一两声。"(也有人怀疑此诗非李白之作。从风格上看,有点像宋诗)可谓善状佛教圣地的清幽境界。此地风景既如此引人向往,同时是朱张游南岳的"据点",故他们在此地的歌咏尤多。张南轩《宿方广寺》诗,盛赞方广寺说:"俗尘元迥隔,景物自天成。山近四围碧,泉鸣永夜清。月华浸户冷,秋气与云横。晓起寻归路,题诗寄此情。"朱子《莲花峰次敬夫韵》:"月晓风清堕白莲,世间无物敢争妍。何如今夜风头雪,撩得新诗续旧篇。"林用中《后洞山口晚歌》:"西岭更西路,云岚最窈深。水流双涧底,树合四时阴。幽绝无僧住,闲来有客吟。山行三十里,钟磬忽传心。"

见于方广寺墙壁的一幅画,引起朱张浓厚的兴趣,并给予很高的评价。朱子《壁间古画精绝未闻有赏音者》描写绘画的意境说:"老木樛枝入太阴,苍崖寒水断追寻。千年粉壁尘埃底,谁识良工独苦心。"南轩《和晦庵咏画壁》则描述绘画给自己带来的审美愉悦:"松杉夹路自清阴,溪水有源谁复寻。忽见画图开四壁,悠然端亦慰予心。"

三人对于南岳其他的重要的宗教景观,亦有唱酬。南轩《题南台寺》:"相望几兰若,胜处是南台。阁迥规模稳,门空昼夜开。回风时浩荡,高岭更崔嵬。谩说石头滑,支筇得往来。"南台寺是石头希迁(700—790)的传法之地,下开曹洞、云门、法眼三大禅宗宗派。马祖道一(709—788)曾以"石头路滑"形容其宗风,故南轩及之。南轩又有《自方广过高台寺》:"雨寺清闻磬,群峰石作城。风生云影乱,狼啸月华明。香火远公社,江湖鸥鸟盟。是中俱不着,俯仰见平生。"

下山后，择之咏南岳胜概说："胜概峰头寺，寻幽客自来。泉声涧分细，山色翠成堆。踏破千崖雪，还闻一夜雷。东林期拟结，卧石梦忘回。"朱子和诗："仰止平生事，今年得到来。举头天一握，倚杖雪千堆。讲道心如渴，哦诗思涌雷。出山遗语在，归骑莫徘徊。"

（二）与佛、道人士亲切互动

在游历南岳时，朱、张等人得到山中和尚的帮助，双方建立了良好的关系，有深入的交流。朱子《赋罗汉果》："吻燥肠枯到上方，从遣山僧煮罗汉。未妨分我一杯汤，目劳足倦登乔岳。"朱子又有《赠上方诸老》："夜宿上封寺，倏然尘虑清。月明残雪里，泉溜隔窗声。楮衲今如许，绨袍那复情。炉红虚室暖，聊得话平生。"朱子《自方广过南台次敬夫韵》："素雪留青壁，苍霞对赤城。我来阴壑晚，人说夜灯明。贝叶无心得，蒲人有旧盟。咄哉宁负汝，安敢负吾生。"林用中《赠上封寺诸老》："上封台观静，夕霁景偏清。月下闻禅语，风中有声声。龙池留古迹，雁塔寄余情。借问房前树，东窗忽偃生。"朱子《衡山书楼》似写其与道士往来："君家一编书，不自圯上得。石室寄林端，时来玩幽赜。"

高台寺的了信颇有诗名，引起了他们的兴趣。南轩对信老诗评价甚高。《过高台读信老诗集》："萧然僧榻碧云端，细读君诗夜未阑。门外苍松霜雪里，比君住处让高寒。"朱子《过高台携信老诗集夜读上封方丈次敬夫韵》："十年闻说信无言，草草相逢又黯然。借得新诗连夜读，要从苦淡识清妍。"[①]

在他们住宿方广寺期间，长老守荣化去，张、朱、林均写诗悼念。敬夫《闻方广长老化去有作》："夜入精蓝意自真，上方一笑正清新。山僧忽复随流水，可惜平生未了身。"朱子和诗曰："拈椎竖拂总非真，用力端须日日新。只么虚空打筋斗，思君辜负百年身。"择

[①] 此诗见于《朱文公文集》卷5。据学者考证，此是弘治本《南岳唱酬集》失收。

之和诗："上方长老已寻真，禅室空存锡杖新。自是屋梁留夜月，可怜飘泊系留身。"

（三）对禅学命题心领神会

在与佛教文化的密切接触中，他们对禅学的领悟亦有所深化。敬夫《方广圣镫》："阴壑传闻炯夜镫，几人高阁费追寻。山间光景只常事，堪笑尘寰万种心。"朱子写诗唱和："神镫照夜惟闻说，皓月当空不用寻。个里忘言真所得，便应从此正人心。"

三人之间亦互斗机锋。林用中《方广奉怀定叟》说："相从偶到招提寺，独对西风忆羽人。澹泊烟霞深处卧，百年衣钵此生身。"定叟，张栻之弟。朱子和诗质疑道："偶来石廪峰头寺，忽忆画船斋里人。城市山林虽一致，不知何处是真身。"南轩《和元晦怀定叟戏作》："路入青山小作程，每逢佳处忆吾人。山林朝市休关念，认取临深履薄身。"对朱子的质疑有学理上的回答，转入更深一层的儒佛对话。

概而言之，林择之于禅学皈依甚虔，南轩的禅学修养似胜一筹，颇能体会禅学的境界；而朱子往往归结为道理，道学立场时有显露。

可见，在游山过程中，朱子直接面对佛教、道教文化时，并无与他人显著不同的情绪和意见。其实，历史上各种各样非常偏激的"攻异端"，往往是基于宗派利益，对某些抽象概念进行上纲上线的推论造成的。在此类思维中，佛、道二氏就像洪水猛兽一样，一日不予清除，便一日不得安宁。但是，这种纸面上的敌视，往往要让步于眼见为实。

据朱子《南岳游山后记》所说，他们的学术分歧在游山中，似乎并未解决，临别时仍然各持己见。"赵醇叟、胡广仲（实）、伯逢（大原）、季立（大本）、甘可大来饯云峰寺。酒五行，剧论所疑而别。"但在前述与人谈论此行的收获，朱熹赞扬张栻之学是"超诣卓然"。在接下来的一段时间内，朱子即以张栻《艮斋铭》为宗旨，把湖湘之学付诸实践。

五　湖湘学派的发展

朱熹与湖湘学派的争论，是与陆九渊争论的"预演"。其学术问题主要表现于对禅学的态度：湖湘学派、陆王虽然不能赞同禅宗的宗教行为，但对其思想方式却是非常肯定的——实际上，禅宗以"呵佛骂祖"的方式对其宗教行为也进行了超越，而朱熹遂由其宗教行为而并欲否定其学术思想。不过，朱熹对禅学的攻击包含着远为复杂的内容。阳明心学的重要学者赵贞吉（1508—1576）读《朱子大全》时感慨地说："惜我晦翁之不啬于言而勇于争论。"他说：

> 虽然，翁（朱熹）固未易测也。予尝考其世，设处翁之地而论翁之心矣。其拒禅甚力，恶苏尤深，诋陆太露，其意亦略可观矣。盖南渡之后，高、孝二帝极爱苏氏文章，所谓家藏苏氏之书，人讲眉山之学也。二帝又皆好禅，故皆内禅以毕其功。予尝见佛照禅师《奏对录》，而知朱仲晦之不遇孝宗决矣，况于光、宁之朝耶？……诚有以激之也。陆氏之异，则出不相下。所谓明其为贼，乃可服之意耳。①

由此，朱熹对于禅学产生了一种病态的排斥："翁法程、张矣，而不信程、张；尊杨、谢矣，而力辟杨、谢。凡诸灵觉明悟、通解妙达之论，尽以委于禅，目为异端，而惧其一言之污也。顾自处于日看案上《六经》《论》《孟》及程氏文字，于一切事物理会以为极致，至太极、无极、阴阳、仁义、动静、神化之训，必破碎支离之为善，

---

① 赵贞吉：《与王督学》第 4 书。《赵文肃公文集》卷 21，《四库全书存目丛书·集部》第 100 册，齐鲁书社 1997 年版，第 548 页。

稍涉易简疏畅则动色不忍言，恐堕异端矣。夫如此学道，乌得不陋？"①

实际上，正如朱子自己所说，他对禅学也是下过工夫的，不论是早年还是晚年，他的思想都表现了一定程度的开放性，对禅学也有一定程度的同情的理解。如说："佛家有'流注想'。水本流将去，有些渗漏处，便留滞。"②"昨夜说'作用是性'，因思此语亦自好。"又为之注解说："便只是这性，他说得也得。孟子曰：'形色，天性也。惟圣人然后可以践形。'便是此性。如口会说话，说话的是谁？……他说得也好。"③这些，从"南岳唱酬"中亦可明显地看出。而在王阳明所编的《朱子晚年定论》中，则得到了非常集中的体现。

张栻之后，湖湘学派由胡大时主持。④胡大时为张栻女婿，张门弟子全归大时。大时坚持其"家学"，湖湘地方文化色彩更加明朗，与朱子学的分裂越来越明显，再无调和的可能。关于胡大时及其学派的学术，朱熹批评讽刺说：

> 文定、五峰之学，以今窃议来，只有太过，无不及。季随而今却但有不及。又曰：为学要刚毅果决，悠悠不济事。或说胡季随才敏。曰：也不济事。须是确实有志而才敏，方可。若小小聪悟，亦徒然。五峰诸子不著心看文字，恃其聪明，都不虚心下意，便要做大。某尝语学者，难得信得及、就实上做工夫的人。⑤

太过，是指设立过于严厉的道德标准以评论事物，好为苛论。不及，是指顺物自然，包容一切。湖湘文化作为楚文化的一部分，有一

---

① 赵贞吉：《与王督学》第 4 书。《赵文肃公文集》卷 21，《四库全书存目丛书·集部》第 100 册，齐鲁书社 1997 年版，第 548 页。
② 黎靖德编：《朱子语类》卷 126《释氏》，第 2724 页。
③ 同上书，第 2727 页。
④ 黄宗羲原著，全祖望补修：《宋元学案》第 2 册，第 2368 页。
⑤ 黎靖德编：《朱子语类》卷 101《胡康侯》，第 2334—2335 页。标点有所改动。

种隐士性格。胡氏之学由"太过"到"不及"的转变,应当是进一步本土化的结果。与朱熹否定湖湘学风不同,陆九渊则引为知己。

>《王文公祠记》,乃是断百余年未了底大公案,自谓圣人复起,不易吾言。余子未尝学问,妄肆指议,此无足多怪。同志之士犹或未能尽察,此良可慨叹!足下独谓使荆公复生,亦将无以自解,精识如此,吾道之幸!①

胡大时赞同陆九渊对王安石的某种程度的辩护,显示出湖湘学术重视事功的一贯学风。

后来,讲求事功的永嘉学派的重要学者陈傅良(君举,1137—1203)来岳麓书院讲学时,受到湖湘学者的欢迎,同样是此一学术性格的表现。对此,朱熹更加鄙视,并追溯到张栻的学术"弊端",与湖湘学派的关系形同水火。他贬斥说:"今永嘉又自说一种学问,更没头没尾,又不及金溪(陆九渊)。大抵只说一截话,终不说破是个甚么;然皆以道义先觉自处,以此传授。君举到湘中一收,收尽南轩门人,胡季随亦从之问学。某向见季随,固知其不能自立,其胸中自空空无主人,所以才闻他人之说便动。季随在湖南颇自尊大,诸人亦多宗之。凡有议论,季随便为之判断孰是孰非。此正犹张天师,不问长少贤否,只是世袭做大。……钦夫言自有弊。诸公只去学他说话,凡说道理,先大拍下。然钦夫后面却自有说,诸公却只学得那大拍头。"②

可能是有见于胡大时与陆九渊在学术上接近,李元度《南岳志》称其"往来问难于朱子,最后师象山"③。此言虽未必十分准确,但湖湘学派的全国性影响被象山学派同化,盖过,则是事实。毕竟,能

---

① 陆九渊:《与胡季随》第2书,《陆九渊集》,中华书局1982年版,第7—8页。
② 黎靖德编:《朱子语类》卷123《陈君举》,第2672页。
③ 李元度:《南岳志》卷11《前献二》,岳麓书社2010年版,第386页。

破朱子者只有陆子。

六　小结

　　隋唐五代之后，湖湘禅学虽不再如前辉煌，但其影响力仍然存在。张浚、张栻父子选择定居于沩山之下，与沩山禅学的关系是不言而喻的。胡安国家族由宁乡转道湘潭，亦可以看出同样的目的。从胡宏、胡寅兄弟交游的琏老、洪辩等禅僧的思想水平来看，当时南岳禅学依然在高位运行。总之，湖湘学派自觉地继承了周敦颐的思想路线，摆脱汉儒以来"诂训文义"的旧套，恢复先秦儒学（孔颜之宗）面对时代问题的精神，继续对禅学进行转换，以用之于政治实践中。正如张栻所说，使"言道者有其序，而言治者有所本"。

　　禅学是出世之学，虽讲融汇世间，毕竟有限，因此，湖湘学派对之有一种矛盾的心态。一方面，他们通过与南岳禅学进行学术交流，吸收其思想资源；另一方面则反异端，标榜道学门户。胡宏不满俗儒"读书明理"的修养方式，表现出强烈的农禅倾向。即使以《崇正辩》著称的胡寅，在与禅僧交流时，亦表现出足够的谦恭。而朱、张"南岳唱酬"表明，即使强硬如朱子，在南岳文化环境之中，亦不觉望风归附。但他们不甘为僧，希望通过儒学打通仕途，在治国平天下的事业中有所建树。

　　在张栻时，湖湘学派是当时影响力最大的学派。朱熹致力于建构一种以"理"为中心的外在性的形而上学，其初有求于张栻的此类倾向，协助张栻推广濂溪学。但最终却反过来影响张栻及湖湘学派，使之偏离了湘学内、外兼顾的传统，丧失自己的学术特色而被边缘化。其后，胡大时惯性地维持湖湘学派，建树不大。

　　当陆学以凌厉的风格兴起，继之以杨简，湖湘学派的地位渐被取代，胡大时甚至被归入象山门下。陆、杨之学可以看作是湖湘学派的发展，只是学派的主体转换为外地学者。

第八章　阳明心学在湖湘

一　引言

自"湖湘学派"退隐，湖湘哲学再次引起世人广泛关注，则在阳明心学崛起以后。黄宗羲以阳明学之主流学派泰州、龙溪背离师训，把禅学的内容加入师说之中，而为"祖师禅"。① 这也就等于说阳明心学不过是南岳禅的一个"变种"而已。从王龙溪所提"入悟"途径来看，龙溪为祖师禅确实不错，不过他并不认为自己另辟蹊径，而是师门授受。龙溪在"禅悟"之中确立师门学术地位说："入悟有三：有从言而入者，有从静坐而入者，有从人情事变炼习而入者。得于言者谓之解悟，触发印证，未离言诠。譬之门外之宝，非己家珍。得于静坐者谓之证悟，收摄保聚，犹有待于境。譬之浊水初澄，浊根尚在，才遇风波，易于淆动。得于炼习者谓之彻悟，摩礲锻炼，左右逢源。譬之湛体冷然，本来晶莹，愈震荡愈凝寂，不可得而澄淆也。……先师（阳明）之学，其始亦从言入，已而从静中取证，及居夷处困，动忍增益，其悟始彻。"② 传统祖师禅表现于农活，而王阳明已经发展为在政治、道德等方面社会实践中的修炼。

因此，不是王阳明后学为"祖师禅"，而是王阳明本人即为"祖

---

① 黄宗羲：《明儒学案》卷32《泰州学案一》，中华书局1985年版，第709页。
② 王畿：《悟说》，《王畿集》，凤凰出版社2007年版，第494页。

师禅"。如前所述，朱熹曾以"祖师禅"之"作用是性"批评胡安国承袭了东林常总的禅学；又以陆九渊为告子之"生之谓性"："作用是性……即告子'生之谓性'之说也。"何谓"作用见性"？朱熹说："庞居士云：'神通妙用，运水搬柴。'……佛家所谓作用是性，便是如此。他都不理会是和非，只认得那衣食作息，视听举履，便是道。说我这个会说话底，会作用底，叫著便应底，便是神通妙用，更不问道理如何。"①朱熹的质疑暴露了其一贯的本质主义观点。所谓"道理"，所谓"是非"，就是指由概念构成的命题或判断。换言之，就是不信事物直观呈现者。不过，朱子有时也很犹疑，想了一会儿，又认为"作用见性"也说得好，就是孟子的"形色天性"。（见前章）但是，其后学则只看到朱子否定"作用是性"的方面，便攻击他人。如陈建指斥王阳明"发明佛氏'作用'之旨尤明，其为告子'生之谓性'之说尤明"②。事实上，湖湘学派、陆九渊等都不能置身于其外，王阳明岂能幸免？

从王阳明对陆九渊的批评可以看出，阳明心学倾心于南岳禅学更为确切；其用意则在通过突出"行"的意义，以规范心学的发展。正德十四年（1519），王阳明在答弟子问时，评陆九渊在宋儒中的地位说："濂溪明道之后，还是象山，只是粗些。"③第二年，在为陆九渊文集所作序中重复了上述观点，认为陆"纯粹和平若不逮于"周、程二子。④对此，陈荣捷明确指出："阳明谓象山沿袭，尚欠精一。在阳明则良知之致，知行并进，故其学说亦精亦一，其修养方法亦精亦一。陆子尚欠一筹，因粗。"⑤以此，虽然王阳明早年即热衷于"朱陆之辩"，但在贵阳当席书想继续这个命题时，却表现得相当冷淡。

---

① 黎靖德编：《朱子语类》卷62《中庸一》，岳麓书社1997年版，第1338页。
② 陈建：《学蔀通辨》，《陈建著作二种》，上海古籍出版社1992年版，第188页。
③ 王守仁：《语录三》，《王阳明全集》，第92页。
④ 王守仁：《象山文集序》，同上书，第245页。
⑤ 陈荣捷：《王阳明传习录详注集评》，重庆出版社2017年版，第237页。

"先生不语朱陆之学，而告之以其所悟。"① 让席满腹狐疑。贵阳所悟者，即"知行合一"。在王阳明看来，陆象山"学问思辩、致知格物之说……亦未免沿袭之累"。② 沿袭，指陆对这些命题的理解沿袭了程颐到朱熹的宋儒观点，以知、行为二，知先行后。

从上述王龙溪以三种"入悟"可以更加清楚地见出，王阳明强调"知行合一"，是通过对祖师禅学精神的更加充分的理解与发挥，告别陆九渊，成功走出了自己的思想道路的。事实上，王学对陈献章的"白沙"之学的学术进步也在于此。陈白沙在吴与弼门下的为学经历，颇有一些祖师禅的风尚：吴与弼天不亮就起床簸谷，大声斥责白沙说："秀才，若为懒惰，何从到孟子门下？"白沙为之执役数月而不敢请益。③ 这种情形在"灯录"中多有之。不过，陈献章最终认定"从静中养出端倪"，故王阳明很少提及，非如人所说是有意隐瞒其学术来源，而是学术路径确有差异，又碍于其他顾虑，付之沉默。

现代学者关于阳明心学与禅学的关系大致形成了两大对立的观点：一以冯友兰为代表，认为心学只是禅学合乎逻辑的发展，是"比佛家更地道的佛家"④。一以牟宗三为代表，认为心学是"孟子学"，只是在某些方面借用了禅学的观点。不过，牟宗三有时把禅学纳入儒学的传统，认为："象山、阳明固是孟子灵魂之再现，即竺道生、慧能亦是孟子灵魂之再现于佛家。"⑤ 这样说来，两者也没有根本的分歧，只是儒、佛的面子问题。但另有一些不顾事实的人，拒不承认阳明心学与禅学的关系，造成种种学术思想史的混乱。

事实上，阳明心学与禅学的关系则不仅表现在学术思想上有迹可寻，更表现在他们追踪禅宗的事实上，那就是他们掀起的"朝圣"南

---

① 《王阳明全集》卷33《年谱一》，上海古籍出版社1992年版，第1229页。
② 王守仁：《与席元山》，同上书，第180页。
③ 阮榕龄：《编次陈白沙先生年谱》"景泰五年甲戌"，《陈献章集》，中华书局1987年版，第806页。
④ 冯友兰：《中国哲学简史》，江苏文艺出版社2012年版，第288页。
⑤ 牟宗三：《心体与性体》，上海古籍出版社1999年版，第497—498页。

岳的热潮。或者认为,游禅寺只是明代文人游山玩水之一部分,"并不足为参禅之证"①。这种反驳并不十分有力,除了一些处于交通非常方便的地区以外,像南岳这种情况,没有一定的向往,是难以专程前往的。何况他们也留下了与山中和尚谈禅论道的记录,甚至直接论述了禅学的命题!

概而言之,阳明心学对南岳禅学的追溯,显示了其由祖师禅入门的具体进路,以及与濂溪学"互参"的修炼方式。由于对南岳禅学的追溯,阳明心学克服了陆学知、行两分的毛病,大大提升了心学的思想境界,形成了新的学术高峰,使湖湘哲学精神得到更加精准的发扬。本章将首先探讨阳明心学对南岳学术的追溯;其次讨论其与周敦颐的关系及其发展;最后探讨二贤祠以及衡山一系列书院的意义。

二 阳明心学对南岳禅学的追溯

阳明心学的南岳禅游,始于其先驱陈献章等,大致可分为三个阶段:第一个阶段在弘治、正德年间,可以称为以向往为主的阶段,不一定实游;即使游也是顺道往访。第二个阶段则在嘉靖中期,王门学者,以及湛若水,长时间徘徊山中,讲学赋诗。第三个阶段则指隆、万间,来者渐少,而心学思潮亦逐渐消退。

第一阶段:陈白沙、李承箕、湛若水、王阳明、黄绾、徐爱

阳明心学的南岳禅游,始于其先驱陈献章。不过,陈献章向往虽切,实未到过南岳。受到影响,其弟子湛若水热衷宣传南岳,在北京讲学时邀请王阳明、黄绾同行;王阳明任南赣巡抚时,也邀请过湛,最终都未实行。陈献章另一位弟子湖广嘉鱼人李承箕在往来于故乡与白沙之间时,顺道游了南岳;王阳明弟子徐爱利用公务之便访问了南

---

① 陈荣捷:《王阳明与禅》,台湾学生书局1984年版,第76页。

岳；王阳明本人贬谪贵阳龙场驿时，到访长沙岳麓书院。

陈献章（1428—1500），号白沙，广东新会人。弘治九年（1496）五月四日，白沙在其母去世以后，就派人到衡山打听在此定居的有关情况。白沙在致弟子湛若水（甘泉，1466—1560）的信中说："章久处危地，以老母在堂，不自由耳。近遣人往衡山问彼田里风俗，寻胡致堂住处。古人托居，必有所见。傥今日之图可遂，老脚一登祝融峰，不复下矣。是将托以毕吾生，非事游观也。"① 当白沙一切准备就绪，择日动身时，患病不起，最终未能达成志愿。病中，白沙向甘泉诉其人生遗憾说："章自去秋感疾，迄今尚未平。……其未忘者，衡山一念而已。皇皇灵芝，一年三秀，予独何为有志不就？其可念也夫，其亦可叹也夫？"② "陈献章……写给朋友、门人李承箕、湛若水、刘亚卿、僧大虚等书信14封，诗52首，没有一篇不讲到南岳，不充满着对南岳的幻想与思慕。"③

陈白沙对南岳的一往情深，自然感染其弟子。湖广嘉鱼人李承箕（1452—1505）多次南下新会问学，途中到访南岳，许下遍游南岳诸峰的志愿。弘治十三年（1500），他面对南台寺一片荒基，不禁感慨系之："庚申十一月，予还自白沙……独观南台寺故址……夫灵源圣迹，曾几何时，寥寥无闻于人……"④

王守仁（阳明，1472—1529）浙江余姚人。正德初，与湛若水、黄绾在北京相识，三人"有衡岳、罗浮之期"。王阳明"南游诗"即有催促湛若水践约之意："洞庭何渺茫，衡岳何崔嵬！风飘回雁雪，美人归未归？"⑤ 美人，即湛若水。黄绾由京师返乡时有《别甘泉子序》中提到此事。其中说："阳明子曰：'吾将与二三子启雪窦、寻

---

① 陈献章：《与湛民泽》第10书，《陈献章集》，第193页。
② 陈献章：《与湛民泽》第11书，同上书，第193—194页。
③ 湖南省地方志编纂委员会编：《南岳志》，湖南出版社1996年版，第275页。
④ 李承箕：《游衡山记》，载《古今名山游记》卷9，《四库全书存目丛书·史部》，第250册，齐鲁书社1997年版，第556页。
⑤ 王守仁：《南游三首》，《王阳明全集》，第680页。

西湖以居诸。'甘泉子曰：'吾其拂衡岳，拓西云，行与我三人游之。'又相谓予曰：'子其揭天台、掀雁荡以夫候我二人者。"久庵说："吾知终身从二子游，二子有欲，我何弗勤，且我结两草亭、各标其号以为二子有焉，何如？"①

每人都提到两个地名，湛甘泉的说法尤其让人感觉怪异。如果三人只是观赏风景，应是甘泉家乡的罗浮山，而衡岳则相隔太遥远。可见其中另有原因，那就是曾追慕陈献章的南岳之梦，也就是学禅之梦。这从王阳明提出"雪窦"就可以看得更明白。"雪窦"，即雪窦山，完全是因为重显禅师（981—1053）在此"颂古"而为世人所知。重显属于石头希迁下传的云门宗（其传承为：文偃—香林澄远—智门兴祚—重显）住明州（宁波奉化）雪窦山资圣寺，长达三十一年。重显的代表著作即《颂古百则》，"其间取譬经论或儒家文史，以发明此事"②，开儒、佛融通之先河。黄绾的天台山也是佛学的重要据点，自智顗开派以来传承相继。佛学发展的大势，一直表现为台、衡迭相盛衰的局面。黄绾推崇天台宗，既有地方文化的考虑，也表明他利用佛学的大趋势为自己赢取独立的学术地位的企图。

黄绾（字宗贤，号久庵，1480—1554）浙江台州黄岩县人。据黄绾在《久庵日录》中所述，他与王、湛三人在北京谈学时，谈的主要就是禅宗、天台宗，与王阳明之间的分歧一直存在。黄绾回忆说："予昔年与海内一二君子讲习，有以致知为至极其良知，格物为格其非心者。……又令看《六祖坛经》，会其本来无物，不思善、不思恶，见本来面目，为直超上乘，以为合于良知之至极。又以《悟真篇后序》为得圣人之旨。以儒与仙、佛之道皆同，但有私己、同物之殊。以孔子《论语》之旨，皆为下学之事，非直超上悟之旨。"③ 黄绾主

---

① 黄绾：《别甘泉子序》，《黄绾集》，上海古籍出版社2015年版，第187页。标点略有变动。
② 关友无党：《碧岩录后序》，《大正藏》第48册，第224页。
③ 黄绾：《久庵日录》卷1，《黄绾集》，第656—657页。

要是认为天台宗比禅宗更胜一筹。①

正德三年（1508），王阳明在赴贬所龙场驿的途中，路过湖南，与湘中学者教学相长，对湖湘学术有了更切身的体会，促成了所谓"龙场之悟"。在长沙，王阳明拜访了岳麓书院，瞻仰了设在书院中的"朱张祠"，并写诗以致崇敬。其中一首写道："缅思两夫子，此地得徘徊。当年靡童冠，旷代登堂阶。……陟冈采松柏，将以遗所思；勿采松柏枝，两贤昔所依。缘峰践台石，将以望所期；勿践台上石，两贤昔所跻。"②李元度《南岳志》中载有王阳明游南岳的事迹，实际上是指长沙的岳麓山。盖南岳在古代就有广义、狭义之分，广义上，起于长沙岳麓山南至衡阳回雁峰，统称为"南岳七十二峰"；狭义上，则仅指衡山县之"五峰"。说王阳明到过方广寺中的二贤祠，就不对了。

正德五年（1510），王阳明升任庐陵县令，赴任途中，在湘西逗留时间较长，随处讲学。他在常德、辰州见门人冀元亨、王嘉秀、蒋信、刘观时等人识见卓立，很高兴地说："谪居两年，无可与语者，归途乃幸得诸友！悔昔在贵阳举知行合一之教，纷纷异同，罔知所入。兹来乃与诸生静坐僧寺，使自悟性体，顾恍恍若有可即者。"③通过讨论，王阳明把在贵阳确立的学术宗旨"知行合一"改为"静坐"，一直坚持到正德十六年（1521）再从《孟子》书中摘取"良知"二字以代之，以迎合儒学的品味。

在常德时，王阳明专程前往城南十五里的德山，拜访宣鉴禅师驻

---

① 陈坚认为，黄绾"可能仿效佛教界之以天台宗来反对禅宗而以其贯彻了天台宗之思路的'艮止'心学来反对贯彻了禅宗之思路的王阳明心学"。又引近代天台宗僧碧林在《天台六即论》中就曾以天台佛学来反对王阳明心学作为旁证。结论是："虽然从历史考据学的角度来看，说黄绾借由天台佛学的资源来反对王阳明心学似乎还显得证据不足，但从比较哲学或比较宗教学的角度来看，我们却完全可以这样说。"见氏著《黄绾的"艮止"心学》，《周易研究》2012年第6期。

② 王守仁：《陟湘于迈岳麓是尊仰止先哲因怀友生丽泽兴感伐木寄言二首》，《王阳明全集》，第689页。

③ 《王阳明全集》第33卷《年谱》，第1230页。

锡之地。王阳明偶读医生杜仁夫"安排必定非由我,燮理从来自属人"诗句,大感惊奇,与冀元亨共访之。湘中弟子冀元亨、王嘉秀、刘观时等人,均有禅学色彩。王阳明给刘观时的"赠言"纯是禅语。①

不过,湛若水与王阳明当时却由禅学产生分歧。陈献章传给甘泉的最后遗言是:"得(德)山莫杖,临济莫渴(喝)。万化自然,太虚何说?绣罗一方,金针谁掇?"②故王阳明便有意推崇甘泉发展白沙的思想:"甘泉之学,务求自得者也。世未之能知其知者,且疑其为禅。诚禅也,吾犹未得而见,而况其所志卓尔若此。"③禅就不易,况能超越禅乎!但湛甘泉后来不愿公开谈禅。正德十一年(1516),湛甘泉在方献夫处亦听闻王阳明在讲学中谈禅,批评说:"昨叔贤到山间,道及老兄,颇讶不疑佛、老,以为一致,且云到底是空,以为极致之论。若然,则不肖之惑滋甚。……不然,则不肖平日所以明辨之功未至也。"④

正德十三年(1518),时任南赣巡抚的王阳明连续发表《古本大学》《朱子晚年定论》《传习录》(第一卷)三大批判朱子学之著作。湛甘泉未能领会其中意义,在王阳明看来,这是甘泉对禅学的思想方法隔膜所致,便邀其上南岳论道。湛甘泉说:"衡岳之约,乃仆素志,近兴益浓,然以烟霞山居未完,又以老兄方有公事,皆未可遽遂也。"⑤而甘泉因为很在乎别人说白沙为禅,自己也要躲避禅名,故以阳明不辟佛、老为病。究其底里,则甘泉不过是寻找借口,以回避阳明的学术拷问。

---

① 王守仁赠刘观时《见斋说》中说:"夫有而未尝有,是真有也;无而未尝无,是真无也;见而未尝见,是真见也。"《王阳明全集》,第262页。
② 陈献章:《示湛雨》,《陈献章集》,第278页。
③ 王守仁:《别湛甘泉序》,《王阳明全集》,第231页。
④ 湛若水:《寄阳明》,《湛甘泉先生文集》卷7,《四库全书存目丛书·集部》第56册,齐鲁书社1997年版,第561页。
⑤ 湛若水:《答王阳明》,同上书,第568—569页。

可以说，王阳明的学术准备以及与湛甘泉的来往，都是以南岳禅学为中心点变化的。

徐爱（1487—1517）于正德十年（1515）任南京都水司郎中"督逋江湖"时游历南岳。游山期间，曾做过一个奇怪的梦。王阳明述之曰："记尔在湘中，还，尝语予以寿不能长久，予诘其故。云：尝游衡山，梦一老瞿昙抚曰仁背，谓曰：'子与颜子同德。'俄而曰：'亦与颜子同寿。'觉而疑之。"①

第二阶段：邹守益（附子善、孙德涵、德溥）、湛若水、蒋信、罗洪先、赵贞吉、蔡汝楠、孙应奎、王宗沐、刘阳、张居正、胡直等

王门弟子游历衡山以徐爱为序幕，继之以邹守益（东廓，1491—1562）。东廓游南岳在嘉靖二十二年（1543）。他述其经过说："予自辛巳（1521）游武功，与二三子有衡山之约，盖二十余年矣。今春冒雨戒行，众议弗能沮，甫三月而偿夙负焉。若一有所待，又成画饼矣。"② 此次出游，是应茶陵罗子钟的邀请。罗子钟是湛若水讲学南京时的学生，一直邀请湛若水与罗洪先、唐顺之同来。③

邹东廓在衡山停留甚久，先在石鼓书院等处讲学，后在南台寺左建有"东廓书院"，有《教言》25篇。耿定向概括东廓在南岳的讲学内容说："申濂溪无欲篇，示楚学者。又曰除却自欺便无病，除却慎独便无学云。"④ 李元度《南岳志》录有《东廓先生讲语》，其中一条即是其对濂溪"无欲"的阐释：

圣学以无欲为要。是希圣希天，彻上彻下语。罔游于逸，罔淫于乐，不迩声色，不殖货利，古圣人精一克一工课，犹恻恻劝

---

① 王守仁：《祭徐曰仁文》，《王阳明全集》，第955页。
② 载李元度：《南岳志》卷18，岳麓书社2013年版，第573页。
③ 邹守益：《待廓堂记》，《邹守益集》，凤凰出版社2007年版，第402—403页。
④ 耿定向：《邹东廓先生传》，《耿定向集》，华东师范大学出版社2015年版，第554页。

规如是。吾侪自省何似？而依违逸乐、货色中，不猛省刷，将无以拔于凡民，安望与千圣同堂，两仪并位乎！①

李元度《南岳志》又载有李同野、曾植斋等人的讲学语录，标称为《东廓讲友讲语》，则同游者似应包括他们两人在内。

据称，东廓有《南岳风咏稿》②，应当是诗集，但不见于正式文集中。李元度《南岳志》录有《方广寺次朱张二先生韵》五首。第一首云："石梁击壤对青莲，月映疏林色更妍。惊起洞龙三日雨，山僧解诵白驹篇。"对山中纯朴的佛教风尚非常赞赏。邹东廓多次与人提及其南岳之游，③对此游的思想进步及其审美享受津津乐道："益自弛担山中，卜行窝于东阳石屋之胜。春暖秋晴，时携童冠升衡山，寻石鼓、岳麓遗芳……尽濯旮鄙，幽豁神明，乃知天壤之间，无往非学，无往非乐。古人以禹、颜同道，其验之矣。"④ 等等。

邹东廓之子邹善与孙邹德涵、德溥于隆、万间相继到访南岳。邹德涵在南台寺有感怀诗，表达他对石头禅的向往说："我来欲问石头宗，祇见山中旧石踪。石上参承无字偈，乘风直躐祝融峰。"⑤ 邹德溥："欲问真如无一字，觉来步步是元（玄）同。"⑥ 邹家访游衡山，

---

① 邹守益：《东廓先生讲语》，见李元度《南岳志》卷18，第573页。标点略有改动。
② 宋仪望《东廓行状》中提到《南岳风咏稿》。见《邹守益集》，第1370页。李元度《南岳志》卷19载有邹守益《方广寺次朱张二先生韵五首》（第634页）。
③ 邹守益，"久矣！予之困于歧路，盖三十年而未能一也。年来升衡岳，历匡庐，徘徊石屋，取道青原、云津、梅坡、龙化之间，赖二三君子着实箴砭，于发愤竭才、任重道远，始觉有进步处。"（《寄题祁门全交馆》，《邹守益集》，第815页）"弟近年升衡山，聚华盖，徘徊武功，入梅陂，以历古城，良朋四集，天机相触，亦不让观光境界也。"（《简程松溪司成》，同上书，第571页）
④ 邹守益：《简复久庵黄宗伯》，同上书，第570页。
⑤ 邹德涵：《南岳纪游》，《邹聚所先生文集》卷1，《四库全书存目丛书·集部》第157册，齐鲁书社1997年版，第272页。
⑥ 邹德溥：《偕从兄汝禹同游方广寺》，李元度编《南岳志》卷19，岳麓书社2013年版，第638页。

第八章　阳明心学在湖湘　233

前后相继，代代相承，受到本地人士的肯定。①

邹东廓来南岳直奔南台寺，与其在青原讲学有非常明显的关联。青原是石头希迁初修之地，南台寺则是其在衡山传道的据点。王阳明曾游青原山，礼拜"七祖（行思）塔"，并指令邹东廓设立"青原讲会"②。王阳明游青原山诗，论儒、佛兴替，勉励诸生急起直追：

邈矣西方教，流传遍中垓。如何皇极化，反使吾人猜？剥阳幸未绝，生意存枯荄。伤心眼底事，莫负生前杯。烟霞有本性，山水乞归骸。……萧散麋鹿伴，涧谷终追陪。恬愉返真澹，阒寂辞喧豗。至乐发天籁，丝竹谢淫哇。千古自同调，岂必时代偕！珍重二三子，兹游非偶来。③

王阳明在此虽然没有把借鉴禅学的意思说得很明确，但从其为"七祖塔"题词的态度来看，他是在引导门人反思佛教所以成功、儒学所以失败之故；示意借鉴禅学，摆脱文字训诂，返归本心。不过，行思事迹渺茫，"庐陵米"的公案恐怕还是后人附会的。以此看来，邹东廓上南岳则是必然之事。

邹德溥论述"家学"的地方传统说："吾吉宗风，始自吾安成思公（行思）……先文庄（东廓）常振铎青原，诸同志因俎豆其间。岁一聚首相商，正能披大成之服，即祖庭不传之衣；研良知之光，即宗门不传之灯，元自无二无别。"④王宣甚至认为阳明心学兴起于青

---

① 王夫之："三世于岳，唱叹相属，明兴一氏而已。"（《莲峰志》，《船山全书》第11册，岳麓书社1998年版，第626页）郑阜康在南岳祭邹东廓，有"姚江及门士，衡岳讲经筵。故国一千里，流风三百年"之句。（《祭邹东廓》，王香余、欧阳谦《增补南岳志》卷2，岳麓书社2013年版，第925页）
② 邹守益在《青原嘉会语》中说，青原讲会，"先师（王阳明）尝命之矣"。（《邹守益集》，第441页）
③ 王守仁：《青原山次黄山谷韵》，《王阳明全集》，第780页。
④ 邹德溥：《大修青原净居寺疏》，载方以智编《青原志略》，华夏出版社2012年版，第168页。

原，他说："新建文成之宗，以罗念庵、邹东廓二公倡于青原而盛也。钱绪山、王龙溪二公时过青原相访，四方应之。"据此，他重构阳明心学的禅学谱系：

> 青原山水护宫墙，邹（守益）、罗（洪先）合爇余姚香。千里谘访钱（绪山）与王（龙溪），惜荫鼓舞怀文庄。知致无知休彷徨，蚕则织兮蟹有匡。九万里鹏抢榆枋，上下大小无低昂。心斋、心隐、山农狂，喜有近溪起旴江。温陵（李贽）、黄檗（无念深有）淬剑芒，老托漫骂烹粃糠。石匮（陶望龄）跃拊袁中郎，衰年自责收兵降。豁渠雄诞作剧场，小修《心律》灸膏肓。整庵（罗钦顺）干撅如暴厔，弱侯广采陈笙簧。……东溪六龙五云翔，胡庐山作《衡齐》方。①

这话也不能说如何离奇。事实上，青原讲会一直是在与佛学的交流中存在的。蔡白石曾经亲历其地，他描述所见说："僧送过溪云澹澹，客登归舟月纤纤。……况道刹那齐见性，渊明入社莫相嫌。"② 又有"群公竟日游盘谷，七祖何年老定林""方于佳境增惭省，不及沙门看此心"③等句。罗念庵亦有多首吟咏青原的诗："久欲逃禅机不逢，葛藤满地竟谁从？"④"自笑行踪经石滑，谁从闻性辨钟音。"⑤青原建有"传心堂"，一时之盛，可比白鹿、石鼓、岳麓等著名书院。

紧接邹守益来到南岳的，是湛若水。嘉靖二十三年（1544）甘泉已经致仕回乡，游南岳的愿望才最终得以实现。该年八月初九日，他

---

① 王宣：《书青原惜阴卷后》，同上书，第232页。王宣，号虚舟子，金溪人，方以智之师。
② 蔡汝楠：《自青原归郡呈东廓华山二先生》，《自知堂集》卷5，《四库全书存目丛书·集部》第97册，齐鲁书社1997年版，第500—507页。
③ 蔡汝楠：《奉陪邹东廓、曾二华二先生游青原》，同上书，第500页。
④ 罗洪先：《青原山三叠前韵》，《罗洪先集》，凤凰出版社2007年版，第1263页。
⑤ 罗洪先：《午日青原山中共善山、晴川、东廓、明水诸公燕序》，同上书，第1259页。

自西樵发舟,至九月初六日登衡山。约苏州文徵明(号衡山——以祖籍地为号,1470—1559),未至,文徵明仍作《酬湛甘泉招游南岳》以应之。约蒋道林(1480—1559),从常德如约而至。至十一月初四,留别衡岳,在山约两月。

在游衡山过程中,甘泉写了许多诗,对山中人文胜迹以致仰怀,其中频繁地表达了某种禅悦境界。《怀岳诗》说:"西游脚底是青天,身世萧条似老禅。人世万缘挥手谢,五峰明月抱云眠。"[①] 另如:"小船初逼塞,良久亦自安。始知容膝外,长物何用宽!宽者心之侈,广厦与楼船。愿回侈外心,独以无物观。"《过沙园洲望岳》表达其即将来到南岳的心情说:"怀岳于今五十年,丹青形影梦中传。今朝独立船头望,神色何如未见前。"在祝融峰顶,甘泉表达其快乐心情说:"我年跻八十,强半怀衡山。于兹惬所愿,谁能不为欢。雾行衣袂湿,云卧衾枕寒。清高万籁寂,神明中夜存。一声闻天鸡,红日跃海门。"其中一首诗,一语双关,提到"石头路滑":"石头路滑不可度,我来跨鹤驭天风。喷泉九月飞霜冷,举袖擎天晓日红。""石头路滑",是马祖评石头禅风的著名话头。宋张栻《题南台寺》有"漫说石头滑,支筇得往来"之句,可见"石头路滑"已成为诗人之一典。在方广寺,为二贤祠署"嘉会堂"匾;方广寺的僧人送藤、竹二杖。

甘泉此行,主要目的是讲学。在地方士绅的帮助下,他创建"甘泉精舍",又于精舍之上建"白沙祠"。"卜筑"诗咏周围"形胜"说:"遥遥起天柱,巍巍南台下。于兹结云松,以卜我精舍。芳邻接五峰,神明见中夜。诸子来端居,无玩亦无舍。(自注:五峰玩心神明,优游南山之下余二十年)"《白沙祠记》述其已酬师志说:"先师非至衡也,曷为乎祠之也?先师之神游恒在岳也,其诸异乎夫人之至之而莫存也。故其言曰:'脚踏祝融,不复下矣。'其决矣乎!而曰

[①] 湛若水《岳游纪行略》,《湛甘泉先生文集》卷29,《四库全书存目丛书·集部》第57册,齐鲁书社1997年版,本诗及以下所引各诗,均见该书第213页、第214页。

'皇皇灵芝，一年三秀。予独何为？有志不就。'其悲矣乎！曰：'古人托栖，必有深意。'其渊矣乎！盖先生托深意决长往于衡，而悲未遂也。"① 所谓"托栖之深意"，甘泉很肯定地说："其学乎！"当然，这也是他自己到访南岳的旨趣所在，亦为当时兴起的南岳之游定调。

在南岳固然是佛、儒、道三教共存，但有持久而广泛影响的，无疑当属禅学。而白沙的禅学特色也非常明显，当时备受责难。但在此时，甘泉不再讳言禅学，尤其是在致仕多年之后。但湛甘泉说其来访是秉承其师的遗志，还是有些水分的。毕竟时间已经过去了差不多半个世纪。而在此期间，阳明心学已经形成一种普遍的社会思潮，其后学也兴起了颇有声势的登山运动。概而观之，甘泉主要还是借用其师之名，赶此时髦而来。

第二次游南岳在嘉靖三十五年（1556）二月，甘泉时已91岁。他除仍约蒋道林外，另约邹东廓、罗念庵同游，但后两人未到。在增城出发时，甘泉对其门人说："晚年进步，在此一游。"从衡阳城出发时，甘泉有诗述怀："我屋衡山上，天柱紫云郁。十年未返庐，多负此云物。策杖念朋怀，乐与话旬日。广大兼精微，合同归默识。"② 于二月二十七日到衡山，三月十六日登南台寺。在两次游山途中及山中，与南岳的禅僧均有互动。如在南台寺与寺僧论"风动幡动"，等等。第二次往游时，"过曹溪水口"，作《曹溪问》。

在甘泉南岳之游中，其门人祝咏为东道主，故甘泉为之作有《峋嵝书堂铭》《知生亭记》等。据甘泉所述，祝子"居衡山之阳，去轩冕，远城市，而身有末疾"，是庄子书中"畸人"一类人物。祝子与罗念庵为同年进士，念庵游南岳时也以之为主人。故甘泉亦记载了祝子与念庵的交往："念庵负暄休复之轩，将书而出，谓使者曰：庐何

---

① 湛若水：《新创衡岳白沙祠记》，转引自黎业明《湛若水年谱》，上海古籍出版社2009年版，第290页。
② 湛若水：《丙辰正月望由衡发舟答诸君留行诗》，李元度《南岳志》卷17，岳麓书社2013年版，第565页。

名乎。曰：无。曰：子不以名乎。曰：否。固将以吾请也。曰：无者为不名，名者无其庐。其归语夫子如是者，其知生生也。于是名曰知生。"①

在甘泉精舍，甘泉自作《心性图说》，刻于石上。今尚存。在《衡岳书堂讲章》中，发挥孟子"可欲之谓善"，作"真种子"的心性论演讲，说：

> 可欲之善，即真种子也。譬之谷种，为其有这一点生意，故至春能发，能苗而秀，秀而实。……尔诸学子须先认得，何谓可欲之善。此是善念初动，动而未形，有无之间，所谓几也。若见此善端，虽未学亦已为善人矣。②

甘泉"可欲之善"，是否足以挑战濂溪、王学之"无欲"？黄宗羲后来以甘泉的"种子说"作为分辨儒、佛的标准，也许可以解释其《明儒学案》的叙述顺序。他在叙白沙之后即述王门，而置甘泉学案为后，其"隐衷"是抬高甘泉学派。盖宗羲是甘泉后学——湛甘泉传许孚远，许传刘宗周，刘传宗羲。在宗羲看来，阳明心学是白沙学术发展的"歧出"，湛学或不如说黄学扭转乾坤，才是"集大成"的。

邹东廓、罗念庵等人未能应约同游，主要是对甘泉曾经攻击其师阳明有所不满。但甘泉在经过退休一段生活后，不再端着道学的架子，此举实际是有"讲和"的意思。在第一次游岳的旅途中，甘泉致书阳明的另一位高弟薛中离讨论周敦颐的学术，结论说："欲明其道，求诸吾心而已，不必纷纷之支离也。"③ 薛侃（1486—1545）为王阳明早期弟子，作有《图书质疑》一书，以心学话语解释周敦颐的

---

① 湛若水：《知生亭记》，李元度《南岳志》，第577页。
② 湛若水：《衡岳书堂讲章》，同上书，第569—570页。
③ 湛若水：《岳游纪行略》，《湛甘泉先生文集》，第213页。

《太极图》，"发明周子原一之意"①，故甘泉在去南岳途中，欲与之讨论，先给人以台阶。在第二次返程时，甘泉取道江西，继续向阳明门下高弟"示好"，而非上门挑战。故东廓率同志迎之，预诫说："体古宪老，不乞言意，毋烦辩论。"② 以此，两人连舟至赣州，洒泪而别。

江西学者汇集甘泉在南岳言论、诗文为《大老岳游》一书，邹东廓序之，阐发甘泉游山之义。节略如下：

> 公力排群沮，毅然展其志，陟层崖，陑泽水……世之游也，或流连光景，畅怀诗酒，不免玩物之诮，而公以随处体认天理为教铎，大同默识，反复牖诲，惟恐分裂门户于口耳窠臼中，将非游广其教耶？……
>
> 年来玩《易》名山，始觉得从古学脉。仰观俯察，上律下袭，天地万物，呼吸一体，弥纶融液，同神而并化。以言乎配天配地，则历宇宙而无疆；以言乎不见不动，则泯声臭而有成。此大同默识宗旨也。……
>
> 公亲承楚云（白沙有楚云台）衣钵，勿忘勿助，察见天则，以四海为庭闼，以万载为朝夕……凡我同游，视为矜式，无以异见裂其同，无以虚谈决其默，交悚互砺……无负千载雅会。③

在甘泉两次游南岳前后，正是阳明弟子登山高潮，故东廓以"此中有真意，欲辩已忘言"之提倡，让湛、王两家能够在南岳和平相处。

其实，甘泉来南岳已经公开宣示其与阳明合流。王阳明本人早就

---

① 薛侃：《图书质疑》，《薛侃集》，上海古籍出版社2015年版，第87页。
② 耿定向：《邹东廓先生传》，《耿定向集》，第558页。
③ 邹守益：《序大老岳游卷》，《邹守益集》，凤凰出版社2007年版，第208—209页。

肯定了甘泉的"转变"。有人问："甘泉近亦信用《大学》古本，谓格物犹言造道。又谓穷理如穷其巢穴之穷，以身至之也。"阳明赞赏说："甘泉用功，所以转得来。"① 这就是说，甘泉完全知道从"践履之学"的角度来理解"格物致知"，其思想游移另有原因。甘泉此时来南岳，宣示其重拾白沙学旨，就不必再求其隐情，相骂一场。

在甘泉第二次到南岳时，江西学者郭应奎来山中会讲。郭应奎（1495—?）号平川，泰和人。"励志古道，未第时从甘泉公以学，就官二十载……时从青原诸君子切磋旧学，超然万物之表。"② 据万历《吉安府志》载，郭应奎与罗念庵是同年进士，在南京国子监与湛甘泉相识，"传白沙学"。③ 应奎此来，为迎请甘泉赴青原之会。在此之前，嘉靖壬子（1552）冬，郭应奎到访南岳。其《衡岳同游记》一文，记游岳者共有九人：安成刘亮、康钟、刘一舒、一舒之弟以进、永丰陈履旋、宛陵周顺之、茶陵罗子钟，应奎与张景仁，则为西昌（泰和）人。其中"一舒""顺之"分别为刘阳与周怡之"字"。

郭应奎明甘泉岳游之旨说："今兹之游，予与诸君亦求其自得而已。……高明广大在心，不在景，学孔子者，亦惟求诸心而已。……圣人固望道而未之见也，其果求之于山乎。学贵自得，而尤贵于不自足也。予与诸君兹别也，出处语默不必同，而常若登岳会友，虽终身有弗忘焉。信乎其为大同，而无兹或者之惑矣。"④ "学贵自得"是王阳明论学的特色语，郭氏与王门弟子游，在思想观点上与王阳明更近了。

罗洪先（念庵，1504—1564）游衡山在嘉靖二十四年（1545）。念庵自称向往已久："自嘉靖丙戌（1526）从谷平李先生，闻衡山之

---

① 王守仁：《语录三》，《王阳明全集》，第91页。
② 邹守益：《平川郭郡侯寿言》称："嘉靖甲寅（1554）仲冬四日，泰和平川郭郡侯届六十之庆……"云云。（《邹守益集》，第115页）
③ 《吉安府志》卷25《儒行传》（万历十三年修本），第35—36页。其中记载，应奎，字致祥。
④ 郭应奎：《南岳同游记》，载李元度《南岳志》卷3，岳麓书社2013年版，第70页。

胜，心慕之。后读彭石屋所为《衡山志》，尤极艳赏。"① 嘉靖十七年（1538）时，曾动身往游，中途而返。念庵在《祭南岳文》中诉其此次远道而来之不易及其目的，说：

> 五岳之礼甚严，而南岳独为最远，非有天子之命，虽王公大人不可以往；非有祷谒之事，虽牲币而不可以献。惟不仕于朝，则又拘于地，限于力，或有幸而得至，必其时之偶者也。某今为田野之民，于分无所严；邻南衡封壤越八百有余里，载跋涉，历旬朔而后至，又不可为偶。盖于达人之观，窃有志焉。②

此一告白，与湛甘泉相似，明其上山的主要目的是"为学"。所谓"达人之观"，念庵未能明确说出，但他在游记中唯一提到石头禅师，则其志可知。念庵谒岳庙后，遂登祝融峰。道谒胡文定祠、甘泉书院、白沙先生祠。在半山亭，读徐爱的题壁诗，感叹不已。在朱陵洞，观湛甘泉所书石刻。与同年祝咏会于岣嵝峰下，作《岣嵝山房歌》《寄同年祝岣嵝二首》等诗。

在南岳，念庵游览了许多禅寺。特别记录了"入南台寺，下有古佛台，为希迁禅师旧□"③。《重登祝融峰观日》是一首典型的"禅诗"，其中说："一念不自拔，万窍生疑障。安得日新人，惺惺无得丧。"④ 念庵还到游湘南寺、上封寺、高台寺等处禅寺。在高台寺，遇僧人楚石。楚石在观音岩闭关静坐八年，出见，欲授以"异僧外丹"，为念庵婉拒。念庵说："吾道自足，宁须此乎？"⑤ 与楚石谈禅三日。念庵对楚石说："余往居先夫人丧中，观《楞严》至返闻自性，大有

---

① 罗洪先：《衡游纪略》，《罗洪先集》，凤凰出版社2007年版，第87页。
② 罗洪先：《谒南岳文》，同上书，第968页。
③ 罗洪先：《衡游纪略》，同上书，第89页。
④ 罗洪先：《登衡山祝融峰观日》，同上书，第1008页。
⑤ 胡直：《文恭念庵罗先生行状》，同上书，第1380页。

觉悟，因以意调息，虽未深入，百念退听。如是三阅月，为友人落禅之语所惑而止。"楚石大惊起立说："山中三十年，今日始闻公此语。"两人相见恨晚，依依不舍，含泪相约，三年再会。①

罗念庵还把他在南岳期间所写之诗结集，在《祝融峰高台禅林诗序》中，特别记述了他与楚石的关系：

> 明嘉靖乙巳冬，江西吉水罗洪先同门人偕登祝融峰顶，遍寻七十二峰。至高台寺，遇僧楚石，能解语，心悦之甚，留数月乃去。……游玩四野，扶筇挥麈，访证禅机。崖畔石壁稍罄，插松悬挂，以培山趣。盖茅棚，刊碑于寺，以为念松亭。自谓兹游不负夙期矣。②

念庵手植之松，至今仍存，人称"念庵松"或"状元松"。

楚石后来还到罗念庵在吉水家乡"静修"的石莲洞相会。念庵文集中《洞中别楚石归衡山》一诗，依依不舍："垂老空山谁与依，独游方外谈禅机。不持旧律心何住？能返诸闻语自稀。石作青莲当座起，楼分明月送将归。相逢问我门前径，莫道如今觉昔非。"③ 不久，念庵再次回访南岳。

继罗念庵之后，则为赵贞吉（大洲，1508—1576）。赵大洲到南岳，当在嘉靖二十九年（1550）。该年，因为蒙古俺答部落围攻北京，大洲建言得罪，贬为广西荔波典史。由大洲文集观之，他到岭南后很快北返，经过衡州时，往访同年进士知府蔡汝楠，遂畅游衡山诸名胜，所游多有题咏。诗中多注明"次罗念庵韵"，可见他对念庵的仰慕。大洲拜访了慧思的遗迹，有诸如"悟如石已三生坐，梦抱珠将九

---

① 罗洪先：《衡游纪略》，《罗洪先集》，第90页。
② 罗洪先：《祝融峰高台禅林诗序》，《光绪衡山县志》卷39《艺文序》，载《中国地方志集成·湖南府县志辑》，第40册，江苏古籍出版社2002年版，第418页。
③ 罗洪先：《洞中别楚石归衡山》，《罗洪先集》，第1348页。

曲穿"① 等诗句。于庞蕴故居感触独深，一再形诸吟咏："不堪日暮支离甚，又访庞公过别村。"② 庞公，即庞蕴。

游了南岳，赵大洲还追踪五宗禅的足迹，往访沩山灵祐的道场。大洲在湖南游历时，蒋道林陪过一程。三年后，赵大洲约蒋道林游峨眉："春陵大士简书回，迟我西峰满月台。最是山人惆怅处，一年三秀待君来。三年不见古藤蓑，涤尽沧浪几碧波。梦到江门正奇绝，欲骑玄鹤下烟萝。"③ 云云。不过，蒋道林对赵大洲公然提倡禅学不以为然，与大洲书说："使门下必欲为大乘释子，鄙人且不敢助之，而况讲求其下者乎？"④

赵大洲的门人邓豁渠（1498—1569），早大洲数月，于嘉靖二十九年春登衡山。邓豁渠在《南询录》中只简单记载："庚戌春，登南岳衡山，过慈化寺避暑。"⑤ 似乎未有所遇，随后记其去江西见邹东廓。

衡州知府蔡汝楠（字子木，号白石，1514—1565），浙江德清人。从嘉靖二十八年（1549）起至三十一年，蔡任衡州知府。黄宗羲把他列入"甘泉学案"，但其交游多为阳明弟子。地方志称："盖先生在衡，著作有《说经杂记》《衡湘问辩》《太极问答》等，皆称'衡湘书院'。"⑥ 蔡白石记其寻访禅经历说："为耽名岳赴炎荒，更问禅宗历上方。只为新秋馀伏暑，不知初地倏清凉。南岩久废传镫室，诸寺空开说法堂。但对寒山证空寂，何劳半偈使心降。"⑦

---

① 赵贞吉：《宿衡岳观音崖次罗念庵二偈》，《赵文肃公文集》卷4，《四库全书存目丛书·集部》第100册，齐鲁书社1997年版，第302页。
② 赵贞吉：《回雁峰晚望因访庞居士旧居次蔡韵》，同上书，第303页。
③ 赵贞吉：《与蒋道林金宪约游峨嵋》，同上书，第328页。
④ 蒋道林：《寄大洲赵内翰》，《蒋道林先生文粹》卷8，《四库全书存目丛书·集部》第96册，齐鲁书社1997年版，第319页。
⑤ 邓豁渠：《南询录》，武汉理工大学2008年版，第26页。
⑥ 据《衡州府志》，蔡白石的"衡湘书院"只是一个虚称，实际建成则在嘉靖四十年（1561）去任后。
⑦ 蔡汝楠：《再游南岳》，载李元度《南岳志》卷18，岳麓书社2013年版，第128页。

嘉靖三十三年（1554），赵、蔡两人又与王龙溪约游黄梅四祖山。赵大洲在《四祖山绝句》序中说："甲寅岁四月十五日，蔡白石期候予四祖山中，适王龙溪、管南屏、沈古林自黄梅来会。而白石以予久不至，作诗毕，先去。予遂与三君同宿，亦各次韵为别。"大洲诗曰："破额山泉濞濞新，年年北斗面南辰。谁人灭却娘生眼，指与巍巍独露身。法随岭上云横紫，人待山中松亘青。个里一尘无处着，破教大地作全经。"① 嘉靖四十年（1561），蔡白石派人索求大洲文章，大洲发明周敦颐《太极图》，作"混元"五图以俾之。

在蔡汝楠任职衡州时，他的浙江同乡、王阳明弟子孙应奎于嘉靖三十年来访。应奎（1504—？）② 号蒙泉，余姚人，曾得阳明亲授。钱明评价其人其学说："除了对王阳明的深厚感情，孙应奎对阳明思想实质的把握比较精确。"③ 应奎述其衡山之游说："兹应奎校艺衡水，涉洞庭，登祝融，访石鼓，跂乎濂溪之上，有馀慨焉。……同志蔡子子木守衡，则已群多士，而摩之以性命之学，亦浸浸乎有兴矣。应奎因乐与成之，乃出先生旧所手授《传习录》，俾刻置石鼓书院。"④ 孙应奎此时为湖广提学。

王宗沐，（号敬所，1523—1591），浙江临海人。他第一次到南岳，在嘉靖三十一年（1552）去广西就任左布政使途中，知府蔡汝楠邀请他为本府诸生讲学，现留下一段讲义：

> 予入粤道衡，叩君静坐之处。乃临水为园，有闭关返观之趣。因以静问予，谓：主静立极说自周子，中间大异佛氏，亦无

---

① 赵贞吉：《四祖山绝句次韵》，《赵文肃公文集》卷6，第326页。
② 据孙应奎《癸酉元旦寿届七旬》《八十咏怀》诗，则知万历十一年（1583）仍在世。《燕诒集》卷9、卷13，《四库全书存目丛书·集部》第90册，齐鲁书社1997年版，第614、661页。
③ 钱明：《浙中王学研究》，中国人民大学出版社2009年版，第115页。
④ 孙应奎：《刻阳明先生传习录序》，载《王阳明全集》，上海古籍出版社1992年版，第1587页。

复有倚著之防，自后径捷立门户，始嫌此为未协，而稍骛于憧憧往来矣。百口莲花，终是别人活计。君试于园中静坐一二年，试察而体省之，有得与否，有病与无，如病人尝药，其甜与苦，入口而知之矣。他日当以报仆，于南岳山中再论可也。君今将入安福问学于东廓先生，请以予言质而正之。①

当初参加讲学的本地人康保泰会试时又出敬所门下，故立"会灵精舍"以祀之。

王敬所对石头禅法非常向往，作诗《晚泊衡山拟登不果》以示仰慕说："印心又欲叩希迁，祇事官程隔分缘。无语向空为月相，倩渠领略代予传。"② 王敬所第二次到衡山在万历九年（1581），时被朝廷征召，滞留于此以示抗议。敬所在南岳都住在兜率寺，并刻有"慈航石"三个大字于此，至今犹存。

刘阳，号三五、三峰，江右王门学者。刘阳初受业于彭簪，受其影响，前往见阳明，执贽为弟子。刘阳于嘉靖三十一年（1552）与郭应奎、周顺之等人游南岳，与周顺之一起为方广寺僧人真定所编之《莲峰翰墨志》作序。刘阳前后三次到访南岳，并与南台寺僧人建立了亲密的关系。他在《无碍山房记》描述南台寺的兴废及游南台寺的经过，并对该寺僧人无碍的求道精神加以赞叹，说："南台者，荒址也。因无碍而再辟，乃今开阁，依崖壁，穹林幽舍，为南山一胜矣。……宏（弘）治间，大崖李世卿《游衡山记》所称有僧岩居，食生菜，衣百结如粟穗，见人嘿嘿者，即无碍也。野云孤鹤，飘飘无与于斯世者，似其人也。昔余初至，主无碍；及再至，吊无碍矣。今再至，空山寒谷，其能已于怀无碍耶。昔卧山房，千崖冰雪，雪芝挂

---

① 王宗沐：《语学者》，载李元度《南岳志》，第578页。
② 王宗沐：《晚泊衡山拟登不果》，《敬所王先生文集》卷12，《四库全书存目丛书·集部》第111册，齐鲁书社2013年版，第277页。

崖石，乃无碍为余赤脚踏悬崖上取之饷余。余为赋雪芝以答之。倏三十年，冰雪如昨也。……彼盖无求于温饱者乎，彼盖劳其筋骨，饿其体肤，忍其性，增益其所不能者乎，君子成天地之性，直不为彼所能而已，顾不足以激余也哉。"① 刘阳既为彭簪受业弟子，首游南岳可能在嘉靖初年，嘉靖三十一年为第二次，此为第三次。

张居正（号太岳，1525—1582）在嘉靖三十五年（1556）十月游南岳。张居正与李义河结伴先到南岳，不久长沙王会沙、汉阳张甑山亦从他道至。张居正在南岳除了参观各种名胜外，与山中的僧人有所交流。其《访大方禅僧次念庵先生韵》一诗中写道："烟雨晓微微，山堂未启扉。花坛分石髓，苔壁挂云衣。挥麈频问难，停鞅已忘归。曹溪一宿后，真觉夙心非。"② 在参观方广寺旁边的二贤祠所作的感怀诗中，出世的幽远清旷一变而为入世的慷慨："两贤异乡域，千里还相求。只为恋徒侣，能忘路阻修。……欲骋万里途，中道安可留。各勉日新志，毋贻白首羞。"③ 在张居正的感受中，出世、入世，两者并无不可逾越的鸿沟。而张居正更关注普通人民的心态，同于陈白沙之"问俗"。其《暮宿田家》赞叹衡山一带底层人民的纯朴说："野老喜客至，开门下严装。……攘袂再三起，向我夸耕桑。体貌虽村愚，言语多慨慷。世儒贵苛礼，文缛意则凉。大羹不俟和，素质本无章。感此薄流俗，侧想歌皇唐。"④ 普通人民的日常状态，可称"素禅"。张居正在南岳写作了许多述怀诗，其中不少诗乃附和罗念庵、赵大洲，体现了某种一脉相承的禅悟情趣。这些诗文，被编为"岳游稿"。南岳之游是张居正一生中唯一一次长距离的游学经历，在晚明游南岳诸人中，其场面或不及他人，但可以说是最用心的。

---

① 刘阳，《莲峰翰墨志序》，载李元度《南岳志》卷16，第526页。
② 张居正：《访大方禅僧次念庵先生韵》，《张居正集》第4册，湖北人民出版社1994年版，第161页。
③ 张居正：《谒晦翁南轩祠示诸同志》，同上书，第56页。
④ 张居正：《暮宿田家》，同上书，第51页。

张居正曾师事阳明弟子欧阳南野，故胡庐山序欧阳南野文集，称张居正为其门人。庐山又称张居正也为同书作序，但文章今已不可见。张居正还曾师事徐阶，与聂双江有问学书信，自称最佩服者为罗念庵，与胡庐山、罗近溪、耿定向等皆有学术讨论，见识卓越。但其学术为其政治功业所掩，其哲学思想甚少为人关注。

胡直（号庐山，1517—1585）第一次游衡山，在嘉靖四十年（1561）由湖广按察司佥事分巡湖北道离任之际。庐山时从罗念庵学，在山中找到楚石的弟子圆宁，两人重续了师门友谊。胡庐山赠诗说："上人岩畔厂灵宫，戒律曾闻事远公。招客只供罗汉菜，翻经时引大王风。"① 他们的谈禅往往持续到深夜，探讨"石头禅法"："中宵风静闻天籁，虚谷云开散佛灯。共道石头传法盛，空余岩壑挂高藤。"② 因为"阻雨"，未能游览方广寺，仍写诗纪念："我闻峨嵋之山高入天，上有灵仙不知数。即今不复倚踌躇，驱车且向西游去。"③ 庐山的游山诗中，出世色彩颇浓："混沌未经七日凿，纱圆那用九年观。……从此仙游非世侣，便应岩下挂尘冠。"④

胡庐山还倡议与圆宁结"衡庐心谛"讲会，就近邀请湖广、江西等地朋友入会。他介绍设会的目的与形式说：

> 予质驳晚学，幸海内同志不鄙，欲挈而之道，然恒苦于合并之艰。自予出补楚臬数年，燕、齐、秦、蜀数君，虽尺书不及通，何况晤言哉？今计散在东南诸君，欲图终身丽泽，虽可以指期，又惧难其所也。或谓莫近于衡、庐二山，良然。予兹登衡山，因思江陵张伯端居正、鄞县刘朝重稳、茶陵刘少衡应

---

① 胡直：《观音岩僧圆宁楼上中饭赋赠圆宁为高僧楚石门徒》，《胡直集》，上海古籍出版社2015年版，第98页。
② 胡直：《同周生宿南台寺》，同上。
③ 胡直：《欲游方广寻朱张旧迹以积雨阻遂别衡岳西去作长短句》，同上书，第53页。
④ 胡直：《登祝融峰》，李元度《南岳志》卷5，第165—166页。

峰、南城罗惟德汝芳、丹阳姜廷善宝、奉新蔡汝聘国珍、麻城耿在伦定向偕弟定力……安福邹继甫善,咸于衡庐道里适均。予欲期诸君为结屋计,惧重为累,于是假衡僧圆宁西楼,定为会所,因并扁曰"衡庐心缔"。心缔者,言虽未面订,而心已缔之矣。①

胡庐山把该文刻于石上以留念。庐山文中所讲耿定力似应为耿定理。嘉靖四十年(1561)秋,庐山与耿定向相会于汉江之浒时,相与论学者为定理。②

隆庆五年(1571),胡庐山任湖广提学副使时,与罗汝芳偕游南岳。《衡岳感怀》一诗也提到:"秉宪涉湘沅,吏道滋牵萦。"③

胡庐山对衡山可谓是情有独钟,他把自己的书室命名为"衡庐精舍",歌颂衡山说:"衡岳之广大中正、高妙不可测,继于地而尤盛者也。"以此为其师罗洪先祝寿。④ 而庐山的尊崇,是响应其师对南岳以禅学主要成分的文化向往的。

本地学者刘凝斋、刘仁山、曾朝节虽长期隐居南岳,热心讲学,往往成为上述学者来访的东道主,但其学术思想已无法考证,或影响不大。

从张居正所描写的"野老""体貌虽村愚,言语多慨慷"中可以看出,禅宗作为南岳文化的鼎盛时期已经过去,但孕育这一个文化景观的精神传统依然自在。这是新文化得以萌发的永不衰竭的源泉。

王门的其他几位主要弟子,都有游山计划。据薛侃所说,他与王

---

① 胡直:《衡庐心缔小序》,《光绪衡山县志》卷39《艺文序》,载《中国地方志集成·湖南府县志辑》第40册,江苏古籍出版社2002年版,第416页。
② 耿定向在《汉浒订宗》中,记录了仲弟耿定理与庐山的学术交锋,但并没有提到耿定力与庐山有何交往。见《耿定向集》,华东师范大学出版社2015年版,第304页。
③ 胡直:《衡岳感怀》,《胡直集》,第36页。
④ 胡直:《衡岳颂》,《胡直集》,第306页。

龙溪有衡山之约:"修质恐资口说,欲赴衡山之约,得一面证,亦恐蹈愿外靠人之咎。"① 据欧阳南野,他们之间的约会是由龙溪酝酿的:"久闻衡山之游,连书奉促兼请,因过匡庐青原之间,披对一两月,遂了先师年谱,不知俱曾达否? ……日望枉教,倘遂能发山阴之舟,幸甚幸甚!"② 不过,这些计划未能付诸实施。

第三阶段:罗汝芳、王时槐、张元忭、周思久、李贽

罗近溪在隆庆五年(1571)的一次长距离的"楚游"中,到访南岳。"辛未……由郴、桂下衡阳,大会刘仁山书舍。是行也,游濂溪月岩,谒永州舜陵,纵观九嶷,深入蛮洞。陟日观于上封,读禹碑于岳麓,酌贾谊井泉,挹汨罗庙貌,而衡湘幽胜,殆尽其概矣。"③ 游衡山时,见到胡庐山刻于观音岩上的"心订",作诗一首以咏怀:"岩底灵泉响更飞,岩头坐听忽忘机。潮音久漫□沧海,大士今应在翠微。尘刹三千那可度,衡峰七十总堪归。同心况有当年约,我愿风前便拂衣。"④

在衡阳时,近溪与胡庐山等人讲学于花药寺,发起兴复花药寺经藏之举。近溪《记》中说:"辛未春,予偕滇南大参同野李君渭,粤东(应当是广西)宪长庐山胡君直,南京太仆寺少卿仁山刘君稳,与诸同志谈学其间。适寺僧圆昂传佛心印,归自少林,宗教兼通,可与语道。余因诘其故,谓兹古刹乃可无藏耶,兴复之责存乎人焉耳。三君相顾叹曰:是殆弗可以已也。因委余题疏,付昂劝觅守僧及郡士民捐赀印造。……释氏谓,一切有为,终非法乘最上。余欲大众凡翻经而入是阁者,咸若昔善财之即弥勒,弹指之余,虚空遍满,则微尘洞转千轮,纤芥浑涵千地,无一念而不现乎全经,无一处而不彰乎宝

---

① 薛侃:《又与龙溪书》,《薛侃集》,上海古籍出版社 2015 年版,第 286 页。
② 欧阳德:《答王龙溪》第 2 书,《欧阳德集》,凤凰出版社 2007 年版,第 94 页。
③ 杨起元:《罗近溪先生墓志铭》,见《罗汝芳集》,凤凰出版社 2007 年版,第 922 页。
④ 罗汝芳:《憩观音岩有胡庐山心订在上》,同上书,第 787 页。

刹，庶昔普琇之教益光，而吾兴复之云不赘矣。不然，见缘徒障，幻翳弥增，岂诸君所望于人人之初心哉。"① 完全是在禅学的立场上看待经教，故反复叮嘱不为经言所障。

近溪还拜访了净瓶岩一位"南岳禅流共宗之"的知休和尚。近溪与知休颇有交情。初，知休与近溪之子辂晤言于北京。"来居从姑山房，数月，去之南岳，南岳禅流共宗之，为营静室于净瓶岩。岩在岳山西遍悬峭壁间，径路险侧，人鲜至者。余游楚，访之，共坐岩前小楼。时已将午，山气初开，岚光日影，闪烁万状。余鼓掌惊跃。顷之，林风徐来，瞬目空荡，知休顾余曰：'此正浮云之富贵已乎？'其语善点缀多类此。"②

王塘南，（名时槐，1522—1605），江西安福人。少长于母家湖广湘阴，成年后始返江西参加科举考试。以"祈子嗣"到访南岳。据其自述，回程时为茶陵刘养旦所留，为当地儒生讲学。但据刘元卿为塘南所作之"行状"，则以之为塘南一生"究心二氏"之学的一站。刘说："公初究心二氏，虽习静不废游访。尝游白鹿洞，登峨嵋谒王母祠，过华山问陈希夷遗骨，过河南探王乔洞，观达摩面壁像，谒南岳，登祝融峰，访徐鲁源先生于兰溪，宿虎跑寺。邀陆五台访学，因入云栖寺，问沈莲峰佛法。将抵吴门，访昙阳遗迹，不果。盖庶几一见异人，而其后憬然有悟于昼夜通知之理。"③

张元忭（号阳和，1538—1588）浙江山阴人。阳和于万历十一年（1583）使楚，春访长沙。在岳麓山咏朱张"极论太极二昼夜"说："太极先天自古今，两贤曾此共推寻。须知至宝人人具，万象由来只此心。"④ 在岳麓书院，发表"朱、陆之辨"说："入圣之门，有顿

---

① 罗汝芳：《花药寺记》，载李元度《南岳志》卷19，第663—664页。标点有所变动。
② 罗汝芳：《僧知休》，《罗汝芳集》，第576—577页。
③ 刘元卿：《南太常寺卿塘南王公行略》，《刘元卿集》，上海古籍出版社2014年版，第319—320页。
④ 张元忭：《岳麓吟四章自勉》，《张元忭集》，上海古籍出版社2015年版，第468页。

有渐。求之于心性者，是谓顿门，简而易；求之于事物者，是谓渐门，支而离。……此顿渐之分也，朱子晚年不既有定论乎？"① 该年冬，阳和总结其南岳之游说："予为南岳之游，自曩探岳麓始，既而跨回雁，摩娑石鼓，出岣嵝，入衡山，高若祝融，幽若方广，名祠古刹，危崖阴洞，怪石好泉，皆周览而遍赏之，虽七十二峰未能尽历，然思过半矣。"② 在兜率庵，为僧如济作一体塔铭，并作诗咏此地禅趣："飞仙洞口水潺潺，南岳烟霞第一山。人道个中堪习懒，我于今昔且偷闲。云封别院僧初定，风撼长松鹤未还。谁似邺侯偏邂逅，分将半芋混尘寰。"③ 在方广寺，又有《游方广寺谒晦庵南轩二先生祠次韵四首》。

李贽（号卓吾，1526—1602）万历十九年（1591），也来到衡州。此前，卓吾之友周思久（号柳塘，1527—1592）欲游南岳，卓吾还加以劝阻。柳塘游南岳诗说："我欲游南岳，君留亦已力。心神既飞越，勇往安可息。君癯素倦游，于兹岂无惑。烟霞我痼疾，君砭何以克。山河并大地，总为善知识。"④ 李卓吾游南岳时，在本地做官的福建老乡沈鈇记载说："其入衡州，予方为衡丞，来过之。"⑤ 李卓吾虽然没有写游山的文字留存，但在此后不久所作著名的《答以女人学道为见短书》中，以对庞蕴一家人学道的论述，表达其对南岳禅学推崇之情："庞公，尔楚之衡阳人也，与其妇庞婆、女灵照同师马祖，求出世道，卒致先后化去，作出世人，为今古快事。"⑥

李卓吾的态度影响了袁中郎（1568—1610）。中郎咏庞蕴说："角

---

① 张元忭：《岳麓同游记》，同上书，第 207—208 页。
② 张元忭：《游南岳记》，同上书，第 216 页。
③ 张元忭：《过兜率庵宿习懒山阁》，同上书，第 504 页。
④ 周思久：《留别卓吾导师》，麻城《周氏族谱》卷三《柳塘遗语》，载《李贽全集注》第 26 册《附录一：李贽研究资料汇编》，社会科学文献出版社 2010 年版，第 58 页。
⑤ 沈鈇：《李卓吾传》，载何乔远《闽书》卷 152，《蓄德志》上，《四库全书存目丛书》，史部，齐鲁书社 1997 年版，第 207 册，第 737 页。
⑥ 李贽：《答以女人学道为见短书》，《焚书》卷 2，载《李贽文集》第 1 卷，社会科学文献出版社 2000 年版，第 55 页。

巾散带亦何为，白首庞公是我师。灯下待儿闲礼忏，床头猠子解吟诗。……一心槁木寒灰去，几度披书抱酒眠。古佛阁前温炕里，拽将红袖夜谈禅。"①

由于晚明学术风气的转变，万历以后，知名学者往游者甚少，山中的书院逐渐荒芜。

概观阳明心学学者游山，有如下之特点：

（1）对南岳的专诚。上述心学学者，除少数人是"宦游"经过此地，顺道上了山，如赵大洲、蔡白石等人，但大部分人都是像罗念庵、张居正那样，在当时交通很不方便的情况下，远道专程而来。对于有些人而言，这样的远游，在其一生中是绝无仅有的。

（2）倾向石头禅学的学术取向。心学学者在南岳禅学中多提到石头宗，很少提及其他禅宗大师，倾向性非常明确。② 南台寺在白沙门人李承箕到此地时尚且非常荒凉，却是山中最先得到恢复的寺庙（先于怀让驻锡的般若寺），正是心学带动晚明禅学复兴的典型事例，同时也说明它是心学关注的重心所在。

（3）以入世为取向的价值立场。除了宣讲周濂溪的学术外，他们对庞蕴居士的事迹也非常感兴趣，说明关注的是如何把禅学应用于世俗的事业中，而非遁入空门。心学学者似乎并不计较朱子后来以攻陆之故而攻禅，在往游南岳时大都前往方广寺的"二贤祠"，明显是要学习朱子吸纳禅学以补充儒学的志趣。

在衡山之外，庐山是另一个阳明心学活动频繁的地方，而且与宋明儒学也有非常密切的学术关联。东林寺常总禅师与被称为道学宗祖周敦颐以及程门学者杨时、杨门弟子胡安国都有很明显的学术关联。

---

① 袁宏道：《丁酉十二月初六初度》，《袁宏道集笺校》，上海古籍出版社2008年版，第548页。

② 而佛门人士则大异其趣相反，释憨山《别南岳山人邝慕一》："历览古道场，金沙堕丛筱。懒残煨芋处，幽踪莫可考。遥想磨砖师，成佛苦不早。"云云。见李元度《南岳志》，第130页。

不过，庐山白鹿书院的儒学氛围相当强势，相反在禅学史上的地位并不突出，阳明心学在此地所表现的学术意图有一定的复杂性。且地处交通要道，怀有纯粹旅游目的者不少，正如陈荣捷所说，难以断定来此就是偏好禅学。

三　阳明心学对太极理论的发展

由于儒学强烈的门户之见，对其佛、道的思想背景往往欲露还藏。阳明心学要保持自己的儒学身份，也不例外。因此，不论他们与佛、道有如何紧密的关联，公开承认的道统则肯定得是儒学的。自周敦颐被确定为"道学宗主"以来，他在判断儒学正统的问题上享有很高的权威性。而其学术话语简要，又为各种解读提供了广阔的空间，也方便了他成为各派"共主"。从上可以看出，阳明心学显然是从对南岳禅学的理解来解读周敦颐的；而从周敦颐本身的学术来源来看，阳明心学的解读应当说是最能反映周敦颐的思想实质的。通过对周敦颐的解释，阳明心学把自己的学术思想确切地纳入到儒学的道统谱系中，为打击朱子学争取了合法性。

不过，当时的科举考试是以朱子而非周子为标准，朱子的权威更大。换言之，周子的地位仍有待提高，方能构成打击朱子学的高屋建瓴之势。因此，阳明心学沿着张栻的道统论述进一步推高周敦颐的地位。在阳明心学之前，其先驱陆九渊、陈献章对周敦颐的评价便逐步升高。陆九渊首先以周敦颐为标准来评定二程优劣："二程见周茂叔后，吟风弄月而归……后来明道此意却存，伊川已失此意。"[①] 不言自明，周是高于二程的。其次则重提周敦颐的"孔、颜之传"说："夫子之道，至孟子而一光。然夫子所分付颜子事业，亦竟不复传也。"[②]

[①]　陆九渊：《语录上》，《陆九渊集》，中华书局1982年版，第401页。
[②]　陆九渊：《语录上》，同上书，第397页。

陈献章延续了陆九渊对周敦颐的尊崇，并把他置于孟子之上："圣贤都从一上来，时止时行道与偕。若使舂陵为孟子，光风霁月更襟怀。"① "时止时行"即"艮止"义。白沙又贬低朱子说："一语不遗无极老，千言无倦考亭翁。语道则同门路别，君从何处觅高踪？"② 阐述周敦颐宇宙论，肯定："天地之大，万物之富"，都是"一诚所为"。③ 湛甘泉评其师对周子的崇拜说："白沙先生于诸儒中，最信濂溪'无欲'一章，常语以示学者。诗云：'无极老翁无欲教，一番拈动一番新。'信之至矣！不知二程初尝授学，乃不甚及此，何耶？学非明通公溥，不足以言'无欲'，而又何疑也。"④

尊崇周敦颐的风气，在王阳明处达到了一个新的高度。还在被贬谪去龙场驿的途中，在萍乡瞻仰"濂溪祠"，王阳明有感于道丧学绝，表达其继承濂溪之志的抱负说："木偶相传恐未真，清辉亦复凛衣巾。簿书曾屑乘田吏，俎豆犹存畏垒民。碧水苍山俱过化，光风霁月自传神。千年私淑心丧后，下拜春祠荐渚蘋。"⑤ 孔子称"乘田"为"鄙事"，一般儒生亦甚瞧不上"簿书"——官吏的职业事务，推崇"道德教化"的空谈，王阳明对之不以为然，肯定周敦颐在具体政务中实现对道的追求，思想境界在孔子之上了。⑥ 这就表明，王阳明以"皇农之道"的态度来看待儒学。后来王阳明又借一位道士之口说："周濂溪、程明道是儒家两个好秀才。"⑦ 周敦颐曾经在赣州为官，因此王阳明在任南赣巡抚时，即建濂溪祠，讲学其中。

在平定宁王反叛后，王阳明心志更大，欲刷新道统，成为新时代

---

① 陈献章：《晓枕》，《陈献章集》，中华书局1987年版，第645页。
② 陈献章：《读周朱二先生年谱》，同上书，第576页。
③ 陈献章：《无后论》，同上书，第57页。
④ 湛甘泉：《天关语通录》，《湛甘泉先生文集》卷23，清康熙刻本。
⑤ 王守仁：《萍乡道中谒濂溪祠》，《王阳明全集》，上海古籍出版社1992年版，第687页。
⑥ 王阳明对孔子的直接贬低见于嘉靖初年"议大礼"写作的一首诗："却怜扰扰周公梦，未及惺惺陋巷贫。"
⑦ 《王阳明全集》卷33《年谱》，第1225页。

的圣人。在《象山文集序》中，他把周敦颐看作是道统在宋代的中兴者，上溯尧、舜、禹之相授受，下及陆九渊，论述说：

> 圣人之学，心学也。尧、舜、禹之相授受曰："人心惟危，道心惟微，惟精惟一，允执厥中。"此心学之源也。中也者，道心之谓也；道心精一之谓仁，所谓中也。孔、孟之学，惟务求仁，盖精一之传也。……至宋周、程二子，始复追寻孔、颜之宗，而有"无极而太极"，"定之以仁义中正而主静"之说；"动亦定，静亦定，无内外，无将迎"之论，庶几精一之旨矣。自是而后，有象山陆氏，虽其纯粹和平若不逮于二子，而简易直截，真有以接孟子之传。①

上段议论中，"孔、孟之学"不知不觉换成了"孔、颜之宗"。其实，在比较私人答赠中，王阳明以"颜子没而圣人之学亡"②的宣示，排除孟子，更接近周敦颐的道统论。不言而喻，王某当然更是这一道统的当代担纲者。

在下面一段话中，王阳明以良知与知识的区分为标准，对周敦颐的"诚学"进行了概括性的讲解：

> 诚是实理，只是一个良知。实理之妙用流行就是神，其萌动处就是几。"诚、神、几，曰圣人。"圣人不贵前知。祸福之来，虽圣人有所不免。圣人只是知几，遇变而通耳。良知无前后，只知得见在的几，便是一了百了。若有个前知的心，就是私心，就有趋避利害的意。邵子必于前知，终是利害心未尽处。③

---

① 王守仁：《象山文集序》，同上书，第245页。标点有调整。
② 王守仁：《别湛甘泉序》，同上书，第230页。
③ 王守仁：《语录三》，同上书，第109页。

"诚、神、几,曰圣人",见于《通书·圣第四》。在王阳明看来,周敦颐的学术是良知的前驱,他自己只是追随周敦颐进行发挥而已。

从人心、道心之辨来看,良知即道心,知识即人心。在阳明后学中,除了聂双江、罗洪先是从认知之心理解道心以外,阳明心学的其他学者大都能从万物之所以然的存在论意义上来理解良知,而把它与感知、思虑的"识心"区别开来。王畿论"舜德"说:"舜之德同于太虚而无累于外物者,以其能察于危微而致其精一之功也。微者,圣学之宗,不杂于人心之谓精,纯乎道心之谓一,精一而后能致虚,致虚而后能忘累。"① 王时槐进一步说明,虞舜之道心要从心学所讲的"本心"的意义上来理解,是思虑之所以然者,而非思虑之心。他说:"夫阳明先生所谓心者,非指方寸之情识思虑而言也,是虞廷所谓道心,弥宇宙,亘古今,常为天地万物之根者也。"② 周敦颐在宇宙物生成的意义上论述"无极而太极",显然是道心的另一种表述。

正是在这一意义上,邹守益对濂溪之学备极推崇,认为濂溪"一为要"的观点指明了唯一正确的学术道路,周、程以下皆是黄钟之下的"蟋蟀之音":

> 至元公(周敦颐)、淳公(程颢),始克续不传之脉,揭圣之可学,则以一者无欲为要;答定性之功,则以大公顺应,学天地圣人之常。揆诸邹鲁,何异代而同符也。以横渠之精思力践,妙契疾书,而犹不免于出入。明睿考索之箴,吾儒醇疵之几也。明睿者,其屡空者乎!考索者,其亿中乎!亿中之敏,若善射覆者,十发而九中,然犹不免于亿也;屡空者若置覆洞然,心目无

---

① 王畿:《三锡篇赠宫保默林胡公》,《王畿集》,第367页。
② 王时槐:《三益轩会语》,《王时槐集》,上海古籍出版社2015年版,第482页。

俟推测而得矣。①

在东廓看来,自张载、程颐以下,都是各据"闻见",党同伐异而已。

周敦颐的道统地位的大大提高,是在程朱地位的降低,尤其是朱熹地位的降低中实现的。对此,罗钦顺颇不以为然:"'周子在程朱之上',恐未易言。"②

阳明心学对周敦颐的全面肯定,是通过对周敦颐的《太极图说》与《通书》作一种纯粹心学的诠释而实现的,在根本方向上是对由张栻开端的心本论理解的发展。由朱熹注解《太极图说》的思路来看《通书》,则其中心内容"诚"就是讨论人们如何获得对一种抽象的、静止的、普遍的宇宙真理的认识的;而王阳明心学由《通书》之心性论的"诚"为主来看《太极图说》,则《太极图说》不过是描述宇宙万物在人的心灵中呈现的过程。此一心灵或称"良知",或为"妙明真心",等等,总不出"道心"的范畴。阳明心学的诠释,则把它由朱注所确定的外在的普遍的宇宙论,转变为一种内在的具体的心性论。

(一) 太极即心极

可能受到朱注把太极作为某个外在的事物之类的解释,陆九渊对《太极图说》不以为然。他认为"无极而太极"的说法令人怀疑,此书并非濂溪所作,或是其少年未定之作。杨简沿袭师说,认为:"太极奚可图,可图非太极。矧复赘无极,哀哉可叹息。"③对《太极图说》是完全否定的。在陈献章"一诚所为"维度的影响下,王阳明

---

① 邹守益:《诸儒理学语要序》,《邹守益集》,第 80—81 页。
② 罗钦顺:《困知记》,中华书局 2013 年版,第 188 页。
③ 杨简:《偶作》,《慈湖遗书》卷 6,文渊阁四库全书本。

把《通书》与《太极图说》作一种"互释",直接以"诚"为"太极"。他"咏太极"说:

> 一窍谁将混沌开?千年样子道州来。
> 须知太极元无极,始信心非明镜台。
> 始信心非明镜台,须知明镜亦尘埃。
> 人人有个圆圈在,莫向蒲团坐死灰。①

"明镜台"是来自于慧能的"明心偈"的典故,它表明"太极"是与心相对应的概念。"无极"即"非明镜台",指其超出有限对待的认知心。故阳明论易说:"易者,吾心之阴阳动静也;动静不失其时,易在我矣。"②在赣州设置"濂溪书院"时,阳明亲笔书写《太极图》及《通书》"圣可学乎"一段,刻于石,并作"跋语"说:"按濂溪自注'主静',云'无欲故静',而于《通书》云:'无欲则静虚动直',是主静之说,实兼动、静。'定之以中正仁义',即所谓'太极';而'主静'者,即所谓'无极'矣。旧注(朱注)或非濂溪本意,故特表而出之。"③根据上述思路,"定之以仁义中正而主静",是"太极本无极"。

王阳明对周敦颐"太极"概念的诠释看起来很突兀,其实一点也不新奇。如上章所述,宋儒邵雍、真德秀等已明"太极"即"心极"之义。换言之,王阳明的观点只是对一个长期流传、论述相当成熟的思想传统的重新发掘而已。

由于语言叙述的关系,即使是《太极图说》,也好像是对某一个

---

① 王守仁:《书汪进之太极岩二首》,《王阳明全集》,第772页。
② 王守仁:《与通道周冲书五通》,同上书,第1205页。
③ 王守仁:《王阳明全集》卷32《补录》,第1183页。据钱德洪所记,嘉靖十四年(1535),门人闻人诠督学南京时,摹于姑苏学宫之六经阁。标点略有调整。

对象性事物的说明，为此，王阳明提出了如何观之于言表的问题：言、象只是一种隐喻性"指引"。他通过程明道更加充分的论述，上探周子思想的本意：

> 周子"静极而动"之说，苟不善观，亦未免有病。盖其意从"太极动而生阳，静而生阴"说来。太极生生之理，妙用无息，而常体不易。太极之生生，即阴阳之生生。就其生生之中，指其妙用无息者而谓之动，谓之阳之生，非谓动而后生阳也。就其生生之中，指其常体不易者而谓之静，谓之阴之生，非谓静而从生阴也。若果静而后生阴，动而后生阳，则是阴阳动静截然各自为一物矣。……动静无端，阴阳无始，在知道者默而识之，非可以言语穷也。①

在王阳明看来，明道以定释静，堵塞人们从与运动相对的静止去理解静，故而说"动亦定，静亦定，无内外，无将迎"。内在的心灵与外在的事物共属一体，放弃各种主观的偏执就能达到本心的定静。人心被遮蔽虽然各有不同，"大率患在于私自用智"，故而定静就是"物来而顺应"②，即顺应事物自然而然地显现。王阳明发挥明道的思想，认为定静不是指槁木死灰，而恰恰相反，指的是心灵的极度的自由、生机盎然的状态。他说："无欲故静，是'静亦定，动亦定'的'定'字，主其本体也。戒惧之念是活泼泼地。此是天机不息处，所谓'维天之命，於穆不已'。一息便是死。"③

王阳明以心为太极的观点，成为心学的基本教义，并得到其后学处得到充分发挥。王畿论太极说："夫太极之说，濂溪周子发之详矣，

---

① 王守仁：《语录二》，《王阳明全集》，第64页。
② 程颢：《答张横渠先生书》，《河南程氏文集》卷2，中华书局2004年版，第460页。
③ 王阳明：《语录三》，《王阳明全集》，第91页。

予复何言？后世解者，尚若未尽其立言之旨，略为绎之：夫千古圣人之学，心学也。太极者，心之极也。有无相生，动静相承，自无极而太极，而阴阳五行，而万物，自无而向于有，所谓顺也；由万物而五行阴阳，而太极，而无极，自有而归于无，所谓逆也。一顺一逆，造化生成之机也。……其曰'定之以中正仁义而主静'，尤示人以用功之要。夫定之以中正仁义，所谓太极而主静，即所谓无极。故曰'人极立焉'。"① 由此，龙溪从思想史的角度上溯伏羲、孔子的传统，下及程颢之所以承受，对无极等概念作了进一步澄清：

夫自伏羲一画以启心极之原，神无方而易无体，即无极也。孔子固已言之矣，而周子之得圣学之传无疑也。夫圣学以一为要。一者，无欲也。人之欲大约有二：高者蔽于意见；卑者蔽于嗜欲：皆心之累也。无欲则一；无欲则明通公溥而圣可学矣。君子寡欲，故修之而吉；小人多欲，故悖之而凶。②

无欲者，心之本体，即所谓乾也。……所欲不必沉溺，意有所向便是欲。寡之又寡，以至于无。人以天定，君子之强，以法天也。孔门好学，莫如颜子，竭才于博约之训，欲罢不能，不迁不贰，三月不违，颜子之勇，所谓健也。周子深于《易》者也，定之以仁义中正，主静立人极，无欲故静，一者无欲也，盖几之矣。③

静者心之本体。濂溪主静，以无欲为要。一者无欲也，无欲则静虚动直。主静之静，实兼动静之义。动静，所遇之时也。人心未免逐物，以其有欲也。无欲，则虽万感纷扰而未尝动也；从欲，则虽一念枯寂而未尝静也。……濂溪传诸明道，则为定性。

---

① 王畿：《太极亭记》，《王畿集》，凤凰出版社2007年版，第481页。
② 王畿：《心极书院碑记》，载《王阳明全集》，第1336页。
③ 王畿：《大象义述》，《王畿集》，第652页。

性无内外，无将迎，所谓动亦定，静亦定。此千圣学脉也。①

朱熹曾埋怨陆九渊把他的"好意见"都挥斥掉了，而人的欲望反而可以放过："有一学者云：学者须是除意见。陆子静说颜子克己之学，非如常人克去一切忿欲利害之私，盖欲于意念所起处，将来克去。"② 等等。在龙溪看来，濂溪的"无欲"主要是讲克制人的意见，而人的欲望与意志正是显现万物的原动力，即所谓"乾"，克的只是沉溺。只讲克制人的自然欲望的"无欲"是二乘禅学，犯了另外一种毛病。

王门另一位重要弟子薛侃（中离1486—1545），曾主持赣州"濂溪书院"的讲学，在其代表性著作《图书质疑》专一"发明周子原一之意"。他解"太极"之义说：

○即●也。在天为天，在地为地，在日月为日月，在昼夜为昼夜……冒天下之道，如斯而已，皆太极，皆吾心之理也。所谓放之弥六合，敛之不盈一掬，斯夫子一贯之旨，濂溪、明道示人主一之功也。盖舍物无极，舍极无心，舍心无学。故先天天德之本，后天王道之用，皆心学也。③

心即理也，故曰"心即太极"；性即理也，故曰"理为太极"。古人语心语性，随其所指，非谓弗同也。虞廷语心不及性，然执中成治，非有所不足也；《中庸》语性不及心，戒惧之功，直跻位育，非有待于外也。

问："心、性、理何辩？"曰："灵觉谓心，灵觉自然谓性，灵觉有条理谓理。"④

---

① 王畿：《答中淮吴子问》，同上书，第70页。
② 黎靖德编：《朱子语类》卷124，岳麓书社1997年版，第2682页。
③ 薛侃：《图书质疑》，《薛侃集》，上海古籍出版社2015年版，第89—90页。
④ 同上书，第106页。

在薛中离看来，太极、心、性、理是指其作为宇宙万物的本源而言，只是从内、外及其表现的不同角度、层次对同一事情的描述。他又申明说：

> 太极无内外，无方体，谓有内外方体，非太极也。故太极，一也，二其一为两仪，四其一为四象，八其一为八卦，九其一为九畴，万其一为万殊，非别为一理也。以一而员画之则为○之象，内涵二为阴阳，一阴一阳谓道，故曰"道为太极"。涵三为三才，会天地而归诸人，故曰"心为太极"。心岂有内外乎？有外之心不足以合天心一贯之旨也。①

体现在学术上，从正面说是"主一"，从反面说是"无欲"。无欲，是指摆脱了以事物作为感性欲望之满足对象的目的性。

薛侃同样反对从禁欲的角度理解濂溪"无欲"之旨，阐述其"欲而无欲"的观点说："欲即性也。不失本体为正，失其本体为邪，寡之云者，正欲去邪存正。周子恐人不知用力，故又特言'无欲'，专自失其本体者言之耳。"②可见，他的"无欲"也主要针对某种主观意志、意见、道理，而非人的自然欲望。

邹守益诠释"主静"说："濂溪主静之静，不对动而言，恐人误认，故自注云'无欲'。……天心无言，而元亨利贞无停机，故百物生；圣心无欲，而仁义中正无停机，故万物成。知太极本无极，则识天道之妙。知仁义中正而主静，则识圣学之全。"③周敦颐的"主静"在程颢则为"主一"，在邹氏看来，主一即主静：

---

① 薛侃：《图书质疑》，《薛侃集》，第97页。
② 薛侃：《云门录》，同上书，第19页。
③ 邹守益：《录诸友聚讲语答两城郡公问学》，《邹守益集》，第733页。

主一之说发于程子。程子传之濂溪圣学之篇，以一为要。一者，无欲也。知无欲之为一，则主一之功可知矣。他章有主于事、主于理之辨，最好玩味。……定性之教曰，君子之学，莫若廓焉而大公，物来而顺应。大公也者，至善之体也；顺应也者，至善之用也。大公顺应之学，其将于心体求之乎？其将于事物求之乎？若谓事事物物皆有定理，则当喜怒之事，不求诸心体而求诸喜怒之事，曰某可小喜，某可大喜，某可小怒，某可大怒，是弃规矩而揣方摹员也。①

王艮即以"无欲"解"无极"："一即太极，无极是无欲到极处。"② "只心有所向便是欲，有所见便是妄。既无所向，又无所见，便是无极而太极。良知一点，分分明明，亭亭当当，不用安排，不用思索。圣神之所以经纶变化，而位育参赞者皆本诸此也。"③

（二）心极生万物

从阳明心学"太极即心极"的观点来看，周敦颐的哲学思想就变得非常简明。《通书》第一章："诚者，圣人之本。'大哉乾元，万物资始'，诚之源也。'乾道变化，各正性命'，诚斯立焉。元、亨，诚之通；利、贞，诚之复。大哉易也，性命之源乎！"在阳明心学看来，这不过是说：诚是圣人之所以为圣人的根本特征。让万物呈现出来就是诚的源头，让万物如其所是地呈现就是诚得到确立的表现，万物蓬勃生长则是诚的效用，保持本然贞定之心则是诚的复归。《太极图说》所谓："无极之真，二五之精，妙合而凝。'乾道成男，坤道成女'，二气交感，化生万物。万物生生，而变化无穷焉。"就是对宇宙万物

---

① 邹守益：《答同志》，同上书，第784页。
② 王艮：《重刻王心斋先生语录》，《四库全书存目丛书·子部》，第10册，第4页。
③ 同上书，第28页。

显现为自身的具体过程的描述。自然,《通书》各章又不过是对这一过程作了更加周详的解释而已。朱熹注解本段说:"此书与《太极图》相表里,诚即所谓太极也。"只是朱熹的"诚"倾向于理解为某个道理而已。阳明心学沿着上述思路发展,阐述了"心极生万物"的理论。王阳明解释万物的生成机制说:"身之主宰便是心;心之所发便是意;意之本体便是知;意之所在便是物。如意在于事亲,即事亲便是一物……所以某说无心外之理,无心外之物。"① 王阳明认为此即《中庸》"不诚无物"、《大学》"明明德"的观点的依据,而为学之功只在格物(格去物蔽)。物格则意诚,意诚则心正。在此意义上,万物显现为其自身:

  人心与物同体……可知充天塞地之间,只有这个灵明,人只为形体自间隔了。我的灵明,便是天地鬼神的主宰。天没有我的灵明,谁去仰他高?地没有我的灵明,谁去俯他深?鬼神没有我的灵明,谁去辩他吉凶灾祥?天地鬼神万物离却我的灵明,便没有天地鬼神万物了。我的灵明离却天地鬼神万物,亦没有我的灵明。如此,便是一气流通的,如何与他间隔得!②

人的心灵与事物的本性同属于一,是不可分析的。人只要回复自己的良知,则世界万物生生不已,人的生命得到了如其本然的发展,也自然感觉到极大的快乐。故而又说:"良知是造化的精灵。这些精灵,生天生地,成鬼成帝,皆从此出,真是与物无对。人若复得他完完全全,无少亏欠,自不觉手舞足蹈,不知天地间更有何乐可代。"③

---

① 王守仁:《语录一》,《王阳明全集》,第6页。
② 王守仁:《语录三》,同上书,第124页。
③ 王守仁:《语录一》,同上书,第104页。

阳明后学继续发展了上述观点，往往结合对周敦颐的理解进行发挥。在王畿看来，人的本心呈露，天地万物便显现为其自身；本心有如此力量，故《易经》称之为"乾"。乾，健也。他说："乾，天德也。天地灵气，结而为心，无欲者，心之本体，即所谓乾也。天德之运，昼夜周天，终古不息。日月之代明，四时之错行，不害不悖，以其健也。"① 据此，龙溪对传统的《易经》注解进行了修正，把"乾知大始"之"知"解释为"主"，如知县、知府之知。他说：

"乾知大始"，乾知即良知，乃混沌初开第一窍。为万物之始，不与万物作对，故谓之"独"。以其自知，故谓之"独知"。乾知者，刚健中正，纯粹精也。七德不备，不可以语良知，中和位育皆从此出，统天之学，首出庶物，万国咸宁者也。②

良知即乾知。灵明首出，刚健无欲，混沌初开第一窍。未生万物，故谓之大始；顺此良知而行，无所事事，便是"坤作成物"。③

牟宗三对周敦颐所作的解释，其实是对王龙溪上述思考的现代转换，值得参考。他说："自乾元之为万物所资以为始言，濂溪即名曰'诚之源'，言诚体之发用由此为源头也。自乾元之成始成终而创生（实现）万物言，濂溪即由此说'诚斯立'，言诚体之所以为诚体，诚体之自建其自己，即由其成始成终而见也……有元（普通所谓有好的开始），即有亨，亨者内通也。即生机之不滞。故于元亨说'诚之通'。通而有定向者谓'利'，利而有终成者谓'贞'。贞者，定也，成也。故于利贞说'诚之复'。"此一节虽单说乾元，实亦兼含坤元。

---

① 王畿：《大象义述·天行健，君子以自强不息》，《王畿集》，第652页。
② 王畿：《致知议略》，同上书，第131页。
③ 王畿：《答季彭山龙镜书》，《王畿集》，第213页。

"创造即是天,保聚即是地。""在乾道变化中,于元亨处,所谓'诚之源'处,即见有阳之申;于利贞处,所谓'诚斯立'处,即见有阴之聚(阴之屈)。"①

总之,王畿所发展的是周敦颐有关万物在人的心灵中的自然呈现观点,否定由某个绝对的神秘事物自然产生出天地万物。

对于阳明心学而言,由对濂溪关于事物生成机制的思想的理解,学术的根本任务也就得到了确认,那就是说明"心极生万物"的过程。周海门确定儒学的核心命题说:"《易》之旨,备于《中庸》。……乾坤一身而已。无极太极,是称父母。吾为天地立心,吾之气塞于两间。民吾肢体,物吾皮毛,大君吾之元首,大臣吾之手眼,天下之疲癃残疾、鳏寡孤独,皆吾身之痿痹而疾苦也。存吾昼作,没吾夜息也。孟子曰'万物皆备于我',我外无物也;程子曰'我在天壤间,直是孤立',我无有对也;周子言立极在我,天地日月四时、鬼神不能违也。邵子谓:'肯把三才别立根。'诸语皆同一旨。"② 周子《太极图》不是"形容"什么"天地间大道理",只"是绘吾身心影像",上承伏羲、孔子,他说:

> 伏羲画卦之意,果何为者?盖专以形容吾心之万事万物而已。是故一身之中,头目鼻舌手足肩背,以至喜怒哀乐生死梦寤出处进退祸福吉凶,卦之画以形容,此亦吾心中事,心中物也。天地之间,日月山川草木虫鱼,以至寒暑昼夜古今终始,卦之画以形容,此亦吾心中事,心中物也。卦画有所从起,图之虚中,乃从起之原。虚中有名字,孔子强名之太极;虚中无有一物,周子特标以无极。无极而太极,即吾心是也。心非思虑知识之谓,不离思虑知识,而何思何虑,不识不知,故曰无极而太极也。生

---

① 牟宗三:《心体与性体》,上海古籍出版社 2000 年版,第 278—280 页。
② 周汝登:《武林会语》,《周汝登集》,上海古籍出版社 2015 年版,第 411—412 页。

天生地生万事万物者，此也。伏羲欲使人览图而知一切备于我，后之儒者不知在我，而推之于天地，若身外然者。伏羲欲使人览图而知万只是一，有根于无，后之儒者不务穷其本根，而徒于万上寻求，有处执著，伏羲之旨湮矣。①

上述论述把天地万物的生成具体化为八卦符号的架构。换言之，世界上的万事万物都是因其在人的心中生成的，而易学则通过八卦符号反映了这一事实；周敦颐太极学说揭示了这一事实的某个方面，而成为易学史的一个阶段。海门批评朱子学派的注解说："周子《太极图》，晦翁解之极详，然《中庸》注中谓天以阴阳五行化生万物，何故不言太极？又曰'气以成形，而理亦赋焉。'又曰：'禀得此气，理便搭附在上面。'似阴阳反在太极之前，不类兹解，何也？"② 朱熹的根本毛病就在把世界看成外在性的，从而把"理"想象成一种绝对性的宇宙规律，认末为本。

（三）复归于无极

由心极之义可知，太极以显现事物的生成变化而成为宇宙的本体。事物的显现表现为造化（创造与转化）的无穷无尽的循环，由无生有，由有归无，生生不已。反之，若是太极只有由无而有的一面，宇宙就会发生堵塞，生生之机就会被窒息。生生不已是一个自然的过程，夫妇之愚皆与知与能；对此生生不已进行反思，则是圣人之事。周子之学自然是圣人之事，而尤其在于阐述由有而归于无的道理。故阳明心学所要阐述的濂溪学术的主要内容，就是如何在万物的生成中回归本心，摆脱俗学逐物不返的困境。

相反，俗学拘于其日常理性，往往只注意了《太极图说》由无

---

① 周汝登：《武林会语》，《周汝登集》，第413—415页。
② 同上书，第427页。

极、太极而二五、而万物的说法，穿凿附会为"科学的"宇宙论，而忽视下文："五行，一阴阳也。阴阳，一太极也。太极，本无极也。"却不知这正是其"主静立极"的功夫论的本体论依据，是周子哲学思想的关键。在周子看来，人若往而不返，逞其智能，就会发生种种逆天违时之事，终至于万劫不复，故提示"返之"之道，不至于履虎尾而后悔。

阳明心学对濂溪学术的阐述，也就是在万物的生成中提示回归本心的重要性。薛侃"周子太极原一图"即通过阐述万物在心灵之中不断地显现与消失的永恒的循环，提出学问之功即在于领会事物的生成变化之道得其"道枢"，从而能够使万物如其所是，成其所是：

> 周子《太极图》上一〇，太极也；次具动静，明两仪也；三布五行，明四象也；四成男女，乾坤生六子之义，明八卦也；五谓万物化生，即八卦生六十四卦，穷变化、尽万物之情，其实一也。故曰"五行一阴阳，阴阳一太极，太极本无极也"。其大旨在"定之以中正仁义而主静"。仁义即《图》之奇偶，卦之九六；中正即爻位得中得正之意；静者，无欲也，一也，主静即主一立极也。[①]

此一解释完全推翻了由朱注所确定的数百年来对《太极图说》的理解传统，朱注所加于其上的种种迷蔽，被一扫而空。

王畿阐述周敦颐的"循环论"说："自无极而太极，而阴阳五行，而万物，自无而向于有，所谓顺也。由万物而五行阴阳，而太极，而无极，自有而归于无，所谓逆也。一顺一逆，造化生成之机也。"在龙溪看来，学术思想本来应当体现道的循环，但由于人们并不认识这一点，往往偏执一端。他说：

[①] 薛侃：《图书质疑》，《薛侃集》，第87页。

> 粤自圣学失传，心极之义不明，汉儒之学，以有为宗，仁义、道德、礼乐、法度、典章，一切执为典要，有可循守，若以为太极矣；不知太极本无极，胡可以有言也？佛氏之学，以空为宗，仁义为幻，礼乐为赘，并其典章法度而弃之，一切归于寂灭，无可致诘，若以为无极矣；不知无极而太极，胡可以无言也。一则泥于迹，知顺而不知逆；一则沦于空，知逆而不知顺。拘挛缪悠，未免堕于边见，无以窥心极之全，学之弊也久矣！濂溪生于千载之后，默契道原，洞见二者之弊，建图立说，揭无极太极之旨以救之。说者以为得千载不传之秘，信不诬也。①

为什么孔子未言无极而濂溪言之？龙溪认为那是时代的需要。当时，儒学拘于有为之迹而不知变通，弊端百出，必须有以救之。因此，即使孔子不言无极，针对时代思想的弊病，濂溪也很有必要提出这一概念。无极之概念虽然是濂溪提出来的，其思想萌芽则包含在《易传》"易无体"之中，"无体"就是无极。濂溪不过是阐明了这一意义，完全是孔子的正宗嫡传。朱注以仁为阳之动，以义为阴之静，等等说法，实之以理，实际上取消了无极，走入了支离烦琐的学术道路。

罗汝芳论孔子至周子的发展说，孔子称"易有太极"，不是在易之外设立一个形而上学的东西；而周子"无极而太极"亦非太极之外又有个无极，与孔子没有什么不同。换言之，《易经》不是对某个外在事物的模仿、反映，而是圣人通过卦、爻对世界的拟议、创作。他说：

---

① 王畿：《太极亭记》，《王畿集》，第481页。

盖自伏羲、周文三圣立画显象之后，世之学者观看，便谓太虚中实实有乾、坤并陈，又实实有八卦分列，其支离琐碎宁不重为斯道病耶？故夫子慨然指曰：此易之卦象，完全只太极之所生化，盖谓卦象虽多，均成个混沌东西也。若人于此参透，则六十四卦原无卦，三百八十四爻原无爻，而当初伏羲仰观俯察，近取远求，只是一点落纸而已。此落纸的一点，却真是黑董董而实明亮亮，真是圆陀陀而实光烁烁也。要之，伏羲自无画而化有画，自一画而化千画；夫子则将千画而化一画，又将有画而化无画也已。①

事物既然是在心灵中显现的，终归在心灵中归于虚寂；只有这样，才能为新事物的出现开放空间。周子提出太极、无极之类说法都是针对当时学人所犯的毛病而言，治疗之后，皆是多余。

由于默契事物本源，故阳明心学推崇濂溪能以易理统摄象数，从而使"易学"中向来分裂的易理与象数两派能够在一种循环论中走向同一。万思默称赞周敦颐说：

濂溪先生，中兴之圣也。世儒于《图》狗其有，故支于象末；先生独反之心，故悟于象先。无极一圈，超然在《河图》羲画之外，发圣人天地所未发之秘旨焉。使象数一空，心灵独露，千古而上，万古而下，尽扫支离，洞澈光明，归吾当念。信孟子以后，开先一人而已，庸可訾乎！微先生，吾谁与归？②

象数学派只能就象数以论象数，而阳明学派则能探究象数之所以

---

① 罗汝芳：《明道录》，《四库全书存目丛书》子部第86册，齐鲁书社1997年版，第412页。

② 万廷言：《易原》，《万廷言集》，中华书局2015年版，第72页。

然，掌握象数的本源。这是由周敦颐启示的。

概而言之，在深入理解南岳禅学的基础上，阳明心学能把濂溪置于整个湖湘乃至中国思想史的传统之中来理解，对其具体内涵进行了深入的阐述和发挥，使其意义更加明晰。阳明心学对《太极图说》的解读，不仅开启了濂溪学的新境界，也开启了易学的新境界，在王龙溪之后议论濂溪与研究易学的一些著作，无不受上述思路的影响。不过，"太极即心极"的观点与自然主义的思想习惯极为冲突，且淹没在汗牛充栋的对象性思维的穿凿之后，至今影响甚微。

四 二贤祠及其影响

在明代心学学者南岳禅学之旅中兴起的，则是以"二贤祠"为中心的儒学文化。二贤祠是为纪念朱熹、张栻的"南岳唱酬"，由尹台倡议在南岳后山修建的。建成以后，迅速受到当时文化思想界的一些名家的眷顾，形成独步一时的"二贤祠文化"或"方广寺文化"。与之相应，在衡山各处形成了一股书院建设的热潮，同时也修缮一些历史书院，达到有史以来未有之盛。此一现象，所显现的是儒学对禅学公开的、全面的吸收。

（一）二贤祠的建设及其意义

二贤祠的兴建，是王阳明在长沙岳麓山拜访"朱张祠"之后所发生的一系列事件的一个环节。岳麓山的朱张祠本名"崇道祠"，非专祠朱、张，当时并不怎么引人注意；特别突出朱、张，是在王阳明推崇朱、张之后。正德三年（1508），王阳明在贬谪去贵阳龙场驿途中，到访岳麓书院。王阳明在岳麓山时拜谒了"朱张祠"，对朱、张在此讲学交流极表追慕。王阳明之所以对朱、张作如此高度的评价，应与《南岳唱酬集》在此时的出版有关。

原来，《南岳唱酬集》虽然当年编成，张栻、朱熹均为该书作序，其实并未刻印。现存单行本是由邓淮搜索朱、张二人全集,于弘治十三年(1500)编辑印刷者。邓淮,江西吉水人,成化十七年(1481)"王华榜"进士。王华即阳明之父,则邓淮是阳明"年叔"。据祝尚书考证,此本为《南岳唱酬集》最早刻本。① 此书的出版,使湖湘学派的"主场优势"得到突出表现,方便了人们对朱、张学术思想实际情况的了解,实为阳明歌咏之媒介。

王阳明之后,朱、张在方广寺的旧迹开始引人注目。严嵩(1480—1569)在正德十四年(1519)出差广西靖江王府途中,遍访湖湘诸名胜时来到方广寺,并在此得读朱张《南岳唱酬集》。他写的一首诗中说:"朱张二夫子,杖履来当年。高辞贲岩石,老宿依寒禅。而我二三子,景行志弥坚。"② 此后,顾璘(1476—1545)以副都御史衔任湖广总督,于嘉靖十六年(1537)奉旨"祭岳",到访方广寺。不过,他没有提及朱、张,而只盛赞此地的佛教风景:"行尽衡岳多佛宇,无如此地好归依。"③ 可见,此时朱、张在南岳的旧迹尚在若明若晦之际,并不特别突出。

直到尹台为纪念朱张"南岳唱酬"在方广寺修建"二贤祠"后,方广寺乃至南岳才逐渐成为阳明心学讲学活动的中心。尹台(1506—1579),字崇基,号洞山,江西永新人,嘉靖十四年(1535)进士,授翰林院编修。尹台本来尊崇朱子学,但据胡直判断,中年"有寤于《大学》知本之旨",与邹东廓、罗念庵相契。④ 嘉靖十八年(1539)夏天,洞山奉使楚藩,自荆、襄,经长沙,在武冈完成使命后,来到衡山,历游诸名胜。在游方广寺时,他"慨想晦庵、南轩二先生高风,低徊留之不欲去"。在周围游转一遭后,指着寺右有一片空地,

---

① 祝尚书:《南岳唱酬集天顺本质疑》,《中国典籍与文化》2005年第2期。
② 严嵩:《宿方广寺读朱张二先生唱酬集》,《钤山堂集》卷5,《四库全书存目丛书》集部,第56册,齐鲁书社1997年版,第57页。
③ 顾璘:《游方广寺》,李元度修纂《南岳志》卷25,岳麓书社2013年版,第634页。
④ 胡直:《宗伯尹洞山先生传》,《胡直集》,第822页。

问寺僧说:"能丐我以祠二先生矣乎?"寺僧表示愿成其美。次日来到衡山县,洞山"搜筐得资金半铤以授邑令内江章君",请其兴建"二贤祠"。章令也是一位地方文化建设的热心者,便令方广寺的僧人动工修建。方广寺的僧人表现出相当的积极性,住持洁空在其徒圆琳、圆玉等的协助下,一年之内即完成了全部工程。不料,二贤祠取得意想不到的效果。在《二贤祠记》中,尹台说:

> 起夫祠成之三年,安城邹翁守益,吾邑甘翁公亮始纳二先生主释奠,明年增城湛翁若水来署其堂曰"嘉会"。其秋吉水罗君洪先复至,则取二先生方广诸诗大书壁,而自题其后以示志。①

相继来访者,如尹台、湛甘泉、邹东廓、赵大洲、周怡、张居正等,先后都担任过南、北国子监的祭酒、司业等职,具有很大的号召力。当他们前往南岳时,往往跟随着成群成队的门人弟子,有的留在南岳讲学数月之久,遂使二贤祠之游成为时代文化生活中令人注目的重大事件。②

由于阳明心学的学术活动,带动了以二贤祠为中心的南岳文化的整体复兴。南岳文化的复兴方式,在罗洪先那里体现得比较典型:一是整理,一是创作。这是在与僧人的共同努力中实现的,显示了儒、禅融合的新成果。

1. 整理

在对以二贤祠为中心的南岳文化的"整理"中,彭簪起了相当重要的作用。彭簪(?—1550)号石屋,江西安福人。邹东廓举人同

---

① 尹台:《二贤祠记》,载李元度《南岳志》卷7《祠庙二》,第272页。
② 如湛甘泉自述其至山时,多地门生旧吏前来问候,"一时至山礼仪勤叠衡山"。

年，又为刘阳"业师"，大概算是阳明弟子。① 彭自嘉靖三年（1524）起，任衡山县令，前后9年，自称"七十二峰主"。嘉靖七年（1528），他修成《衡岳志》，为第一本有关衡山的"专志"，反映南岳山水、人文之胜，"与方外之事可怪可愕之状，及佳木异草，珍禽奇兽之错产"②。彭簪亦好谈禅，于嘉靖九年以祷雨故，过方广寺："寺僧某如今坚苦数十年，能以其说普化十方，圆成因果。……余方在寺中，屏去驺从，焚香独坐，因举佛书色空之说，延引僧话。"③ 此后，继任者又有《续南岳志》等作，改正彭志中骚人寓言的"诸希奇事"（神仙传说）。

而有关"南岳唱酬"文献的整理，则是其中的重点。由方广寺的僧人真定编辑的《莲峰翰墨志》收录朱、张"唱酬"以及后代题咏，得到来访学者的推崇。周顺之所作之序，即赞扬方广寺禅学对朱、张的启发说：

> 南岳之莲花峰，在崇岗绝磵中，深入而幽潜，八峰矫好，若青莲出水……禅学寂学者往往择而栖焉。宜其人之高洁远俗，世缘不能染也。……两先生，不远千里，会友问学，风雨冰雪，淬志弥励，笑谈咏歌，箴规斯存。其一游、一息、一话、一字，人皆爱慕敬仰之不置也。固宜后来君子遐心苦志，时发泄于吟咏间，非徒寄兴于山水者。④

朱熹十五六时究心禅学，乾道六年（1170）《答薛士龙书》曾自述"驰心空妙之域者二十余年，比乃困而自悔，始复退而求之于句读

---

① 据《王阳明年谱》，嘉靖六年（1527），王阳明出征思、田，大会诸生于吉安螺川，其中提到"诸生彭簪、王钊、刘阳、欧阳瑜"等人。
② 彭簪：《自序》，载李元度修纂《南岳志》卷25《艺文》，第804—805页。
③ 彭簪：《方广记略》，同上书，第628页。
④ 周怡：《莲峰翰墨志序》，同上书，第806页。

文义之间"。则乾道三年与张栻游山时，尚在其习禅的年代。观其"酬唱"的内容，亦见大概。方广寺的僧人加以整理，以其能够回应俗儒攻异端的锋芒，且为自家学术增加信心；而阳明心学吸纳禅学，也有了不容置疑的榜样。

而刘阳序则指出，整理文献是要以南岳占天下学术之盛衰："僧真定持所藏晦庵、南轩二先生暨当时诸贤先后所遗题咏，欲为山志以传山中曰：无俾兹山遭名贤而守之者顾落寞也，亦祈于有续焉，且将持此为高客款也。……在今距宋乾道盖三百余年，何倐如昨日也。宇宙寥廓，俛仰今昔，不有感于游人者乎。二翁遗响，至今日诸贤，可以指计焉，何踪迹希阔也！……其道污隆，其时升降，可以观，可以兴者矣。"① 换言之，南岳兴旺，则天下学术繁荣，世道太平；不然，则荒陋，混乱。

2. 创作

前面提到的阳明心学的学者往访南岳时，或讲学论道，或写诗论文，互相唱和，蔚为大观。这大大地丰富了南岳的文化内涵，提升了其地位。尤其是，他们在方广寺围绕朱张唱酬，或赓续旧韵，或自谱新声，发表其对传统哲学命题的理解，进一步促进了佛、儒、道的深度融合，开辟了学术思想的新境界。

如湛甘泉虽得白沙亲授，却是在南岳才领会白沙学术真谛，并加以公开表达的。他回忆曾经拒绝王阳明同游南岳的邀请，并述其悔恨说：

> 二贤并世生，于此际嘉会。……忆昔阳明子，相期将有待。时势倐变更，至今有遗悔。二贤祠下树，勿剪以勿败。毋使我心

---

① 刘阳：《莲峰翰墨志序》，同上书，第805页。

伤，心伤重感慨。①

当日要是听从阳明的召唤上了南岳，也许要少走许多弯路。他的许多空洞无聊的妄思，毫无意义的执持，亦将在南岳的文化环境中不待言辩而自然消歇。可惜他畏惧世人禅学之讥，为人而不为己，辜负了阳明的一片诚心和自己的大好年华。② 在南岳，他以"老禅"自居，写下"人世万缘挥手谢，五峰明月抱云眠"的句子以述志。

湛甘泉的此种心情，其他人都有同感。罗洪先回应说："大道日隐沦，大圣不数会。……大禹惜寸阴，逝者岂相待。少壮若有余，时过乃终悔。为学比为山，难成易亏败。进止吾自由，勗矣奚所慨？"③罗洪先在书朱、张之诗于壁后，阐明其意义说："不知歌而来，咏而归，果皆二先生不动情于夷险寒燠，而必期于自适矣乎。其来也，果皆恍然冥契而不逐于外境，其归也，果皆充然各得而不牵于俗累矣乎。"④

尹洞山对此表达赞同："读其文，诵其诗，绎其师友论议切磋之指归，不知反思默契，上求二先生之深造，以自淑勉其身心，不足以言善学矣。"⑤ 在拜访二贤祠的高潮中，各位来访者诗文创作的主旋律就是颂扬朱张在南岳的"嘉会"中对禅学的融会贯通，从不同的角度与层次表达自己的理解。这些诗词所启示的儒、禅融合的文化意义，不言自明。

由于不断地创作与整理，方广寺形成了一种儒、佛、道混合，山水与文艺交相辉映的独特的"二贤祠文化"。此种文化基本上延续到

---

① 湛若水：《岳游纪行略·题朱晦庵、张南轩嘉会堂》，《湛甘泉先生文集》卷29，第214—215页。
② 薛侃排甘泉于心学之门外说："白沙之学与阳明先生无异……后来门人称高第者，门户亦渐不同。"（《云门录》，《薛侃集》，第23页）
③ 罗洪先：《用甘泉二贤祠韵示诸生》，《罗洪先集》，第1013页。
④ 罗洪先：《题二贤祠壁记》，李元度《南岳志》卷7《祠庙二》，第270页。
⑤ 尹台：《二贤祠记》，同上书，第272页。

明末，随后便不太被人提起，或者没有了其中的激情。这显示了二贤祠是一件具有鲜明时代性的事件。故而只有对其与当时文化学术思潮之关系作深入的探讨，才能真正明了其性质和意义。

（二）文化策略

明代心学推崇二贤祠，还包含了某种"文化策略"。由于朱熹的经典注解是当时科举考试的标准答案，孔孟之道是通过朱子的诠释而被承认的，因此，朱子在一般士人的心目中具有比孔子更高的地位，朱子的言行往往被作为学者的楷模，具有"免议"之特权。这样，朱子习禅的经历可以当作躲避卫道士对习禅者之攻击的挡箭牌。这与王阳明编写《朱子晚年定论》相同——既然朱子"晚年"已经归依陆学，再以其"早年"未定之论攻陆，就显得不很合理。诚如有人所说，从学术的角度上说，王阳明作《朱子晚年定论》是完全没有必要的，但是，从应对当时的文化环境而言，则必不可少。阳明说：

> 留都时偶因饶舌，遂致多口，攻之者环四面。……今但取朱子所自言者表章之，不加一辞，虽有偏心，将无所施其怒矣。①

王阳明《朱子晚年定论》在当时产生了两大效应：一是以朱子来攻心学的人少了，减轻了外在的压力。如阳明上面所期望者。二是消除了心学学者自己的疑虑，即阳明心学并非如何地标新立异，不过是对某种被遗忘的思想维度的重新诠释。阳明弟子袁庆麟"跋"《朱子晚年定论》说："及读此编，始释然……若夫直求本原于言语之外，真有以验其必然而无疑者，则存乎人之自力，是编特为之指迷耳。"②

---

① 王守仁：《与安之书》，《王阳明全集》，第 173 页。
② 袁庆麟：《朱子晚年定论跋》，同上书，第 124 页。

儒、佛之间的门户区分大都由朱子而起，解铃还须系铃人，故最好借朱子之力以破之。

王阳明一再地使用"学术策略"，包括在《孟子》中找出"良知"二字作为学术宗旨，受到陈建的指责，认为："此权诈阴谋，不合用之于讲学。"① 但是，官学并不以学术的态度来对待学术问题，故李贽却称赞这种学术策略："可以脱祸，而其教亦因以行，此则王先生善巧方便，千古大圣人所当让美，所当让德，所当让才者也。"②

王阳明的学术策略，在其后学也是心领神会的。由于迫切需要获得挡箭牌的功效，二贤祠乃至南岳文化得到了特别的青睐，以营建一个开放的文化空间。胡庐山在衡山时，借楚石之徒圆宁西楼为会所，邀请张居正、罗汝芳、姜宝、蔡国珍、耿定向兄弟、邹善等人结"衡庐心谛会"③，以儒、禅融合的姿态展示阳明心学的学术取向，摆出自王阳明与其及门弟子之后的第二阶段发展的强大阵容，正是二贤祠文化发展营造良好学术环境的卓有成效的证明。在他处，不可能显得如此自然。

（三）文化影响
1. 书院修建

李元度《南岳志》概括说："岳为神皋奥区，琳宫绀宇相望，而石鼓与岳麓，又为四大书院之二。……自李宽居石鼓，为书院得名之始。……胡文定、赵清献并有书院在岳。朱、张讲学岳麓，尤称极盛。明之白沙、念庵、甘泉、东廓暨祝黄门、蔡白石，各以书院传。"④ 其中，石鼓书院是官学性质的，另当别论。在这个时期新建、

---

① 陈建：《学蔀通辨》上海古籍出版社 2015 年版，第 39—94 页。
② 李贽：《答马历山》，《续焚书》卷1，《李贽文集》第 1 卷，第 2 页。
③ 胡直：《衡庐心缔小序》，《光绪衡山县志》卷 39《艺文序》，载《中国地方志集成·湖南府县志辑》，第 40 册，第 416 页。
④ 李元度：《南岳志》卷 17《书院一》，第 541 页。

修缮的书院情况，列表如下：

书院名称	修建情况	纪念对象	附注
集贤书院	夏良胜、张治、彭簪于嘉靖初年就郯侯书院遗址修建，改名。万历间，曾金简复修之	祀李郯侯、韩文公、赵清献、周濂溪	
二贤祠	嘉靖十八年，尹台发起修建	朱熹、张栻	
东廓书院	邹守益嘉靖中先于石鼓书院讲学，后建书院于南台寺左		发表《教言》二十五篇
甘泉书院	湛甘泉于嘉靖甲辰建于紫云之麓，后十三年，复来修缮		与衡学士讲学其中，数月乃去
白沙书院	与甘泉书院同建，在甘泉书院上	陈献章	
衡湘书院	蔡汝楠"门下生"于嘉靖辛酉建于郡城南	蔡汝楠	
岣嵝书堂	衡州本地士绅祝咏所建		湛甘泉、罗念庵讲学其中
会灵精舍	王宗沐门生康元积建于岳市之西	王宗沐、王斗溟	

在南岳文化的重整中，僧人始终是这些活动的有力协助者。以他们立场来看，自然是以佛学能够发挥影响儒学的效用而感到自豪的。而他们的参与，又加重了其中的佛学色彩。借着心学的风头，佛、道二氏亦出现了某种复兴的迹象。

2. 本地学者群的兴起

自湖湘学派以后，此地学术基本上可以说是科举考试的附庸，并无独立思考的学者，或不甚为世人所知。阳明心学的传入，引起了讲学之风的兴起，出现了一代又一代的湖湘心学学者。对应于阳明心学的发展过程，湖湘心学学者可以分成三个时代或群体：

第一个群体主要是指王阳明的亲传弟子，有蒋信、冀元亨、王嘉秀等。蒋信有著作《道林文集》传世，但后从湛甘泉游。

第二个群体则是嘉靖中期泰州学派盛行时的王学学者，有祝咏、刘稳、刘应峰、刘尧诲等人。邹守益、罗洪先、湛甘泉等人访问衡山时，祝咏多次充当东道主人；胡直"衡庐心缔"中有鄪县刘稳、茶陵刘应峰；张居正访问南岳时，有长沙王会沙。刘尧诲（凝斋）临武人，是张居正政治集团的重要人物，任两广总督时，曾请罗汝芳、胡东洲前往肇庆讲学。有《刘尧诲先生全集》，但散佚严重，16卷仅存7卷。

第三个群体则是万历十年张居正去世以后，与以李贽、焦竑为中心的江左学派交流的学者。知名者有李腾芳，与公安三袁友善，崇拜李卓吾。李腾芳有《李湘洲集》传世，收入《四库全书存目丛书》集部第173册。四库馆臣评论说："其学宗王守仁，故集中第二卷有《阳明集抄序》，反复几二千言，发挥良知之旨，至以事功、节义与辞章、养生均为正道之障。……亦颇尊崇李贽，称为'卓吾老子'。"①

不过，湖湘本地学者由于在当时名气都不是很大，加之文献遗失，对后世的影响亦不大。

五　小结

禅学是中国思想发展的一个光辉灿烂的阶段，离开禅学来讨论中国思想，只是使自己显得浅薄而已。黄绾认为："宋儒之学，其入门皆由于禅：濂溪、明道、横渠、象山则由于上乘；伊川、晦庵则由于下乘。"② 上乘，即"祖师禅"，下乘则是"公案禅"。换言之，宋明儒学是消化而非离开禅学而然。但是，因为道学的门户意识作祟，讲学家大都不肯坦率承认这一点。朱熹明明知道祖师禅并非一无是处，

---

① 见《四库全书存目丛书·集部》第173册，齐鲁书社1997年版，第480页。
② 黄绾，《久庵日录卷一》，《黄绾集》，第658页。

而攻之不休；陆九渊在其私下讲学中采用禅师手段，但对外绝口不提，① 等等；只有非专业讲学者反而能发表一些公允之论。如王安石曾问张方平说："孔、孟去世后千余年，绝无人焉，何也？"方平回答说："岂为无人，亦有过之者！……马祖一、汾阳无业、雪峰存、岩头奫、丹霞然、云门偃。……儒门淡泊，收拾不住，皆归释氏耳。"② 经过阳明心学的充分发展，学术史的脉络更加清晰了。祝世禄说："孟氏之后，儒者守其糟粕，而学之脉反寄于二氏，至周、程而始复。故二氏之教盛于汉，大盛于唐，而少衰于宋。"③ 袁宏道补充说："至近代王文成、罗旴江辈出，始能抉古圣精髓，入孔氏堂，揭唐、虞竿，击文、武铎……故余谓，唐、宋以来，孔氏之学脉绝，而其脉遂在马大师诸人。及于近代，宗门之嫡派绝，而其派乃在诸儒。"④

阳明心学对南岳禅学的追寻，使其能够把南岳禅学的"践履"精神贯彻到底，从而取得超越陆九渊、陈献章等心学先驱的成就。陆九渊沿袭了俗儒在思辨、知行方面的"习见"，以知为思辨讲习，不能理解"如好好色，如恶恶臭"所体现的知、行合一之义；而陈献章"静中养出端倪"，与践履之学稍隔一尘。而王学则坚定地相信只有在人类自身的生存活动中，在各项社会实践中才有真正的知识。换言之，如果不投身于实践之中，即使终身讨论思辨，排比字句，乃至静坐默想，亦与真理毫无关涉。显然，阳明心学通过对南岳禅学的追溯，强化了"砍柴担水，无非妙道"的实践哲学维度，彰显了濂溪学术，从而把心学推向了新的境界，开拓了中国学术的新时代。

---

① 朱熹说："子静（陆九渊）却杂些禅，又有术数，或说或不说。""子静寻常与吾人说话，会避得一个'禅'字，及与其徒，却只说禅。"（见《朱子语类》卷124《陆氏》，岳麓书社1997年版，第2691、2687页。）
② 彭绍升：《居士传校注》卷21《张安道》，中华书局2014年版，第181—182页。
③ 祝世禄：《祝子小言》，《四库全书存目丛书》，子部，第90册，齐鲁书社1997年版，第719页。
④ 袁宏道：《为寒灰书册寄郧阳陈玄朗》，《袁宏道集笺校》，上海古籍出版社2008年版，第1226页。

阳明心学对湖湘实践哲学精神的张扬，使科举考试的"标准答案"土崩瓦解。李泽厚论王学的地位说："王阳明是继张载、朱熹之后的宋明理学全程中的关键人物；张建立（理学），朱集大成，王使之瓦解。"① 可见，阳明心学对南岳禅学的探讨，主要是要借助其解构力量，以摧毁俗儒对经典的迷信，开拓自主思考空间。但是，即使禅学也不是完全消极的，其对经典的超越是为了获得本心，直接走向自己的事情；而阳明心学更是要在此本心的基础上处理道德伦理、政治经济等方面的问题，对既有的社会秩序加以改造，以适应新时代的需要。这与周敦颐在面对时代的问题时有同样的企图，也使其对周敦颐的学术继承成为一件很自然的事件。换言之，阳明心学对周敦颐的推崇达到了几乎空前绝后的程度，是很符合逻辑的。不过，阳明心学的时代变化更大，他们的价值观更具近代性。

从阳明心学在湖湘的表现来看，他们对湖湘学术传统的追寻可以说是达到了无所不到的地步，但在王阳明的"心学谱系"中却没有胡宏、张栻的地位，这是因为：一方面，湖湘学派的学术思想的成就被后起的陆九渊的名声所遮盖；另一方面与张栻本身学术立场的动摇有关。张栻在《知言疑义》中附和朱熹的观点，自己的著作也被朱熹删改，不能与陆九渊毫不妥协的态度相比拟②，使其作为学术旗帜的意义黯然失色。

南岳二贤祠文化的兴起，是阳明心学在特殊的历史条件下，通过推高以张栻为代表的湖湘学派的优势地位，特别是朱熹容受禅学的面向，回避俗学的异端攻击，从而为自身的学术发展创造一个良好的文化环境。衡山其后兴起的众多书院，则显示了新时代学术在南岳文化环境中的空前繁荣。

---

① 李泽厚：《宋明理学片论》，《中国古代思想史论》，生活·读书·新知三联书店2008年版，第254页。

② 陆九渊对朱熹的调和论断然拒绝："元晦欲去两短，合两长。然吾以为不可，既不知尊德性，焉有所谓道问学？"（《陆九渊集》卷34，中华书局1980年版，第400页）

第九章　王夫之与阳明心学之争辩

一　引言

王夫之（1619—1692）别号薑斋、船山，衡阳人。王夫之的思想非常庞杂，文字颇为晦涩，生前默默无闻，老死穷乡僻壤，直到曾国藩挟再造皇清的政治强势加以表彰，方才大为世人所知。曾氏对王夫之在重构礼教与阐发张载哲学思想方面的成就的推崇，揭示了王夫之学术的大体框架，即通过对张载"气本论"哲学思想的发挥，为礼教建立一个形而上学的稳固基础，以"维系人心"。国藩说："船山先生注《正蒙》数万言，注《礼记》数十万言，幽以究民物之原，显以纲维万事，弭世乱于未形，其于古者明体达用、盈科后进之旨，往往近之。"[1] 同时，国藩又推崇船山集儒学之大成，是"清学"之先驱。清代学术的种种"卓绝"，"先生皆已发之于前，与后贤若合符契"。自此以后，随着湘人在近代历史舞台上叱咤风云，王夫之获得了非常崇高的学术地位，遂称显学，似乎成了湖湘学术的典范。

传统湘学以开放性、创造性著称，是一种向前看的学术，其实不太适合王夫之的学术框架。王夫之虽然是地地道道的湖湘土著，却自称"希张横渠之正学"，远祧"关学"，便是明证。王夫之一心想摆脱湖湘传统，对周敦颐首先便不以为然：

---

[1] 曾国藩：《船山遗书序》，《船山全书》第16册，岳麓书社1993年版，第419页。

第九章　王夫之与阳明心学之争辩　| 283

濂溪周子首为《太极图说》，以究天人合一之原，所以明夫人之生也，皆天命流行之实，而以其神化之粹精为性，乃以为日用事物当然之理，无非阴阳变化自然之秩叙而不可违。然所疑者：自太极分为两仪，运为五行，而乾道成男，坤道成女，皆乾、坤之大德，资生资始；则人皆天地之生，而父母特其所禅之几，则人可以不父其父而父天，不母其母而母地，与《六经》、《语》、《孟》之言相为躛甍，而与释氏真如缘起之说虽异而同。则濂溪之旨必有为推本天亲合一者，而后可以合乎人心，顺乎天理而无敝。故张子此篇不容不作，而程子一本之说，诚得其立言之奥而释学者之疑。①

此乃把周敦颐的宇宙论当作对某个外在对象的论述，然后断定其理为"自然之秩叙"，离开了"人道"，又拉上释氏"真如缘起"，完全莫明其妙。

若从王船山对阳明心学的态度来看，则上述观点，又很自然。王夫之批判阳明心学的焦点就在，阳明心学以禅学精神解构了程朱理学的形而上学道德理念，进而否定了整个礼教秩序，是明代社会解体、亡于夷狄的责任者。他评王阳明对孔门弟子有子的态度说："大抵有子在制作上立言，故曰用、曰由、曰行，是故双峰以为在下面一截说，与前论仁而言行仁一例，而君子之静存动察以立大本而行达道者，固未及也。王阳明疑有子之支离以此，而有子之切事理以立言，终异于姚江之沦于禅者，亦正在此，固不必更就上面一截起论，为头上安头之说矣。"② 所谓"上一截"是指形而上，"下一截"指形而

---

① 王夫之：《张子正蒙注》卷9《乾称篇》，《船山全书》第12册，第351页。标点有所改动。

② 王夫之：《读四书大全说》卷4《论语·学而篇》，《船山全书》第6册，第593页。

下，有子之言皆是从具体的制度建构上立言的，故王阳明疑其缺乏哲学思考。王阳明的哲学是什么，又要建立什么样子的制度呢？王夫之对之又作了具体的说明："王阳明疑有子之支离，只欲将仁与孝弟并作一个。……乱禅只在此处，而屈孟子不学不虑之说以附会己见，其实则佛氏呴呴呕呕之大慈大悲而已。圣贤之道，理一分殊，断不以乳妪推干就湿，哺乳嚼粒之恩为天地之大德。故朱子预防其弊而言识、言推，显出家国殊等来。家国且有分别，而况于君德之与民俗？直是壁立万仞，分疆画界。比而同之，乱天下之道也。"① 在王夫之看来，王阳明引入禅学，否定一切先决条件，把社会制度建立在平等包容的基础之上，与他以"君德"教化"民俗"的观点，势不两立。从王阳明"万物一体"的学术观点看，确是从反对朱熹把《大学》由顺应式的"亲民"改为教化式的"新民"开始的，王夫之是抓住了王阳明思想的要点。但是，他的批判则不仅与陆王心学相对立，更是对周敦颐、张栻等以"民性"为学术之本的湖湘传统的背弃。王夫之对陆、王随处攻击，尤其厌恶李贽。他指斥说："王氏之学，一传而为王畿，再传而为李贽，无忌惮之教立，而廉耻丧，盗贼兴，中国沦没，皆惟怠于明伦察物而求逸获，故君父可以不恤，肤发可以不顾。陆子静出而蒙古兴，其流祸一也。"② 陆、王学者不论是在明亡还是在宋亡时，都不掌握政治权力，何必负亡国之责？

但是，王夫之究竟还是在湖湘传统之中思考的，使他的思想充满了矛盾，亦由此显出价值，不致堕落成为一个抱残守缺的卫道士。非常有趣的是，王夫之尽管与李贽很对立，但却与之同被尊为"启蒙思潮"的代表人物。王夫之的思想矛盾，是面对天翻地覆的社会大动乱时学者无力感的一种表现。王夫之与阳明心学、特别是李贽之间的关

---

① 王夫之：《读四书大全说》卷2，《船山全书》，第6册，第431—432页。标点符号有所改变。

② 王夫之：《张子正蒙注》卷9《可状篇》，《船山全书》第12册，第371页。

系到底如何，是一个很值得思考的问题。王夫之对阳明心学尤其是作为其总结的李贽发起了全面争辩，可以概括在三个主要命题中。本章通过对它们进行讨论，以探讨王夫之学术真相，感受一番湖湘哲学在异常时代的"变调"。

二　理欲之辨

与程朱理学"存天理，灭人欲"，主张禁欲主义不同，王船山和李卓吾都非常明确地肯定人的自然欲望。这是人们把他们认定为启蒙思潮代表人物的依据。

李卓吾第一个把人的自然欲望公开提示出来，作为讨论学术问题的前提命题。他认为人的一切活动都是从满足自己的生存需要出发的，因而提出了"人必有私"论。私也就是追求对基本人生欲望的满足。他说："夫私者，人之心也。人必有私而后其心乃见，若无私则无心矣。"[①] 人的一切行为，都是受到"私心"的激励，不论是农民、地主、学者还是官员，他们行为的出发点就是追求个人利益。即使孔子也是这样，如果没有司寇的职位，没有宰相的权力，孔子就不会在鲁国停留。这是很明显的道理。儒生们都以三代之王无为而治的纯粹道德作为追求目标，鼓吹"无私"，李卓吾认为，这都不过是一些没有任何意义的花言巧语而已。大圣人也是人，不是神仙，他们也要吃饭，也要生存，因此"不能无势利之心"。不仅个人，而且国家的基本任务首先也在解决国民的生存问题。他发挥孟子对梁惠王自以为疾病之"好货""好色"的肯定，并由此进行推衍，认为："王若无疾则已，倘别有他疾，皆是自独知而来，皆是自真真心意所发而来，不肯一毫瞒人者，非意诚而何？夫人正赖有此实意，有此真知，故能推

[①] 李贽：《藏书》卷32《德业儒臣后论》，《李贽文集》第3卷，社会科学文献出版社2000年版，第626页。

以及人，与人同其好，与人同其恶，便是王政了矣。"①

其实，李卓吾的哲学观点是在一种悖论中展开的。一方面人在追求物质利益，另一方面，人又不能沉溺于声色之中。这一悖论，是由人的存在方式决定的：人作为生命个体，既有其生物学的需求，同时也有其社会的、精神的追求。因此，李卓吾一方面强调："穿衣吃饭即是人伦物理，除却穿衣吃饭，无伦物矣。世间种种皆衣与饭类耳，故举衣与饭而世间种种自然在其中，非衣饭之外更有所谓种种绝与百姓不相同者也。"把百姓日常生存活动放到了规定事物性质的高度来加以论述。事物是在人类"穿衣吃饭"为基本方式的生存活动中成其为自身的；离开了人，事物就丧失了其规定性。穿衣吃饭，乃至人伦规范、社会制度，等等人世间的一切，因人的生存而发生，自当随人的死亡而消失，具体表现为人的欲望的生成与满足，并非"天理"（外在于人的绝对道理）。故接着即说："学者只宜于伦物上识真空，不当于伦物上辨伦物。"②"真空"，相对于"顽空"而言，不是一个与实有相对立的概念，毋宁说是实有的最大可能性，指事物本身的无规定性，无限可能性。因此，人们不应把事物当作一种对象性的东西，在其中寻找某种绝对价值；否则，人就会被外物主宰，牵己以从之，就永远谈不上自由的境界了。李卓吾认为，这就是陆、王的易简之学与朱熹的支离之学的根本差别。陆、王深明事物的生成机制，他们所谓伦物是从人的生活境域而言的，是"由仁义行"；朱熹以之为外在的天理，要求人们无条件地牺牲自己，以身殉之，是"行仁义"。朱熹的所谓天理表面上是一些无私的道德言辞，实际上是把某种特权利益固化为超时空的绝对者，故而李卓吾认为朱熹这种"仁者"与"贪暴者"殊途同归，使人民游离失所；而"仁者"的害处更大，因为贪暴者把问题摆在那里，而仁者则极力掩盖这个问题，要求人们忽

---

① 李贽：《道古录》卷上，《李贽文集》第7卷，第367页。
② 李贽：《答邓石阳》，《焚书》卷1，《李贽文集》第1卷，第4页。

略了这个问题。

这就是说，李卓吾在此强调人的生存欲望，就既否定了程朱理学的天理，也不是只承认了人欲，如当今许多学者理解的那样，而是要把这个问题提出来公开讨论，给它一个合适的位置。因此，他在肯定人的生存需求的正当性的同时，又完全不能容忍世俗那些"为财役者"的贪婪。他们对财货的意义没有任何自觉，只是出于一种本能的贪欲。平民的聚敛受到诸多条件的限制，基本上只能满足自己的生存需要，还可以理解；而那些官员、学者，统治阶级，社会的上层，若是只知聚敛，在李卓吾看来，就是一种明显的道德缺陷。他说："今者，身居大人之位，心有君子之思，而屑屑然与细人同其皇皇，真是可羞。"[①] 性相近，习相远。最初人与人之间的差别还不大，但发展下去，"一为圣人，一为盗跖"，有天壤之别。李卓吾也不认为统治阶级应该与普通老百姓处于同一消费水平，故而对孔子在当了鲁国司寇之后的种种享受予以正面肯定：承担了重要的社会任务，可以相应地提高物质生活享受水平。皇帝成为富贵而非道德苦行的象征，有利于激发整个社会一种奋发向上的活力。

李卓吾人欲论的特点，主要体现在他的人性论是建立在人欲与自由的张力之中，并不主张把人的物质欲望放到终极地位，哪怕是整个人类的欲望。在他看来，人在满足了自己的基本生存欲望以后，可以自由选择自己的人生道路；特别是满足自己的精神追求，自由地发展自己个性；而且只有人的自由发展，才是人的真正的本性，才是真正"尊德性"。"能尊德性，则圣人之能事毕矣。于是焉或欲经世，或欲出世，或欲隐，或欲见，或刚或柔，或可或不可，固皆吾人不齐之物情，圣人且任之矣。"[②] 在他心中，庄子式的洒脱与艺术境界，是人类追求的最高境界。他自称为游戏三昧之"大神通自在长者"，认为

---

① 李贽：《道古录》卷上，《李贽文集》第7卷，第357页。
② 李贽：《道古录》卷上，同上书，第361页。

"鱼相忘于江湖，人相忘于道术"就是学问的"游艺"境界。"学至游艺，至矣，不可以加矣"。①

王船山肯定欲望的观点与李卓吾有一致之处，他甚至于担心统治阶级由于不追求享受，从而丧失治理国家的积极性。他说："有淡而易足者焉，为君子易，而非即君子也。……吾惧乎薄于欲者之亦薄于理，薄以于身受天下者之薄于以身任天下也。"②很显然，王船山也明确反对"存天理，灭人欲"的观点。他认为，儒家经典只是说要存天理，并没有主张把人欲当作一个完全负面的东西加以克服。在他看来，圣人都是珍视生命的："圣人者人之徒，人者生之徒。既已有是人矣，则不得不珍其生。"③更明确反对佛教的禁欲主义，鼓吹人们不断地追求物质生活水平的提高。他说："甘食悦色，天地之化机也……天之使人甘食悦色，天之仁也。"④因而断言："有欲斯有理。"理寓于欲望之中，没有欲望就不存在理。个人的欲望与群体的欲望发生了冲突，则个体的欲望必须服从群体的欲望，才是合理的。这种合理的行为表现为"礼"，也就是合适的行为方式。在王船山的哲学体系之中，人的欲望具有绝对性的地位。如果个人与群体之间的关系处理好了，达到人类欲望满足的最大化，就等于是天理的实现。他说："人欲之各得，即天理之大同；天理之大同，无人欲之或异。"⑤故其论礼，即本于人欲。他说："礼虽纯为天理之节文，而必寓于人欲以见；（自注：饮食，货；男女，色。）虽居静而为感通之节，然因乎变合以章其用。（自注：饮食变之用，男女合之用。）唯然，故终不离人而别有天，终不离欲而别有理也。"又援引了为朱熹所攻击的胡宏"天理人欲，同行异情"的观点，解释孟子与梁惠王的"好色""好

---

① 李贽：《与陆天溥》，《续焚书》卷1，《李贽文集》第1卷，第4—5页。
② 王夫之：《诗广传》卷2《陈风一论衡门一》，《船山全书》第3册，第374页。
③ 王夫之：《周易外传》卷二《临》，《船山全书》第1册，第869页。
④ 王夫之：《思问录内篇》，《船山全书》第12册，第405—406页。
⑤ 王夫之：《读四书大全说》卷4《论语》，《船山全书》第6册，第639页。

货"之论说:"即此好货、好色之心,而天之以阴骘万物,人之以载天地之大德者,皆其以是为所藏之用;故《易》曰:'天地之大德曰生,圣人之大宝曰位。何以守位曰仁,何以聚人曰财。'于此声色臭味,廓然见万物之公欲,而即为万物之公理;大公廓然,物来顺应,则视之听之,以言以动,率循斯而无待外求。"① 这与李卓吾对孟子的理解基本一致。

但是,在对于人的欲望的节制方面,王船山与李卓吾则有天壤之别。相对李卓吾的人欲前提论,王船山则主张一种欲望本体论。由此,王船山虽然也对违反社会公共利益的私欲有过抨击,但是缺少人类如何对自己的欲望进行超越的视点。因此,他对庄子"逍遥游"的境界完全缺乏同情。他抨击庄子说:"庄子说许多汗漫道理,显与礼悖,而摆脱陷溺之迹,以自居于声色货利不到之境。到底推他意思,不过要潇洒活泛,到处讨便宜。缘他人欲落在淡泊一边,便向那边欲去,而据之以为私。故古今不耐烦剧汉,都顺着他走,图个安佚活动。此情也,此意也,其可不谓一己之私欲乎!"② 又抨击释氏:"离欲而别为理,其唯释氏为然。盖厌弃物则,而废人之大伦矣。今云'然后力求所以循天理',则是离欲而别有所循之理也,非释氏之诐辞哉!"③ 然后,批评了异端喜静厌动的观点:"彼异端者……乃窥《大易》之言,曰:'吉凶悔吝生乎动,吉一而凶三。天下皆罜之縠,不如窒其动以绝其源。'洄湍汪濴,亦何从而测其所归哉?"④

王、李两人在理欲观上的差异,与各自时代背景的不同有很大的关系。李卓吾生活在太平盛世,可以追求多方面的发展;而王船山则处于大乱之时,"得保首领,已为幸矣"⑤,故以生存下来为能事。

---

① 王夫之:《读四书大全说》卷8《孟子》,同上书,第911页。
② 王夫之:《读四书大全说》卷6《颜渊篇》,同上书,第769页。
③ 王夫之:《读四书大全说》卷8《孟子》,同上书,第911页。
④ 王夫之:《周易外传》卷6《系辞下传第一章》,《船山全书》第1册,第1033页。
⑤ 李贽:《世纪总论》,《藏书》卷1,《李贽文集》第2卷,第1页。

三　道器之辨

　　王船山和李卓吾对在理欲之辨上的同异，基于其哲学观的对立，这一点在道、器之辨中表现得更加明显。所谓道、器之辨，来自对《易传》的诠释。《易传》说："形而上者谓之道，形而下者谓之器。"道、器关系从此就作为中国哲学的一个重要命题被确定下来。道说的是事物的存在本性或本质，而器说的是各个具体的存在者。

　　王、李的共同之处在于他们都认为世界上只存在着具体的事物，即器，也即道；不承认在具体事物之外有个形而上学的道，由道派生出器。秉承陆象山、王阳明"事即道，道即事"的观点，李卓吾主张"夫天下唯物与事耳"。他认为，圣人的学术目的就在告诉人们事物是后天生成的，而不是先天固有的，不存在任何形而上学的本质。他说："吾圣人欲人于有物上通无物，则知有物即是无物耳。故能通于无物，则物即是道，而何病于有物；苟不能通于无物，则物尚是物，而未可以言道也。"① 道不是一个具体的东西，故而不能用描述性的语词如"本末""终始"之类来表述，而对事物的对象性的研究最多只能说"近道"。《大学》说格物而不说无物，那是圣人教人在具体事物中直接通达道的虚无本体。

　　要理解上述的道器论，还需从理解李卓吾关于事物生成的观点入手。李卓吾认为，事物是在人的"真心"中呈现出来的。他说："吾之色身洎外而山河，遍而大地，并所见之太虚空等，皆吾妙明真心中的一点物相耳。"② 真心虽然不离人的意识而存在，但不能仅仅理解为认知意义上的感觉之类，因为人的感觉也只是因为真心才成为可能。这就是说，事物的意义是相对于人的存在而言的，没有人的存

---

① 李贽：《道古录》卷上，《李贽文集》第 7 卷，第 352 页。
② 李贽：《解经文》，《焚书》卷 4，《李贽文集》第 1 卷，第 127 页。

在，宇宙一片混沌。

王船山也明确反对有离开形而下的形而上，主张道不离器，否定在具体事物之外存在一个形而上学的道。他说："天下惟器而已矣。道者器之道……无其器则无其道，人鲜能言之，而固其诚然者也。洪荒无揖让之道，唐、虞无吊伐之道，汉、唐无今日之道，则今日无他年之道者多矣。"① 在他看来，物即是事，是相对于人的身体性存在中成其为自身的。船山说："今夫事与心之相接也，不接于吾之耳、目、口、体者，不可谓事也。不接于吾之耳、目、口、体，天下非无事也，而非吾之所得制，非吾之所得制，则六合内外固有不论不议者矣，则固非吾事矣。"② 由之，他提出了一种"身本论"的宇宙论："是故以我为子而乃有父，以我为臣而乃有君，以我为己而乃有人，以我为人而乃有物，则亦以我为人而乃有天地。器道相须而大成焉。未生以前，既死以后，则其未成而已不成者也。故形色与道，互相为体，而未有离矣。是何也？以其成也。故因其已成，观其大备，断然近取而见为吾身，岂有妄哉！"③ "即身而道在也。"④这在表面上与阳明心学也没有什么差别，唯没有追溯到使人的感官、身体之所以然的本心、真心而已。

但是王船山的道器论很不严密，他所列举事物的道并不是指事物成其为自身的本性，而是指事物互相区别的属性。如他论弓矢、车马之道，只是制作或使用这些东西的方法和技术，并不是指弓矢、车马何以成其为自身的存在本性。这些东西何以占有自己的本性？是在他们对人构成了某种用途。即只有在使用他们来打猎、战争或旅行之类，才使他们成为弓矢、车马之类存在着。否则，他们

---

① 王夫之：《周易外传》卷五《系辞上卷第十二章》，《船山全书》第 1 册，第 1027—1028 页。
② 王夫之：《尚书引义》卷 3《仲虺之诰》，《船山全书》第 2 册，第 289 页。
③ 王夫之：《周易外传》卷 3《咸》，《船山全书》第 1 册，第 905 页。
④ 王夫之：《尚书引义》卷 4《洪范三》，《船山全书》第 2 册，第 352 页。

也许只是一个像弓矢、车马之类的摆设或装饰而已。若是只就事物的属性而言,弓矢、车马都是根据其工艺原理生产出来的,就不能说无其器便无其道。王船山另外使用"得"与"德"来分指事物的属性与本性,可能更恰当一些。

在道器问题上,船山常常陷入二本论,即在于他不太能够确切地区分事物的本性与属性。如他论器物的生产说:"成必有造之者,得必有予之者,是人事之究竟,岂生生之大始乎?有木而后有车,有土而后有器。车、器生于木、土,为所生者之始。揉之斫之,埏之埴之,车、器乃成,而后人乃得之。"① 这在哲学上面是含糊的,造之、予之的是人,而后面又强调木、土的本体作用,好像是木、土有车、器的性质,而后人把它们发明出来了。那么,车、器是人根据自己的需要所创造的,还是土、木本身固有,人从中发现出来的,哪个在构成这些事物本身中更为根本呢?

这里就表现了王、李两人的差异。李卓吾之所以能够保持自身思想的统一性,坚持天下唯事与物的观点,就在于他对宋明理学中的种种绝对主义独断论哲学观进行了彻底的清算,从而在哲学本体论上提出了天下万物皆生于"二"而不生于"一",任何事物都是相对于他物而占有自己本质的观点。他说:"所谓一者果何物?所谓理者果何在?所谓太极者果何所指也?若谓二生于一,一又安从生也?一与二为二,理与气为二,阴阳与太极为二。反覆穷诘,无不是二,又乌睹所谓一者,而遽尔妄言之哉!"② 一切事物都是在高下相形、长短相较,相对于其他事物而占有自己的本质的,追究下去,最后都与人相关,是事物在人的真心中的自我显现。

王船山的学术困境主要是他的气本体哲学观。他把一个独立于人的绝对的气看作万物的本源,从而认为有形的"器"不过是由一个无

---

① 王夫之:《周易外传》卷1《乾之三》,《船山全书》第1册,第825页。
② 李贽:《夫妇论》,《焚书》卷3,《李贽文集》第1卷,第84页。

形的"气"所派生出来的。形器是气之聚散的特殊形态，由气而来，复归于气。"器有成毁，而不可象者寓于器以起用，未尝成，亦不可毁，器敝而道未尝息也。"① 并且进一步主张："无恒器而有恒道。"② 就陷入了董仲舒的："天不变，道亦不变"的绝对主义哲学观里去了。他的学说也产生了明显的分裂。他一方面主张"天下无象外之道。……欲详道而略象，奚可哉"③，很有现象学的气象。另一方面，则拼命去寻找象外之物，议论不可知之事。他论气之本体说："凡虚空皆气也，聚则显，显则人谓之有；散则隐，隐则人谓之无。""人之所见为太虚者，气也，非虚也。虚涵气，气充虚，无有所谓无者。"④ 去谈论无法显现的东西，有悖于他自己称赏的圣人不论不议的立场，只能落入一种主观的推测之中。

由王船山的道器之辨反过来看其理欲之辨，可以知道他在理欲观上的绝对主义思想倾向的哲学本体论来源，他所主张的人性有时其实就是一种自然性的"气质之性"，生物学意义上的性。

四 知行之辨

常识中所讲的"知"只是人的主观意识。人的主观意识对事物做出各种判断，就构成了人类的知识。这一知识符合了客观事物，在人的实践中得到了验证，就是真理。这样，意识与外物之间到底有什么关系，为什么能够一致，是没有经过考虑的。王阳明提出知行合一则认为，"知"不过是人对自身存在的自觉而已，与"行"本来就是一件事。"好色属知，好好色属行。只见那好色时已是好了，不是见了

---

① 王夫之：《张子正蒙注》卷1《太和篇》，《船山全书》第12册，第21页。
② 王夫之：《思问录外篇》，同上书，第430页。
③ 王夫之：《周易外传》卷5《系辞下传第三章》，《船山全书》第1册，第1038页。
④ 王夫之：《张子正蒙注》卷1《太和篇》，《船山全书》第12册，第30页。

后又立个心去好。"① 当人掌握真理之时，人已在真理之中。王阳明的知行观给思想学术界极大的震撼，王船山、李卓吾的知行之辨就是在这个前提之下展开的。

　　李卓吾的知行观是对王阳明知行观的自觉的继承与发展。王阳明的知行合一，实际上否认在人的行之外另外有个什么知，从而也就否定了要以如何的抽象原则来指导人的生活。这为李卓吾所发挥。他认为，在人的"婚嫁仕宦"的具体生活之外，并没有一种什么真理，因此人要获得对于真理的认识，只要回到自己的生活之中就可以了。他说，一个人可以说自己不能成佛，没有掌握真理，但再怎么谦让，总不能说自己不能成人吧。一个人如果不成人，何以"自立于天地之间"呢？"既无以自立，则无以自安。无以自安，则在家无以安家，在乡无以安乡，在朝廷无以安朝廷。吾又不知何以度日，何以面于人也？"一般水平的人都会处理好自己的事情，多少都能成人。既然能够成人，那么就已经成为佛了，已经在真理之中了。"天下宁有人外之佛，佛外之人乎？"② 故而可以说，无一人、无一物、无一刻不在真理之中，只是不能人人都自觉自己在真理之中而已，但是又未尝不可以使之自觉。怎么做到这种自觉？李卓吾认为不是到外面、他物或他人那里去接受什么道理，恰恰是要除去种种从外而入的东西，以恢复本心的明觉。因此，他解释《大学》"格物致知"一词说："所格者何物？所致者何知？盖格物则自无物，无物则自无知。故既知所止，则所知亦止。苟所知未止，亦未为知止也。故知止其所不知，斯至矣。"③ 李卓吾在《童心说》认为，这些知识中最应该格去的儒学的经典知识，因为儒学的经典"非其史官过于褒崇之词，则其臣子极为赞美之语"，等等，一点都不反映实际，即使从知识的角度来说都是

---

　① 王阳明：《语录一》，《王阳明全集》，上海古籍出版社1992年版，第4页。
　② 李贽：《答周西岩》，《焚书》卷1，《李贽文集》第1卷，第1页。
　③ 李贽：《答周若庄》，《焚书》卷1，《李贽文集》第1卷，第2页。

一些伪知识。李卓吾的知行观的针对性是非常明确的，就是反对当时盛行的儒学教条主义。从生活本身出发，儒学的权威就不攻自破。李卓吾"不以孔子之是非为是非"，就是根据生活本身的变化而作出的判断。今天时代不同了，即使是孔子本人，他的判断也应该有所不同了。他说："夫是非之争也，如岁时然，昼夜更迭，不相一也。昨日是而今日非矣，今日非而后日又是矣。虽使孔子复生于今，又不知作如何非是也，而可遽以定本行赏罚哉！"①

陆、王心学有反知识的倾向，而李卓吾则认为，站在人类生存的立场上来看问题，人的行为是有明确功利目的的，为了具体的功利目的对外物进行对象性的研究，获取知识以利用对象，也是完全必要的。因此，他对传统儒学包括王阳明在内所否定的"霸术"，即追求明确功利目的的实用学科，包括法律的、经济的、军事的、外交的知识，都予以充分的肯定。他批评司马迁说："史迁传《货殖》，则羞贫贱；书《平准》，则厌功利。利固有国者之所讳与！然则太公之九府，管子之轻重非欤？"②在《藏书》中，卓吾为科技人士立传，肯定科学技术知识所带来的巨大的社会效益，对于在科举时代这些人才被埋没，深感不平。

王船山在反对程朱理学"知先行后"的观点上，与心学有共同点。船山认为，程、朱"知先行后"的观点，其主要的毛病在于把知、行两者"立一划然之次序，以困学者于知见之中，且将荡然以失据，则已异于圣人之道矣"③。但船山认为，心学主张知行合一，却同样陷入了"知先行后"的谬误之中。他批评陆、王心学说："若陆子静、杨慈湖、王伯安之为言也，吾知之矣。彼非谓知之可后也，其所谓知者非知，而行者非行也。知者非知，然而犹有其知也，亦惝然若

---

① 李贽：《藏书》卷首《藏书世纪列传总论》，《李贽文集》第 2 卷，第 7 页。
② 李贽：《藏书》卷 20《富国名臣总论》，同上书，第 337 页。
③ 王夫之：《尚书引义》卷 3《说命中二》，《船山全书》第 2 册，第 311 页。

有所见也。行者非行，则确乎其非行，而以其所知为行也。以知为行，则以不行为行，而人之伦、物之理，若或见之，不以身心尝试焉。"① 其实是王船山的所谓知还是指的知识和道理，而不是心学使事物得以显现的思想、本心或良知，故而他才会指责心学不去尝试自己所掌握的道理。这种批评自然是不中肯的。

王船山在对知识的肯定上与李卓吾有同感，并试图进行哲学的论述。与一般道学家强调理解道的重要性不同，船山更强调对器的认识，这与他的道器论的观点倒是一致的。他说："圣人之所不知不能者，器也。夫妇之所与知与能者，道也。故尽器难矣。"② 对器的认识就是掌握事物的属性，船山称为"德"，其实际含义应该是"得"，即道之具体的表现。他认为，如果只注意道的变易性，而不掌握其具体属性，就会产生一种精神的毛病："勇于德则道凝，勇于道，则道为天下病矣。德之不勇，褐宽博且将惴焉，况天下之大乎？"③ 如果没有一定的知识，人的生存都会发生问题，是不可能应付更为复杂的政治问题的。

总体而言，王船山的知行观与李卓吾有巨大的差异，即李卓吾彻底抛弃与否定了朱熹即物穷理的哲学认识论，而王船山关于"能""所"的分析，则完全走在朱熹的学术道路上，即在主、客两分的前提下，把真理当作人的主观意识对于客观事物的符合。这是对心学心物不二、内外合一的有机整体的哲学观的倒退。王船山也探讨过心物同构的问题，但只是一种静止的描述，不如李卓吾深刻。

五 小结

相对于李卓吾而言，王船山的思想表现出更多的矛盾和冲突。这

---

① 王夫之：《尚书引义》卷3《说命中二》，《船山全书》第2册，第312页。
② 王夫之：《思问录内篇》，《船山全书》第12册，第427页。
③ 同上书，第428页。

种矛盾在于他一方面还在沿着阳明心学思想解放的潮流走，一方面却要坚持道学立场，捍卫过时的礼教制度。他的"六经责我开生面，我自从天乞活埋"，很能表现一个儒教徒对一个有独创性的学者的自我谴责，那么王船山对李卓吾的不满就可以得到理解了。从王船山涉及李卓吾著作之多与广来看，他对李卓吾的学问也是相当了解的。李卓吾长期在楚省的活动，故其追随者以本地为盛，为船山对其了解提供了方便。王船山的代表性著作《读通鉴论》就纯粹是针对李卓吾的《藏书》写作的，一一反其道而论之。这也在一定程度上说明了李卓吾的影响力。通过上面的比较，我们是否可以更加深入地理解王船山思想的价值呢？

王夫之对阳明心学的反弹，反映了大动乱时期学术思想的尴尬。阳明心学顺应了晚明时代生活的发展，对礼教制度进行了无情的批判，期望建设新秩序。但从明末政治混乱的事实来看，只是各种私欲的钩心斗角，包括高唱道德之歌的东林党人在内，宁愿全体倾覆，也没有人愿意放弃哪怕一丁点儿既得利益来建设什么。这使王夫之一类的爱国人士把明朝的覆灭转咎于阳明心学对礼教制度的批判。王夫之尤其不满阳明心学所提出的平等的人伦关系之类观点、社会包容的观点，归之于佛氏婆妈之慈悲，喋喋不休地强调三纲五常，鼓吹等级制，显示出大动乱时代思想的某种保守性。揣摸其意，要通过礼教制度的重建，以保存中华文化的延续。这是绝无可能之事。王夫之也认识到这一点，在痛斥阳明心学之时，也在某些方面继承了其批判精神，显示出"开生面"的面目，从而使之可以被归入"启蒙思想家"的行列。

对于王夫之的学术成就，或推崇其史论，或看重其经学等，实际上，他的诗学最佳，颇能体现湖湘传统之精神。不同于理学家"文以害道"的谬见，他标榜禅学之"现量"为诗的最高境界，甚至反对"推敲"，鼓吹："若即景会心，则或推或敲自然灵妙，何劳拟议哉。"[1]

---

[1] 王夫之：《薑斋诗话》卷二，《船山全书》第15册，第821页。

完全是南岳禅学的路数。有趣的是，王夫之号为"薑斋"，其诗学著作名为《薑斋诗话》，本来是针对袁宏道讽刺那些专在文字上下功夫的为"咬薑呷醋"①，结果自己的主张比他所反对的变本加厉，说明他不论怎么折腾，终究还是不能跳出自己的传统。

　　王夫之对湖湘古代哲学精神的标志性命题"艮止"之义的阐述，丰富了其传统内涵。他说："天下之能静者，未有不自动得者也。心警而后魂依乎心，魂充而后魄依乎魂，依则安，安则豫。故《震》《艮》相连，《咸》《恒》相错，不动不可止，不感不可久。恝然晏处，物非所谋，而乱者多矣。"②魏源把此段抄入《诗古微》，可见是非常相契合的。

---

①　王夫之《薑斋诗话》外编卷二："自李贽以佞舌惑天下，袁中郎、焦弱侯不揣而推戴之，于是以信笔扫抹为文字，而稍含吐精微、锻炼高卓者为'咬薑呷醋'。故万历壬辰以后，文之俗陋，亘古未有。"(《船山全书》第15册，第859页。)

②　王夫之：《诗广传》，《船山全书》第3册，第347页。

第十章 魏源的转换

一 引言

魏源（1794—1857），字默深，湖南邵阳人。魏源以编著《海国图志》而知名，其实在哲学上也很有创见。魏源学术成就的取得，首先在于其能够立足于湘学传统之中，独立于流俗影响之外。钱穆说："乾嘉经学考据之业，盛于吴皖，而默深崛起湖湘，故其最先治学，受吴皖之濡染者少。……年十五，补诸生，乃究心阳明之学，尤好读史。……代贺长龄编《皇朝经世文编》，由此留心时务，志在用世。此亦湘学之影响，与吴皖有异。"① 又说："默深之学……最先用由宋学入，而有志于经世……此亦湘学自有渊源，至默深而始见为彰明较著也。"② 此诚不易之论。魏源的思想与阳明心学思潮中的张居正便有某种明显的因袭。如"王伯之分，在其心不在其迹也"（《默觚下·治篇一》）云云。③ 魏源直接表达自己学术思想的《默觚》一半谈"学"，一半谈"治"。这就是说，与张居正一样，其学术大体上是一

---

① 钱穆：《读〈古微堂集〉》，《中国学术思想史论丛》（八），台湾东大图书公司1980年版，第291页。
② 同上书，第301页。
③ 张居正在《答福建巡抚耿楚侗谈王霸之辩》中说："不知王霸之辩，在心不在迹，奚必仁义以为王，富强以为霸也。"（《张居正集》第2册，湖北人民出版社1994年版，第829页）陶澍非常崇拜张居正，在道光八年（1828）《重刻张太岳先生全集序》中，高度评价说："其精神气魄，实能斡旋造化，而学识又足以恢之。洵乎旷古之奇才，不仅有明一代之所罕觏也。"（载《张居正集》第4册，第514页）魏源深受其影响。

种心学范畴下的政治哲学。

阳明心学与湘学的渊源前面已作详论。本章首先讨论魏源所受阳明心学之影响及其对湖湘学术传统的感知及其发挥,进而论述其哲学思想的内涵,及其在对清儒注经学批判的基础之上所建立的经典诠释学及其意义。

二　刷新湘学传统

明、清易代以后,清儒始而迫于环境之恶劣,终而习久成性,沉溺于注经学中,对阳明心学极其丑诋。可是,在魏耆为其父写作的传记中却说,魏源在十五岁考上县学秀才后,即"究心阳明之学"。[①]这绝非是魏耆思想开放,而是其父确实好谈阳明心学,有不可避讳者。魏源的第一本学术著作即《大学古本》,显示了其研究王学的阶段性心得。"大学古本"是王阳明解构朱子学的突破口,《传习录》第一问,魏源以此为其学术开篇之作,清楚表明了他思想的出发点。不过,在当时那种学术环境中,他对阳明心学的肯定是非常有限的,在《大学古本叙》中,他以批评的口气说:"明代王文成公始复古本,而又未悟格物之本谊……而其徒王畿,遂并以正心为先天之学,诚意为后天之学……"(《古微堂外集》卷一)同时指责王学把圣学引入"异学"。魏源强调:"即宋儒陆子言格物,亦与朱子无殊。"这与事实明显不合,实则糅合陆王、程朱,别有用意。而且,从魏源一生来看,他一直都在注解《老子》,晚年更是沉溺于佛学,对"异端"的热情比王学中的任何一人皆有过之而无不及。

魏源对阳明心学的研究,首先还在阳明心学阐发、高扬了湖湘学术,使之得以继承阳明心学的余绪,重构以周敦颐为中心的湖湘学统。

[①] 魏耆:《邵阳魏府君事略》,《魏源集·附录》,中华书局2009年版,第947页。

（一）在心学的向度上推崇周敦颐，重构湖湘学统

魏源在对儒学道统的确定过程中，以维护周敦颐的"道学宗主"的地位为中心，突出湖湘学术传统的优越性。这可以从道统、学统两个方面来看：

1. 以周敦颐论述为中心确立儒学道统

继续强化陆王心学对周敦颐以"孔颜授受"取代"孔孟之传"的儒学道统论述。针对韩愈"孔孟之传"的道统观，周敦颐在《通书》第十章"志学"、第二十三章"颜子"，以颜子为"亚圣"，提出"志伊学颜"以抗之。周敦颐批评孟子的"寡欲"之说不彻底："予谓养心不止于寡而存耳，盖寡焉以至于无，无则诚立明通。"（《元公周先生濂溪集》卷之六《养心亭说》）周敦颐同时也批评了儒学的另一大家荀子，以证成其"孔颜授受"。

如前所述，周敦颐的"孔颜授受"为湖湘学派所发展，张栻编著《希颜录》，并在胡宏的建议下容纳庄学内容。陆王心学在湖湘学派的基础上，继续发展了上述道统论述。由于陆九渊说过其学由读《孟子》而自得之，以及王阳明从《孟子》书中取"良知"为宗旨，一些学者遂仓促认定陆王心学为"孟子学"。其实，陆九渊明确地说："颜子问仁之后，夫子许多事业，皆分付颜子了。……颜子没，夫子哭之曰'天丧予。'盖夫子事业自是无传矣。曾子虽能传其脉，然参也鲁，岂能望颜子之素蓄。幸曾子传之子思，子思传之孟子，夫子之道，至孟子而一光。然夫子所分付颜子事业，亦竟不复传也。"[①] 以此，王阳明论道统开门见山就说："颜子没而圣学亡。"[②] 此后，王学

[①] 陆九渊：《语录上》，《陆九渊集》，中华书局1980年版，第397页。
[②] 王守仁：《别湛甘泉序》，《王阳明全集》，上海古籍出版社1992年版，第231页。

与朱学就此反复争辩，并阐明孟子何以不能传圣人之学。①

魏源沿着心学的道路继续发挥"孔颜授受"。他认为孔子最重视的易学只传给了颜子，为陆九渊的"孔颜付托"举证："'子罕言利、与命、与仁。'盖元亨利贞，性与天道，皆寄于假年学《易》，得闻者惟颜子一人。故《易·系》以颜子与箕、文同列，岂仅《诗》《书》执礼之雅言所能尽者乎？孟子一生惟以上继《春秋》自任，旁引《诗》《书》，而无一言及于《易》，亦无一言及于天道，此其精微之同异。"（《古微堂外集》卷一《论语孟子类编序》）

魏源有时又有所后退，把陆九渊所否定的曾子"救出"，而只贬孟子。他说："颜、曾，圣之宗子也；孟子，圣之别子也。"（《古微堂内集》卷一《默觚下·学篇十三》）然后，又进一步阐述了周敦颐以"无欲"取代孟子的"寡欲"说："世儒多谓孟子言寡欲，不言无欲，力排宋儒无欲之说为出于二氏。不知孔子言无我，非无欲之极乎？'不忮不求，何用不臧'，寡欲之谓也；'无然畔援，无然歆羡，诞先登于岸'，无欲之谓也。彼以寡欲为足，无欲为非者，何足以臧乎？"（《学篇四》）此处所言之"宋儒"即周敦颐。

在对孟子的批判方面，魏源比陆王心学中的任何一个人都要尖锐。在《孟子小记》中，他对孟子书中诸如"尧率诸侯北面朝舜""窃负而逃"种种荒谬议论进行了批驳。特别针对孟子的主要政治主张"井田制"加以痛斥："滕文公以五十里之地，劝其行井田，不待筑薛之惧而后知其迂也。"云云。直欲把孟子排于圣门之外："孟子之言何异于孔子若斯！支离不可思议一至此乎？"（《古微堂外集》卷一）

同时，魏源很不满孟子学派的为人。他说："不知后车数十乘，

---

① 阳明弟子王畿的解释是，"颜子则已忘矣"。而孟子则有门径，有方法。（《抚州拟岘台会语》，《王畿集》，凤凰出版社2007年版，第16页）邹守益认为"圣学脉络之偏正，则有剂量矣"。（《正学书院记》，《邹守益集》，凤凰出版社2007年版，第357页）陆光祖则认为，圣学亡是"时乎不再"。（《五灯会元序》，见彭绍升《居士》卷40）等。唐伯元则攻之："（守仁）又有间为奇险之论以反经者，如谓'曾、孟非孔、颜之传'……"（《从祀疏》，《醉经楼集》，中华书局2014年版，第117页）

从者数百人，所为何事？岂有不读一经，不识一义，惟知廋屡哺啜为事乎？"（同上）廋屡，指孟子在外讲学时，其门徒偷了人家正在编织的草鞋。这大概来自李卓吾的"窃履名儒"之类议论。在奉孔孟为神圣的年代发表这种"非圣无法"的言论，是很大胆的。

2. 以周敦颐学风确定宋、明学统

关于宋明儒学，陆王心学认为，周敦颐以后只有程颢能传其学，否定影响更大的程颐。陆九渊认为程颢一直保持了周敦颐"吟风弄月"的遗韵，而程颐则早就丧失了。① 王阳明则借一个道士之口，认为儒家只有周敦颐、程颢是两个"好秀才"。② 魏源承袭其说，表示："惟颜子能尽发圣人之蕴，惟明道能尽得周子之蕴。"（《古微堂外集》卷二《周程二子赞》）在程明道以后，则表彰陆、王可为"百世之师"。（《陆子赞》）至于朱熹的地位，魏源认为其"见尊信于世者不尽在乎著述"。这是沿袭陆九渊对朱熹的"泰山乔岳"之论，即承认朱熹在个人道德方面有过人之处，其学术则未必可取。换言之，魏源关于宋明学统的观点基本上都是陆王心学的发展。

但关于王阳明学术内部传承的观点，则受到四库馆臣的影响。魏源否定王畿，独重罗洪先："惟吉水罗文恭'涵养未发'能得其传，何龙溪四无漫传天泉道证。"（《王文成公赞》）罗洪先的《文集》是作为王门的正宗传人王畿的对立面而被选入四库全书的。魏源认为王阳明与朱熹一样，都有"晚年定论"。不知"天泉证道"正是王阳明学术生涯的最后事件，其中却是倾向于肯定王畿的。尤其令人不解的是，魏源完全误解了高攀龙与刘宗周的思想，竟说："高子以未发之中为圣门见性之秘，与刘子之慎独有独体，皆同于孔子不逾矩与杨慈湖之无意，皆能先立其大，乃本然之良知，不待于致。"（《明儒高刘二子赞》）魏源本对东林党极为厌恶（见下文），不知何以突发此论？

---

① 陆九渊：《语录上》，《陆九渊集》，中华书局1980年版，第401页。
② 《王阳明全集》卷33《年谱一》，第1225页。

魏源对陆、王心学也有所不满，认为陆、王的总的缺点是"道问学"不足。(《古微堂外集》卷一《论语孟子类篇序》)王阳明尽管在事功上取得显著成效，但对军事、外交之类"霸术"即各类实用学术，又极为蔑视。魏源驳斥说："自古有不王道之富强，无不富强之王道。王伯之分，在其心不在其亦也。"(《古微堂内集》卷二)(《默觚下·治篇一》)此乃沿袭张居正在"王霸之辩"中对王学的批评。

在表彰周敦颐为主流的湖湘学术的同时，魏源还为之清理门户。他对"湖湘学派"胡寅《读史管见》纯以成败论英雄，不能设身处地，为平心之论，极为厌恶，痛诋："郅都、宁成，古之酷吏也；胡寅父子，世之酷儒也。"(《默觚下·治篇四》)杨时之学另衍为明代的"东林学派"，魏源认为这是明朝灭亡的主要原因，大加挞伐。在魏源看来，杨时传下的学派都有点儿邪乎。在对纪晓岚的许多观点进行批评后，独独肯定其宋儒评论："至文达谓'南宋亡于诸儒，不得委之侘胄；东林起于杨时，遂至再屋明社'，则固无讥焉。"(《古微堂外集》卷三《书宋名臣言行录后》)

3. 进一步阐释了"濂溪学"的学术思路

周敦颐是通过以《中庸》释《易传》，以心性论统摄宇宙论，确立儒学新思路的。魏源对此作了进一步的阐述。他认为，《四书》中的其他各书所讨论的皆是形而下之事，而《中庸》则是对事物本源的思考，是易学的儒学化。他说："《中庸》之义全通乎《易》，而'未发之中'、'立天下之大本'者，原于《易》之'何思何虑'，各经所未泄之蕴，迥异《大学》以意、心、身为家、国、天下之本。盖彼为入学之门弟子言，乃文、行、忠、信、《诗》《书》执礼之事，未及于尽心、知性、知天之事也。"(《古微堂外集》卷一《庸易通义》)"无思无为"之类，即直观，使人的认知及其对象成为可能的。在《太极图》的问题上，魏源坚持陆九渊的观点，认为来源可疑，论述不清。

（二）上溯南岳禅学，全面理解湘学

正统的儒家士大夫为了显现其正统性，往往以"攻异端"表达自己的道统立场。所谓"异端"，即释、老二氏。王阳明则力倡儒、道、佛三教合一，对所谓"异端"抱兼容并包的态度。魏源深受其影响，于佛、道两家学术皆用心钻研。下面先说魏源的禅学。

魏耆记载了其父的禅学说，三十六岁时，在杭州会钱林，"从闻释典，求出世之要，潜心禅理，博览经藏。延曦润、慈峰两法师讲《楞严》、《法华》诸大乘"①。事实上，湘中一直是作为佛、道二家学术奥区而闻名于世的。阳明心学与南岳禅学有甚深之渊源，其中罗洪先与禅僧楚石的交游是南岳山中流传不衰的韵事，各种山志均详予书写。魏源推崇罗洪先，对罗与楚石禅师的交往，尤其赞赏。他抄录楚石禅师的诗，赞赏说："明末楚石诸禅师《和三圣诗》，色相俱空，而无腐气，心甚服之。摘录十一首，俾僧知有文字禅，不徒作无义语，而儒门读之，亦可别开眼界，视《击壤集》尤清妙。"②魏源探讨阳明心学与南岳禅学的历史渊源，表明他对阳明心学的思想内涵有非常真切的感受。

魏源据清代皇帝皆深入佛学的史实，认为"出世"与"经世"并不矛盾，同时解释其对禅宗、净土"兼容并蓄"的立场说："夫王道经世，佛道出世，滞迹者见为异，圆机者见为同。而出世之道又有宗教、律、净之异。其内重己灵，专修圆顿者，宗教也；有外慕诸圣，以心力感佛力者，净土也；又有外慕诸圣、内重己灵者，此则宗、净合修，进道尤速。……此永明寿禅师所谓'有禅无净土，十人九错路；无禅有净土，万修万人去；有禅有净土，犹如戴角

---

① 魏耆：《邵阳魏府君事略》，《魏源集》附录，第 948 页。
② 魏源：《明末楚石禅师和三圣诗》，同上书，第 796 页。据禅史，《和三圣诗》为明初楚石梵琦（1296—1370）所作。

虎'也。"①

魏源自称"菩萨戒弟子魏承贯",晚年转向净土。周诒朴称:"余友邵阳魏默深源,精通宗教,晚岁专心净业。"其转变主要是因应"洪杨之乱"的时代巨变,提倡更加通俗的净土以救世。魏源说:"值此难时,一切有为,皆不足恃。惟此横出三界之法,乃我佛愿力所成。但办一心,终登九品。"②也就是说,魏源的思想根基还是在禅。

(三) 致力于老子诠释,穷究湘学本源

古代湖湘地区一直是道教神仙学的奥区,其知识精英的知识与学术的兴趣,往往具有鲜明的道家特色。其中发展的诸如养生、政治、军事等方面的实用技术,也是道家思想自然的"引申"。在阳明心学的影响下,魏源对《老子》下了一生的功夫,著成《老子本义》,正是其穷究湘学传统的表现之一。李贽的《老子注》、焦竑的《老子通》堪称阳明心学的老子学经典,魏源在"序"中虽然宣称二人与韩非子以下王雱、吕惠卿、苏辙等人,"无一人得其真",但在正文中,魏源引用李贽6条,焦竑12条,多取其解说以证成己意。可见,阳明心学不仅为魏源指示了治学方向,而且也影响了其思想实质。

在魏源看来,《老子》"其于六经也,近于《易》"。因此,《老子》是修养心性、处理事物的总的指导思想。另一本被他认为近于《易》的《中庸》,显然不能与《老子》相比。③魏源还明确以老子为"人文之祖":"呜呼!道一而已。老氏出而二,诸子百家出而且百。"(《老子本义·论老子三》) 又表彰孔子的"犹龙之叹"(《老子本义

---

① 魏源:《净土四经总叙》,同上书,第247页。
② 见周诒朴《原刻净土四经叙》,《魏源全集》第12册,岳麓书社2004年版,第306页。
③ 实际上,魏源对《中庸》的理解,又是从《老子》诠释而来的。

序》),肯定儒学出于道家的观点。

关于《老子本义》的写作时间出现一些争论,是由于魏源一直都在对此书进行修改。从其中表达的尊佛贬老的倾向,可见其修改延伸到晚年。其时,魏源认为其经世致用之学亦仅一时之因应,故于老子积极用世的思想倾向有所反思。

可以说,由于阳明心学与湘学的渊源,魏源通过阳明心学理解湘学传统,完全是对其湘学身份的确认,而非背离。由于当时的著述习惯,魏源哲学运思中的一些概念、命题尽管直接来自阳明心学,却未加标示,增加了人们理解的困难。因此,上述辨析,将为下文讨论魏源的哲学思想做好准备。

三 实践哲学

由老子哲学、南岳禅学、濂溪道学、湖湘学派等为主干的湖湘学统,本来具有强烈的用世倾向、实践精神,经由阳明心学的阐发,其特征更加鲜明。换言之,魏源究心阳明心学,使他对自己身处其中的湖湘学统有了更加真切的认识。魏源在贺长龄、林则徐幕参与了一系列非常紧迫的实用性学术任务后,其湘学性格受到刺激,更加向往思想的"可行性",产生了构建一种能够突出这一倾向的统摄"全局"的新的哲学视点的迫切需要。以《默觚》为中心的政治哲学思想之阐发,就是这一企图的表现。如前所述,"觚"是孔子表述其"形名思想"的一个范例(《论语·雍也》);"默"即孔子"默而识之"(《论语·述而》),是阳明心学重点阐述的儒学命题,就是摆脱了名言格式之后对道的领悟。默觚,就是让事物在直观中显现的意思。魏源的哲学思想以阐述"知行合一"为起点。

(一) 知、行合一

知行合一是针对注经学裂知行为二而言的。自先秦诸子以后,汉儒放弃自主思想，把经典等同于真理，认为只要掌握了他们选定的书本中所载的知识，就会在各种社会实践活动中战无不胜。对此知识论进路，司马谈在《论六家要旨》中批评说："夫儒者以六艺为法。六艺经传以千万数，累世不能通其学，当年不能究其礼，故曰'博而寡要，劳而少功。'"与汉儒把书本知识当作不言自明的真理不同，朱熹则另有表述。他说："知与行，工夫须著并到。……然又须先知得方行得，所以《大学》先说'致知'，《中庸》说知先于仁、勇，而孔子先说'知及之'。"① 等等。这个与"行"并列的"知"，就是指人的对象性认识。朱熹之意是人对事物先形成某种理性认识，然后付诸实践。朱熹虽然主张去格事物之理，但实际上认为前圣已经格尽之，后人只要阅读经典就行。故王阳明把他与汉儒等量齐观，一齐斥之为"影响""支离"之学。②

王阳明尤其批驳了朱熹的知行观："今人却就将知行分作两件去做，以为必先知了然后能行，我如今且去讲习讨论做知的工夫，待知得真了方去做行的工夫，故遂终身不行，亦遂终身不知。"③ 王阳明的"知"只是"行"的显现，敞开，根本不存在"行"外之"知"。魏源正是在这一思想基础上加以发展，解构汉儒以下的注经学知识论真理观，以应对时代的挑战。

本来，由于阳明心学的流行，悬空揣摸的汉学、宋学早已声名扫地。但是，经过明、清易代，乾嘉注经之学盛极一时，影响、支离之学重新复活。对此，魏源重申社会践之"行"相对于"讲习讨论"的本源性。他在《默觚》中说：

"及之而后知，履之而后艰"，乌有不行而能知者乎？翻"十

---

① 黎靖德编：《朱子语类》卷14《中庸》，岳麓书社1997年版，第250页。
② 王守仁《月夜》："影响尚疑朱仲晦，支离羞作郑康成。"《王阳明全集》，第787页。
③ 王守仁：《语录一》，《王阳明全集》，第4页。

四经"之编无所触发，闻师友一言而终身服膺者，今人益于古人也；耳聒义方之灌，若罔闻知，睹一行之善而中心惕然者，身教亲于言教也。披五岳之图以为知山，不如樵夫之一足；谈沧溟之广以为海，不如估客之一瞥；疏八珍之谱以为知味，不如庖丁之一啜。诗曰："如匪迈行，则靡所臻。"①（《学篇二》）

今人之所以益于古人，在于既可听其言，还可观其行；尤其是友人与己处于同一事业中，一言之下，可以触发对于自身行为的感悟。至于亲历其境，则知之更确凿了。

在魏源看来，古、今异势，书本上所载者，都是关于过去事物的知识，不可以作为今天行为的凭据。只有通过自己的实践，才能求取真知。他说：

宋儒专言三代，三代井田、封建、选举必不可复，徒使功利之徒以迂疏病儒术。君子之为治也，无三代以上之心则必俗，不知三代以下之情势则必迂。读父书者不可与言兵，守陈案者不可与言律，好剿袭者不可与言文。善琴弈者不视谱，善相马者不按图，善治民者不泥法。无他，亲历诸身而已。读黄、农之书，用以杀人，谓之庸医；读周、孔之书，用以误天下，得不谓之庸儒乎？（《治篇五》）

在他看来，不独人情是变化的，即使天文、地理，亦是如此。关于"天之变"，魏源说："天官之书，古有而今无者若干星，古无而今有者若干星……是天不同于后世之天也。"（《治篇五》）"天不变，

---

① "如匪迈行"之"匪"字，《诗经》原文作"彼"，应当是魏源认为文意不顺，故意改写的。深研《诗经》的学者，不可能抄错。由后段再引《诗经》"弗躬弗亲，庶民弗信"补充说明，亦可见其意之所在。

道亦不变"的观点,不攻自破。魏源认为,后世胜于三代的事情多有之,如汉文帝废肉刑之类,岂可据三代以非之?

上述魏源所讲的"知"是从知识之义说的。知识的根本意义要从"知行合一"之"知"去理解。此"知"即知识之所以构成者,即本心,也即事物的本体。有此本心之知,知行合一才是成立的。人的意识终究不过是万事万物之本体的本心之自觉。朱熹始终只是在知识的层面做工夫,即使他于经典诠释得非常明白,也不能称之为"知",就是因为这种知识与本心之知无关,最多只是本心的影子与回响。在批判了朱子的知识论观点之后,王阳明正面阐述其知行观说:"知之真切笃实处,即是行;行之明觉精察处,即是知,知行工夫本不可离。……夫物理不外于吾心,外吾心而求物理,无物理矣;遗物理而求吾心,吾心又何物邪?"①惯常论证阳明心学为唯心主义的,往往只注意"物理不外于吾心"一截,而有意遗漏"遗物理而求吾心"的告诫。而魏源亦秉持同样的哲学立场,他阐述心、物关系说:

> 事必本乎心。玺一也,文见于朱者,千万如一。有玺籀篆而朱鸟迹者乎?有朱籀篆而玺鸟迹者乎?然无星之秤不可以程物,故轻重生权衡,非权衡生轻重。善言心者,必有验于事矣。(《古微堂外集》卷三《皇朝经世文编序》)

事,即人类实践的各个领域,在此主要指政治。在"事必本夫心"之后,魏源又提出"法必本于人""今必本夫古""物必本夫我"三个命题,进一步丰富了其内涵。总之,人的知识不是外在于人的,

---

① 王守仁:《语录二》,《王阳明全集》卷2,上海古籍出版社1992年版,第42页。海德格尔的真理论述颇近似阳明心学的观点:"所谓知就是:能立于真理之中,真理是在者的坦露。因此,知就是能立于在者的坦露之中,坚持在者的坦露。单纯有知识,即使这种知识很广博,也不是知;即使这些知识经过循序渐进的学习和考试的测定而最终成为实践中重要的东西,也不是知;即使这些知识是根据最基本的需求加以剪辑而来,因而'接近生活',但对它们的拥有也绝不是知。"(《形而上学导论》,商务印书馆1996年版,第22页)

是人对自身存在之觉悟，因此不能离开人当下置身于其中的世界，别求所谓真理。

换言之，魏源的知行观是一种实践哲学的观点。他的所谓"知"非对于外物之对象性认识，而是自身存在之自觉。他论"学"，开章明义说：

> 学之言觉也，以先觉觉后觉，故莘野以畎畆乐尧、舜君民之道；学之言效也，以后人师前人，故傅岩以稽古陈恭默思道之君。觉伊尹之所觉，是为尊德性；学傅说之所学，是为道问学。自周以前，言学者莫先于伊、傅二圣，君子观其会通焉。(《学篇一》)

在魏源看来，学的最高境界并非是汲取某种知识，掌握某种理论，而是进行生活实践，故伊尹以躬耕畎畆之行为启发后学某种政治真理。在此前提下，学习知识才是必要的，故傅说在"恭默思道"之君面前提示"稽古"的重要性。

(二) 复，回归本心

对阳明心学来说，学问的根本目的就是回归本心。本心是人本有的心，因为利害得失的"计算之心"而丧失，故而学习的根本任务就是清除"计算之心"对人心的遮蔽。王阳明与湘中学者在龙兴寺确定"静坐"的学术宗旨后，复申明其意说："前在寺中所云静坐事，非欲坐禅入定。盖因吾辈平日为事物纷拿，未知为己，欲以此补小学收放心一段工夫耳。"[①] "收放心"的说法，来自孟子。孟子说："学问之道无他，求其放心而已矣。"（《孟子·告子上》）在孟子看来，本心在耳目之官的"物交物引"之中沉沦，求放心就是对人在日常生活

[①] 王守仁：《与辰中诸生》，《王阳明全集》，第144页。

中形成的经验知识进行超越，回归本心。"先立乎其大者"（同上）是从正面说，就是树立不学不虑之本心。在此思想传统中，魏源阐述其关于回归本心的观点说：

> 作伪之事千万端，皆从不自反而生乎！作德之事千万端，皆从自反而起乎！不自反，则终日见人之尤也；诚反己，则终日见己之尤也。终日自反，则放心不收而自收；终日不自反，则心虽强收而愈放。愈内敛则愈无物我，而与天地同其大；愈外骛则愈歧畛域，而与外物同其小。（《学篇三》）
>
> 人知地以上皆天，不知一身内外皆天也。"天聪明自我民聪明，天明威自我民明威。"人之心即天地之心。诚使物交物引之际，回光反顾，而天命有不赫然方寸者乎？……光明者，人身之元神也。神聚于心而发于目，心照于万事，目照于万物。目不能容一尘，而心能容多垢乎？诚能心不受垢如目之不受尘者，于道几矣。回光反照，则为独知独觉；彻悟心源，万物备我，则为大知大觉；自非光明全复，乌能"与天地合德，与日月合明"哉！（《学篇五》）
>
> 君子用世之学，自外入者其力绌，自内出者其力弘。力之小大，由于心之翕散，天地人之所同也。天地之气，翕则灵，不翕则不灵；小翕则小灵，大翕则大灵。……耳目、手足、口腹之气翕，则为心性之用，而是非好恶分焉。（《学篇十一》）

老子说："反者道之动。"（《老子》四十章）又说："为学日益，为道日损，损之又损，以至于无。"（四十八章）故魏源论《易经》"复"的意义说：

> 常人畏学道，谓其与形逆也。逆身之偷而使重，逆目之冶而使闇，逆口之荡而使默，逆肝肾之横而使平，逆心之机械而使朴。无

事不与形逆,矫之,强之,拂之,闷之,其不终败者几希矣。……君子之学,不主逆而主复。复目于心,不期阖而自不冶矣;复口于心,不期默而自不欺矣;复肝肾于心,不期惩窒而自节矣;复形于心,不期重而自重矣;复外驰之心于内,不期诚而自不伪矣。"帝谓文王,无然畔援,无然歆羡,诞先登于岸。"先登于岸者,先立其大之谓也。"小心翼翼,昭事上帝",有以立于歆羡畔援之先,夫是故口、耳、百体无不顺正以从令,夫何逆之有?《诗》曰:"不知不识,顺帝之则。"(《学篇四》)

"逆"只是相对于人心已经陷溺的现实而言,复则能显示哲学的根本意义在"顺"。正如《老子》所说:"玄德深矣,远矣,与物反矣,然后乃至大顺。"(第六十五章)而人们往往在某些感性知识的牵制下,不肯让事物自然发生,终为伪与欺、颠覆与放纵。

在魏源看来,古《易》之卜筮便提供了回归本心的最直捷的方法。他说:

《易》者,卜筮之书也,天道之书也。中古以后,地、天之通绝矣,天与人日远矣,人且膜视乎天,且渐不信天敬天,圣人纵欲谆谆以天道诏人,天何言哉?使非空空然叩诸卜筮,受命如响,鬼神来告,曷以舍其偏是偏非,而信吉凶悔吝易知易从哉?故卜筮者,天地人之参也,地天之通也。《诗》《书》《礼》皆人道设教,惟《易》则以神道设教。夫神道非专言祸福吉凶而不言是非者乎?《诗》曰:"奏假无言,时靡有争。""是故君子不赏而民劝,不怒而民威于铁钺。"(《学篇八》)

随着人类文明的发展,道理日积,宝惜日甚,人们往往深陷于经验知识与臆见推测之中不能自拔,站在各自立场上提出各种理由,是其所是,非其所非,论久难定,徒失事机。卜筮以鬼神之权威一扫祛之，使人回归当下，走向事情本身。这是对王阳明"卜筮是理，理亦是卜筮"的观点的发展。王阳明论述其理由说："卜筮者，不过求决狐疑，神明吾心而已。《易》是问诸天，人有疑，自信不及，故以《易》问天；谓人心尚有所涉，惟天不容伪耳。"① 如果说道心沦丧于人心之推理论证，那么卜筮则帮助人从中解脱。

日常，人都不要做出特别重大的决策。因此，说得更为现实一点儿，人只是要进行"自我反省"即可。人心既沦丧于"物交物引"，反思就首先从物的生成着手。王阳明论述物的生成时说："意之所用，必有其物，物即事也。如意用于事亲，即事亲为一物；意用于治民，即治民为一物；意用于读书，即读书为一物；意用于听讼，即听讼为一物：凡意之所用无有无物者，有是意即有是物，无是意即无是物矣。物非意之用乎？"② 在此基础上，魏源论述对物的超越说：

> 何谓大人之学格本末之物？意之所构，一念一虑皆物焉；心之所构，四端五性皆物焉；身之所构，五事五伦皆物焉；家国天下所构，万几百虑皆物焉；夫孰非理耶性耶，上帝所以降衷耶？图诸意，而省察格焉；图诸心，而体验皆格焉；图诸身，而阅历讲求皆格焉；图诸家国天下，而学问思辨、识大识小皆格焉；夫孰非择善耶，明善耶，先王所以复性耶？常人不著不察之伦物，异端不伦不物之著察，合之而圣学出焉。日进无疆，宥密皇皇，是为宅心之皇。（《学篇一》）

世界万物皆由人的意、心、身以及家国天下之体所发，以此之故，物都是暂时的、有限的，执着不舍便走到了其反面。常人是不会反思的，往往知其然而不知其所以然，难免滞有不化；异端则由有达

---

① 王守仁：《语录三》，《王阳明全集》，第 102 页。标点略有改动。
② 王守仁：《语录二》，同上书，第 47 页。

无,但忽视了无不离有,归于枯寂。圣人反思,时时保持自己的本性,以本然之心,应物而不应于物。

(三) 一,本体呈露

在魏源看来,复归本心,也就是达到"一"。在"一"之境界中,万物成其为自身。故"一"即是世界之本体。"一"最早见于舜、禹授受之"惟精惟一",大畅于老子,泛滥于诸子。如荀子讲"虚壹而静",《中庸》讲"不贰",不贰即一。周敦颐论圣学以"一为要"。

魏源对老子之"一"作了特别详尽的解释。《老子本义》解释《老子》第三十九章①说:"夫天地万物皆生于无,故天不自知其清,地不自知其灵,谷不自知其盈,万物不自知其生,则侯王不自知其高贵明矣。……故有我、无我之间,此得一、不得一之所由别也。"又释老子"抱一"说:"苟心为物役,离之为二,则神不守舍而血气用事。惟抱之为一,使神形相依而动静不失……乃可以长存。"此是说,如果把外物作为一个追求的目标,本然的直觉之心必然下降为一种对象性的认知之心,人就将被盲目的感觉情绪所主宰。只有回归直觉,身心才能得到安宁,才可长存。下引李贽之言,以巩固上面的论点:"抱玄守一,神不外驰,则中有主而天门开阖常在我矣。彼世之不能自主者,有开则不待迫之而后起,有阖则逆不能无事而常足。是内淫也,安能抱一而不离乎?"

如前所述,阳明心学对之进行了详尽的阐发:心灵归一,事事物物皆如其所是,成其所是。尤其是邹守益的有关论述,直接揭示了一的本体论性质。他认为,若说事事物物有个孤立的"定理"让人去应对,是弃规矩而摹方圆。如何忙得过来?事物的本性是在一中显现的,人只要在心上用功即可。"故学圣之要,在于无欲。果能讲习讨

---

① 此据《老子》通行本分章,与魏源《老子本义》有所不同。

论，涵育省察，使这私意毫发无所容，则本体呈露，人皆可以为圣人，更复何疑！"① 否则，欲念作祟，心胸茅塞，天地闭，贤人隐，世界一片黑暗。

魏源关于"一"的观点，则是在综合了老子与阳明心学的观点的基础上发展的。他说：

> 君子之于道也，始于一，韬于一，积于一，优游盘乐于一。一生变，变生化，化生无穷。所谓一者何也？地之中也有土圭，道之中也有土圭。九流诸子裂道一隅而自霸，道其任裂与？事在四方，道在中央，圣人执要，四方来效。故曰："其仪一兮，心如结兮。"（《学篇十一》）

> 境界心所显，情状念所幻，惟至人无念则无梦，盖境泯于心而寤寐一矣。寤寐一则昼夜一，生死一，幽明一，古今一，故《易》言知昼夜，知生死，知鬼神。舍尽心知性何以知天，舍存心养性何以知天哉？（《学篇十一》）

万物始于一、终于一，周而复始，循环无端。在主客合一的哲学话语中，德与道虽然分别从心灵与事物方面而言，其实只是一事。"事在四方"一句取自韩非子《主道》一篇，可知魏源在此主要关注政治事物，但万事万物无不如此。"神不守舍，物乃为灾；敬除其舍，道将自来。"（《学篇七》）在本心中，宇宙万物显现其为自身。

四 "古微"诠释学

魏源在晚清今文经学的学术潮流中占据崇高的地位，对其特点，前人多有评述。梁启超说："今文学之健者，必推龚（自珍）、魏

---

① 邹守益：《答同志》，《邹守益集》，凤凰出版社 2007 年版，第 785 页。

(源)。……考证之学，本非其所好也，而因众所共习，则亦能之，能之而颇欲用以别辟国土；故虽言经学，而其精神与正统派之为经学而治经学者既有以异。"① 钱穆指出魏源学术的基本特点，说："要其平生之学，主要融会经史汉宋，通古今而济世用者……"② 即魏源之学基本上是一种义理之学，其"经学"是服务于其经世理论才成立的。即使如此，"经学"在他看来也没有太多的实际意义。"默深论学，主要并不在辩两汉经学之今古文，而尤要在辩两汉经学之无用。……若专以今文学家目默深，实不免乎浅视默深矣。"③

魏源对乾、嘉之学完全否定。他列举"苏州惠氏、江氏，常州臧氏、孙氏，嘉定钱氏，金坛段氏，高邮王氏，徽州戴氏、程氏，争治训诂音声，爪剖铢析"之类，贬斥为："锢天下聪明知慧使尽出于无用之一途。"（《古微堂外集》卷三《武进李申耆先生传》）相对而言，今文经学要求用于事，就比古文经学纯粹为经典而经典高明不少。魏源论经典的意义说：

> 曷谓道之器，曰"礼乐"；曷谓道之断，曰"兵刑"；曷谓道之资，曰"食货"。道形诸事谓之治；以其事笔之方册，俾天下后世得以求道而制事，谓之经。……士之能九年通经者，以淑其身，以形为事业，则能以《周易》决疑，以《洪范》占变，以《春秋》断事，以《礼》《乐》服制兴教化，以《周官》致太平，以《禹贡》行河，以《三百五篇》当谏书，以出使专对，谓之以经术为治术。（《学篇九》）

在魏源看来，经典是因为解决现实问题出现的，是"道"的各种

---

① 梁启超：《清代学术概论》，上海古籍出版社 2000 年版，第 76—77 页。
② 钱穆：《读〈古微堂集〉》，《中国学术思想史论丛》（八），台湾东大图书公司 1980 年版，第 306 页。
③ 同上书，第 299—300 页。

形式的表现，而学习经典也是为了解决自己面临的各种现实问题，以之"决疑"云云。康有为辈推举"今文经学"所提出的理据，皆可以追溯到此类议论。

然而，古今事变已经大为不同，从几千年前的经典中去找答案，岂不过于迂腐？从下述文字来看，魏源推崇今文经学是作为一种学术"策略"。在人人都沉溺于经学时，若不能于此略逞其能，则未能取信于人。对此，魏源有自觉的认识：

> 今日复古之要，由诂训声音以进于东京典章制度，此齐一变至于鲁也；由典章制度以进于西汉微言大义，贯经术政事文章于一，此鲁一变至于道也。①

其所谓"道"，何道也？即使在其提倡今文经学时，也是非常清楚的：此道即所谓"心"。微，即"道心惟微"；古微，即人最初一念之本心。他表彰李申耆说："其论学无汉、宋，惟以心得为主，而恶乎以饾饤为汉，空腐为宋也。"(《武进李申耆先生传》) 只要"心得"，遑论汉、宋，更不必说今、古文了。

不过，魏源也感觉到这个问题的严重性，只有对之给予一个正面的解决，才能真正扭转学术风气，使之转移到致力于解决经世致用问题的方向上来。为此，他探讨了经典形成的机制，进而探讨了经典诠释的方法，以及最终可以达到的目标。魏源在今文经学方面的特点及其最终取得的成就，都与他独特的经典诠释学观点相关。

(一) 经典观

乾、嘉学者虽不谈"义理"，其实自有一种非常浅薄的哲学观，即认为世界上存在一种绝对的真理，圣人已经表述详尽，后人只要虚

---

① 魏源：《刘礼部遗书序》，《魏源集》"据《古微堂文稿》"，第244页。

心学习之即可，故竭其一生精力于其中。在魏源看来，经典只是圣人立足于其本心，对时代事业及其问题所作的直接表达或提供一种解决方案。

魏源所讲的经典，主要是指传统儒学的六经。其实，包括佛道在内，中国哲学的主要著作，他都是当作经典来看待的。根据魏源有关论述，经典大概可以分为三类。从其分类中，人们可以更加明确地理解他的经典观。

第一类：以直接表现的方式架构世界，诸如《尚书》之类"训诰典谟"。

对此类经典的看法，魏源显然受到了张居正的影响。张居正任翰林院掌院学士时发表的"训示"说："盖学不究乎性命，不可以言学；道不兼乎经济，不可以利用。故通天地人，而后可以谓之儒也。造化之运，人物之纪，皆赖吾人为之辅相；纲纪风俗，整齐人道，皆赖吾人为之经纶；内而中国，外而九夷八蛮，皆赖吾人为之继述。……训诰典谟，圣人岂殚精极虑，作意而为之者哉？几微内洞，文采外章，扬德考衷，启发幽秘，不求文而自文耳。"① 此乃张居正针对文人离开立德、立功，而单论立言，把文章看作粉饰太平之文而发。在张居正看来，世界根本就是通过一种"自然"而非"作意"、让事物自然显现的态度进行写作而开辟的。应用同一逻辑，魏源论述经典架构世界的意义及其产生的过程说：

> 文之用，源于道德而委于政事，百官万民，非此不丑；君臣上下，非此不䙡；师弟友朋，守先待后，非此不寿。夫是以内亹其性情而外纲其皇极，蕴之也有原，其出之也有伦，其究极之也，动天地而感鬼神。文之外无道，文之外无治也；经天纬地之文，由勤学好问之文而入，文之外无学，文之外无教也。（《古微

---

① 张居正：《翰林院读书说》，《张居正集》第 3 册，第 377—378 页。

堂内集》卷一《学篇二》）

魏源指责"今日售世哗世之文"没有"道德"可言，是根据一定"套子"来发挥某种听来的"道理"，与真实不知隔了几个十万八千里，只会使世界颠倒混乱。这是根本不配称之为文的，只是厚颜无耻之人的一种"巧言"。

从魏源的心本论立场看，他的所谓"道德"，非某种抽象的概念、规范，而是指人的虚灵不昧之直觉。在魏源看来，经典都是诗性直觉之结果，其意义是隐喻的。他说："鱼跃鸢飞，天地间形形色色，莫非诗也。……词不可以径也，则有曲而达焉；情不可以激也，则有譬而喻焉。……诵诗论世，知人阐幽，以意逆志，始知《三百篇》皆仁圣贤人发愤之所作焉，岂第藻绘虚车已哉！"（《古微堂外集》卷三《诗比兴笺序》）他的《默觚》虽然是一本论学之书，但在每一段议论之后，引用一句"诗"作结，即显示了此一观点。换言之，抽象议论的正当性以诗为最后的检验标准。此非模仿古人（如荀子、《大学》《中庸》都有此习惯），而是魏源确实有对诗性智慧的认识。

第二类：以反思的方式回到本心，诸如《老子》之类哲学著作。

反思类的著作通过对概念、道理的解构而回归本心，从而让世界万物得到如其所是的表现，其实际效果与前一类相辅相成。在《老子本义序》中，魏源述其对历代老子诠释的取舍标准说："爰专取诸家之说，不离'无为''无欲'与'无名'之朴者，以为养心治事之助。"这自然也是魏源对《老子》性质的认识：由具体的"为""欲""名"等现象，而反求其所以然之"无"，即虚灵不昧之本心。在魏源看来，老子是"返古"的最高代表，是为"太古"。他说："老子道，太古道；书，太古书也。……深疾末世用礼之失。疾之甚则思古益笃，思之笃则求之益深。怀德抱道，白首而著书，其意不返斯世于太古淳朴不止也。"（《老子本义·论老子二》）他释《老子》道论说：

老子言道，必曰"常"，曰"玄"，盖道无而已。真常者指其无之实，而玄妙则赞其常之无也。老子见学术日歧，滞有溺迹，思以真常不弊之道教之，故首戒人执言说名迹以为道；恐其无所察识，因以"天地"、"万物"之理示之；犹恐其不亲切也，复即人心"无欲"、"有欲"时返观之；又恐其歧"有"、"无"为二也，而后以"同谓之玄"、浑"徼"于"妙"总括之。（《老子本义》第一章）

道即心，道之无，即心之虚灵不昧。名言虽为道心发用之实事，然而不反察其所以然之故，执名言之迹以为道，则只见一端，仁、义皆害道。魏源阐明圣人的思想意义说："一阴一阳者天之道，而圣人常扶阳以抑阴；一治一乱者天之道，而圣人必拨乱以反正，何其与天道相左哉？……惟不顺天，乃所以为大顺也。"（《学篇四》）在他看来，由心而万物的向外发展是自然而然的，常人皆知皆能，唯圣人可以进行反思。《中庸》《易》，皆是反思之书：

《易》曰"复其见天地之心"，岂非《中庸》以"莫见乎隐，莫显乎微"，征慎独之心体乎？……《乾》之"初九，潜龙勿用"，子曰：龙德而隐者也。不易乎世，不成乎名，遁世无闷，不见世而无闷。乐则行之，忧则违之，确乎其不可拔，非所谓"君子依乎中庸，遁世不见知而不闷"者乎？（《庸易通义》）

在魏源看来，不论儒、道，其经典的核心内容都是对本心的阐发。不言自明，对经典的理解与诠释，就是以后圣之心合前圣之心。

第三类：结合前面两者的最高的经典，如孔子通过日常事物中表达真理。

在魏源看来，道是通过具体事物显现出来的，而孔子总能通过对其时代事物的表现以显示本心，不着一字，尽得道妙，而孟子、陆、王皆有所不足：

> 孔子教人专主博文约礼而仁在其中，故不言心而心自存，此合德性、问学为一者也；孟子直指人心体验，扩充存养……盖孔子自诚明，孟子自明诚者也；孔子天下之至诚，而曾子、孟子皆"其次致曲，曲能有诚"者也。（《论语孟子类编序》）

魏源认为，由于孟子、陆、王在"道问学"上有所欠缺，故其学不再传而决裂，反而不如朱子学流传长久。这并不是说，陆、王之学不如程、朱，而是说"道问学"——讨论具体问题的学术，哪怕未透根本，也更能流传。

前面两类经典皆从大处着眼，高处立论，而孔子则在日常琐细处指出天命流行。观魏源好引孔子诗论，诗大都写身边物，身边事，而寓意深长，可见他推崇孔子之意。庄子说，道在稊稗、瓦石、矢溺。庞蕴说，砍柴担水，即是妙道。道不远人。大道平常，只在百姓日用之间。

经典虽分为三类，殊途同归于"道"，均为圣人思想情感的流露。魏源主张人们亦应以"平常心"来看待经典。他论《六经》的本来面目说："《六经》自《易》《礼》《春秋》姬、孔制作外，《诗》则纂辑当时有韵之文也；《书》则纂辑当时制诰章奏载记之文也；《礼记》则纂辑学士大夫考证论议之文也；网罗放失，纂述旧闻，以昭代为宪章，而监二代之文献。然则整齐文字之学，自夫子之纂《六经》始。后世尊之为经，在夫子当日自视，则亦一代诗文之汇选，本朝前之文献而已。"（《古微堂外集》卷三《国朝古文类钞叙》）[①] 在理论

[①] 此类言论在阳明心学中是非常平常的。如耿定向曾记其弟定理之言说："《易》，初特今神祠之箓谶耳；《书》，特今诏疏之集稿耳；《诗》，特今鼓吹之韵谱耳……"（《与周柳塘》第9书，《耿定向集》，华东师范大学出版社2015年版，第115页）

上，每个时代都可以创作经典，而不必迷信古人的经典。

（二）诠释的方法

关于经典诠释的入路，魏源主要主张"知人论世"，从史而入。这原于陆、王心学都否认离开具体时空的抽象道理，主张历史地看待经典。陆象山说："道理只是眼前道理。虽见到圣人田地，亦只是眼前道理。"[①] 以此，王阳明阐述其经典观说："以事言谓之史，以道言谓之经。事即道，道即事。《春秋》亦经，五经亦史。"[②] 在此思想前提下，魏源论经典诠释，尤重史学。

魏源引用孟子"知人论世"之说，认为对经典的错误理解往往就源于不能准确地理解当时的历史境况。故他作孔、孟"年表"以理解其"世""人"为入门第一义，以最终理解经典的意义。不过，他谦虚地表示："若夫尚论而心知其意，由博而反诸约，则以俟深造自得之君子焉。"（《古微堂外集》卷二《孟子年表考第五》）直接理解经典的方法，魏源以《诗经》为例，主张由理解经典的形成过程而入。他说：

> 夫《诗》有作《诗》者之心，而又有采《诗》、编《诗》者之心焉；有说《诗》者之义，而又有赋《诗》、引《诗》者之义焉。作《诗》者自道其情，情达而止，不计闻者之如何也；即事而咏，不求致此者之何自也；讽上而作，但蕲上寤，不为他人之劝惩也。至太师采之以贡于天子，则以作者之词，而谕乎闻者之志，以即事之咏，而推其致此之由，则一时赏罚黜陟兴焉。国史编之以备矇诵，教国子，以讽此人之诗，存为讽人人之诗，又存为此处境而咏己、咏人之法，而百世劝惩观感兴焉。（《诗古微》

[①] 陆九渊：《语录一》，《陆九渊集》卷39，中华书局1982年版，第395页。
[②] 王守仁：《语录一》，《王阳明全集》卷1，上海古籍出版社1992年版，第10页。

上篇之一《齐鲁韩毛异同论》中）

在魏源看来，经典作者只是自道其情而已，其作品最终能成为经典，首先是因为其中表达了作者对自己的遭际的深切感触，确能引发统治者的关注，从而作出政策调整。而非如一般认为的那样，作者是出于对他人进行道德教化而发。这种作品在当时就产生积极的社会影响，并被选为官方教材等。而后，其具体针对性还能泛化为对人性的普遍感发，为类似情景中的诗歌写作提供范式，因之流传后世。在魏源看来，经典的内在核心是作者的真感情，而诠释者则应探讨其何以如此的具体情景，通过置身其中而得到真切的感悟。至于因之而调整政治策略，则又是另外一回事了。

关于理解的最高境界，魏源重新阐释了王阳明"学贵自得"的观点，进一步阐明对经典的理解是一种"设身处地"的生命体验，从而从根本上说明了理解的方式。魏源发挥孟子"理义说我心，犹刍豢说我口"的论断说："耳目于声色，吾见人亦见之，吾闻人亦闻之；口之于味，甘、苦、浓、淡，惟自喻而人莫与焉，贵其自得之也；自得之而人不知，斯真自得矣。"（《学篇十》）自得，即自得于心，一种独特的生命体验，非概念性的言语所能传达。在这种境界下，读者身临其境时可以写出同样的作品，亦完全可以在不同的环境中写出新的作品。

从某种抽象的大道理出发，无法理解古人，亦无益于己。魏源说："山居难与论舟行之险……况立乎后世以指往古，所闻异词，所传闻又异词。曾不设身以处地，不平心以衡其轻重，而徒以事后之成败谳局中之当否，古人其如汝何哉？"（《治篇四》）

（三）阅读的价值

上面魏源所讲的"自得"还是指对经典的理解方式，阅读经典显然不是为阅读而阅读，还必须对读者产生积极的意义，那就是阅读能够对读者处理人生的各种问题发生积极的作用。

魏源的理论是针对流俗的注经学而言的。注经学往往倾向于从经典中寻找一套现成的观念体系以为人生的指南。实际上，是揣摸排比一些流行意见，穿凿附会而成。他们虚构这套东西，不仅作为科举考试的标准答案，而且还要求作为人类行为的准则。自然，这不过是自欺欺人，误己误人而已。事实上，儒学经典大多是一些言论的"合集"，只是圣人在面对各自时代的一种充满智慧的应对，并非从某种固定的观点对万物进行系统的论述。即使《论语》之类所载都是孔子之言，实际上也针对不同的谈话对象随机而发，故而即使是同一件事也有不同的说法。如前述朱熹反省自己"因诸公以求程氏，因程氏以求圣人"的搞法，就大错特错了。圣人自己都没有一套概括性的抽象观念体系，你再把后儒基于其不同的人生际遇对经典的体悟，甚或只是一种主观穿凿的意见综合为一个体系，不是越走离圣人越远了吗？

阳明心学对注经学进行了无情的揭露与尖锐的讽刺，并要求尽削注解。魏源在《论语孟子类编序》中，也同样指出传注之无谓，他说：

> 经有奥义，有大义，研奥者必以传注分究而始精，玩大者止以经文汇观而自足。……《论语》《孟子》显白之文，至今如侍辟呹而闻诏告，非《典》《谟》《盘》《诰》聱牙噩诘之比，奚必待传注而后明哉！自明以来，学者争朱、陆，自本朝以来，学者争汉、宋，今不令学朱学陆而但令学孔、孟焉，夫何诤？然近日治汉学者，专务记丑，屏斥躬行，即论洙、泗渊源，亦止云定、哀间儒者之学如是，在子思、孟子以前；其意欲托尊《论语》以排思、孟，甚至训一贯为壹行，以诂经为生安之学，而以践履为困勉之学，今即以孔、孟、曾、思之书条贯示之，其肯相从于邹、鲁否，尚未可知也。

在魏源看来，既然以孔孟为宗，汉学宋学之争都是很无聊的，不如直接去读孔孟原著。魏源虽说对朱、陆各打五十大板，但陆王并无传注类的著作，可见此语专为朱学、汉学而发。汉学从其浅陋的真理观出发，发展了一种疯狂悖谬的原教旨主义，以为孔子已经发现了一种终极真理，而他们也自信已真理在握。若是直接把经典语言简单地加以条贯，根本就不可能显示他们自以为是的真理，而他们也未必信从。

在魏源看来，学习经典是为了开悟、触发本心。他所抄录玩赏的楚石禅师的一首诗就明确指出："书中何所有，是我万古神。读书不读我，辜负山中云。春草一回碧，盘古一度新。山山杜鹃花，谁知啼血痕。"[①] 用儒学的话语说，则是求得本心之光明。魏源说："《诗》颂文王，一则曰'缉熙'，再则曰'缉熙'。熙者，人心本觉之光明乎！……《诗》曰：'日将月就，学有缉熙于光明。'"(《默觚上·学篇五》) 故他提出经典诠释的"本心循环论"说：

> 吾人视婴儿如昨日也，万物之于母无一日离也，百谷于其王未尝一日离也。动极必静，上极必下，曜极必晦，诚如此，则无一物不归其本，无一日不有太古也。求吾本心于五千言而得，求五千言于吾本心而无不得，百变不离宗，又安事支离求之乎？(《老子本义·论老子一》)

婴儿、母、王，都是指人的本心。在此，魏源由本体诠释学推出经典诠释学：从本心出发，通过阅读经典而洗刷我的本心；再从更加纯净的本心出发，经典即为吾本心自有之物，可以从此出发，建构时代大业。

---

① 楚石禅师：《和三圣诗》，载《魏源集》，第797页。

在此观点之下，由己及人，魏源强调"诗教"。他说："民之制于上，犹草木之制于四时也，在所以煦之，煦之之道莫尚乎崇诗书，兴文学。故君子读《郑风》，不叹其淫荡而叹《子衿》学校之久废；读《卫风》，不伤其流泆而伤《淇澳》礼教之久衰；读《陈风》，不叹其淫奔而叹其巫觋歌舞之不革。"（《治篇十四》）

五　小结

明末以来，阳明心学一直遭受各种曲解、诋毁，一犬吠影，众犬吠声，到晚清可以说是名声扫地。而魏源独能挽狂澜于既倒，称陆、王为"百世之师"，援引被四库馆臣极其憎恶的李贽、焦竑的学术思想，非仅其个人之才、胆、识能截断众流，卓然挺立，还因其所立足之湖湘学统疾伪求真之学魂有以使之然者。由于湖湘学术穷极本源的性格，故而在传统学术中，不论是在儒还是在佛、道，往往一再居于开创学术思想新时代的地位，而魏源则是其中之彰彰较著者。而从阳明心学与湘学的渊源关系来看，魏源超越举世沉溺的迂腐无用的注经学，而独究心阳明之学，完全是湘学传统的自我觉醒。魏源继承阳明心学的学思道路，推崇濂溪学术，穷极老子楚学，发扬光大了湘学精神。魏源能够对学术界造成巨大影响，也与王阳明相似。乾嘉注经学是阳明心学解构形而上学真理之后的回光返照，随着一系列社会问题的出现，其极端空虚无用早已引起了人们的厌恶。此时，魏源登高一呼，便呈摧枯拉朽之势。

人们都知道阳明心学在近代中国的盛行，在很大程度上是由于日本明治学者的推崇，很少有人注意到正是魏源首先影响了日本学术思想界。日本学者容应萸说："无论日本明治维新的思想家及志士的思想是否是魏源思想的直接或间接的产物，又或是不谋而合，不约而同的结果，他们之引魏源为同志对其产生共鸣，并以此来支持自己的立场和论点,却是不容置疑的。"① 吉田松荫由阅读《海国图志》,推崇魏源,到成为阳明心学的忠实追随者,就是一个典型。阳明心学在中国的复活,又进一步改变了国内的学术生态。如此说来,魏源首先是东亚的,世界史的(日本学者语),然后才是中国的。

魏源立足于湖湘哲学精神的基础上,通过融合佛、儒、道传统学术资源,创造性地发展了阳明心学的"践履之学"。他不仅探讨了人类社会的变化,而且考察了天文、地理的沧桑变迁,重新阐释了实践哲学的基本理念:真理只是人类实践的真理,不存在一种与人无关的抽象的绝对真理。因此真理不是感官认知的对象,更不是古书中记录的形迹,往圣的命题、判断。真理只在人类实践之中。当人走向事物本身时,万物如其所是,成其所是。这使魏源的经世之学具有鲜明的人文色彩,气象广大,避免功利主义学术思潮惯有的粗浅、鄙陋,增加了其说服力、感染力。魏源在援引阳明心学时,对阳明心学"反霸术"(取消实用学科)的倾向进行了修正,明确提出"师夷长技"的主张,显示了湘学的现实主义传统。

由其实践哲学出发,魏源建构了其经典诠释学观点。在魏源看来,研习古典学术尽其最大可能,不过是发明本心而已;而人心本明,研习经典则通过体会经典作家创作经典之所以可能的"微谊",以自信此心而已。这样,人们就能摆脱在故纸堆中寻找现成答案、终身沉溺而不能自拔的奴儒习气,直接面对时代课题,取得实际的政治、经济、军事等方面的功效,以自立于世界民族之林。

如此,魏源对他自己所推动的今文经学亦作了解构,一扫注经之陋,挥别了一个思想荒芜的时代,可谓功德圆满。可以说,魏源作为近代学术思想的开创者,在哲学思想方面也是名至实归的。魏源以扫荡为进取,以终结为开端,完美地诠释了神农"艮止"之义,是湖湘哲学的正宗嫡派。

---

① 容应萸:《〈海国图志〉与日本的明治维新》,《船山学刊》1994年第2期。

结束语

对湖湘古代哲学的精神及其发展演变的粗略研究，在此告一段落。湖湘古代哲学奠基于农业文明之始，虽不断演化，但其基本精神则始终如一。它之所以表现出某种一以贯之的特点，主要是因为这里地处中原文明的边缘，相对封闭，非争名夺利之场、驰骋己见之区。换言之，如果不是对此地思想与学术真有发自内心的向往，没人会来此逗留。由此，即使是外来学者亦表现出共同的面目，而本地学者不仅得以不受干扰地继续自己的传统，而且受到激励，尽其可能地展示自己所擅长者。这是在中国其他地区很难见到的现象，亦促成了本书能够简朴地写作。

湖湘古代哲学之精神是何精神？概而言之，它以寻找思想的开端为首要任务，在其发展与演变的过程中时时回顾此一开端，从而使人的主观意识服从道的规定，领会世界的真理。在它看来，思想的开端也是世界的开端。以此，它超越于概念理性，始终表现出源始诗性直观的特征。故自神农氏以"艮止"精神统摄易道，中经舜之"道心"、南岳—天台之"止观"、禅学之"本心"、道学之"诚学"，迄于魏源氏之"古微"，虽然针对不同的时代问题显示了不同的学术重点，但基本上都是围绕"艮背行庭之旨""人心、道心之辨"的原始命题展开论述的，表现了高度的一致性。其意则在于，让人从种种悬空臆想中回归当下，顺应"时"变。湖湘古代哲学关于宇宙开端的论述，不是指称某个遥远的过去，而是回归当下。"始，当时也。"

(《墨子·经说上》)"天地始者,今日是也。"(《荀子·不苟》) 湖湘古代哲学对时间的体会与其长期的农业生活经验密切相关,以时间作为行动最高指南。由于它深刻地理解并把握了思想与存在的同一性,找到了思想的起点,同时也找到了世界的起点,使之能够轻易地扫除枝节之见、盲人摸象之谈,从而具有永恒的生命力。

在此意义上,湖湘古代哲学不迷信过去的经验知识,也不忙于架构未来的"蓝图",让此心保持在对当下现实的体会中,以直观之心,如事物本然呈现那样反映事物的存在。道,除了个体当下的领悟,不可以一种抽象概念的形式进行"普说"。因此,它不仅没有实用学科的知识体系形态,还时刻警惕知识对心灵的遮蔽,以一种极端方式(焚经)解除人们对书本知识的迷信。这种思想上承原始诗性思维,正如施莱尔马赫所说,突出"只表现作为这个样子的个别","个别意识的真实",而"不会得出丝毫的知识"。[①] 海德格尔断言,哲学根本就没有对象。"哲学是一种境遇,这种境遇任何时候都必须(在其所领有的敞开境界中)全新地获致它的在。只有在这种境遇中哲学的真理才敞开出来。"[②] 可以说,湖湘古代哲学典型地体现了哲学的本质特征。因为对知识经验的超越,所以能够主宰规范知识的运用,由此而不停地纠正中国古代哲学的发展方向。

在中国,也曾有过建构形而上学知识体系的企图,早期有孔门弟子追问"性与天道",虽经圣人不假思索便嗤之以鼻,其后仍然有所发展。各种设定了实质内容、作为认知对象、言之凿凿的"理"、"气""太极""一"之类学说,即李贽所谓"邋尔妄言"(不过大脑的胡说八道),相继涌现。这些言论虽各竞风骚,因其荒谬其实不难觑破:这些概念都是理性思维产生的,一旦离开了所得以形成的语

[①] 参看克罗齐《作为表现的科学和一般语言学的美学的历史》,中国社会科学出版社1984年版,第158页。

[②] 海德格尔:《形而上学导论》,商务印书馆1996年版,第85页。

境，便失去了其真实性，成为邪伪之源。故湖湘古代哲学以其"艮止"之义，对之一再起而纠之。在先秦诸子时期，思想自由开放，"艮止"精神隐含于《大学》之"知止"。汉代以后，佛、道、儒以陈言为真理，"湘州曲学"则以对"典谟"的超越，成为中国思想中反形而上学普遍性"真理"的基本力量。至周敦颐再倡"艮止"之义，其后成为宋明儒学突破思想僵化的源头活水，力矫场屋八股之陋习，恢复思想应对时变的能力。

虽然湖湘古代哲学反对形而上学的知识体系，然而这反而是最纯粹的哲学。何者？哲学不同于各类实用学科，有自己的独特性质。实用学科都是在一定的预设之下，围绕特定的目的，从某个侧面对事物进行对象性思考，而哲学乃能对各类实用学科的有限性进行思考，划定其边界。而哲学之所以能够承担此一任务，正在其非知识体系的存在方式。否则，以一种知识检验另外一种知识，将踏入循环论证的陷阱而无法自拔。湖湘古代哲学始终清醒地认识到道不同于物、哲学不同于实用学科，反对各种自以为是的独断论。尽管它以"道术"的形式，通过在具体生活中的应用表现出来，仍然可称为最纯粹的哲学。

谁也不能否定西方现代哲学所取得的伟大成就，但是它作为某一历史阶段的学术模式是无法概括人类哲学思想的。当然，我们也可以使用历史上曾有过"玄学""道学"等名称，但是，只要对哲学的含义有正确的认识，顾及用词习惯，仍然用之，亦无不可。

曾几何时，中国思想受到西学的影响，背弃了自己的传统。其中，现代西方哲学对科学的迷信对中国思想的影响尤大。然而，在西方哲学影响中国学术之时，它自身则开始了对长期迷信科学理性的思想倾向的反思。克罗齐批评西方哲学思想中的科学主义说："对自然科学的迷信常常会伴随着（在迷信中常有的事）一种伪善的东西。化学、物理学、生物学的实验室变成了测知一切的源泉，在那里，人们非常自信地探讨着人类精神的最高问题。许多人尽管实际上用哲学固有的方法进行研究，却宣称或误认为他们遵循的是自然科学的方法。

丹纳（Ipplito Taine）的《艺术哲学》便是这类自欺欺人和误解的证明。"① 对哲学方法的舍弃、强调自然科学的方法，其实是把科学变成某种概念体系（范式）的知识积累，不仅使科学丧失革命性的创造性转化，也使哲学成为因循守旧的工具。只有从科学理性的思想方式中解放出来，才能自主地思考科学。这是当前最紧迫的思想任务。但是，在中、西文明的冲突中，中国人由于在科学技术方面的落后遭受的惨败，形成了普遍性的对科学知识的深度迷信。因此，今天中国哲学"使自身非科学化"的道路，将面临更加严重的困难。

事实上，当西方学者已经反思"哲学"的荒谬，宣告"哲学"的终结，即使有人对那种形而上学知识体系余情未了，想要继续追随其后，亦已千难万难。而中国意识的复苏与中国哲学的复兴，则不过是整理祖传之家业而已，以中国人而为中国人惯能之事，比之别寻端绪，又是何等之易！以彼之难，就此之易，其结果不言自明。

西方哲学的历史表现为各个民族、各种语言之间"接力"的状态，许多谬误往往产生于翻译方面的"误会"。如"自然""真理"之类词汇，就是在不同文字之间的转换中丧失其本意的，以至海德格尔哲学思考的重心便是由拉丁文上溯古希腊，寻找其源始意义。但是，即使希腊文明仍非原创，又当奈何？中国古代哲学则自其开端便一直延续下来，而湖湘古代哲学又尤为典型，它可直接上溯神农氏，下及当下民俗，堪称万世一统。中间虽亦难免误传，然而本意未失，不难寻其坠绪。这对于研究人类哲学思想的发生与发展，具有"活标本"的优势：西方哲学要探讨思想的本源，往往是在对现存原始部落的文化的研究中通过推测、猜想而得出结论，难免有隔靴搔痒之憾；而湖湘古代哲学则只要平实地叙述自己的历史，即可清晰地观察到概念发生与演变的实际情况，直接而真切。以此而言，以探求事物本源

---

① 克罗齐：《作为表现的科学和一般语言学的美学的历史》，中国社会科学出版社1984年版，第229页。

为职志的哲学思想，虽欲舍此而他求，亦有所不能。

从人类文明发展演变的角度看，中国文明是唯一与西方异质而仍然生存的文明体系；如果人类文明还有其他可能性，则中国文明无疑是首先应当予以考察的对象，而哲学思想则是其中至关重要的部分。回顾历史，湖湘古代哲学则是考察研究中国哲学的重要的切入点。

展望未来，湖湘哲学在重新认回正身后，将继续沿着既有的方向前进，面对新时代，获取新动力。那么，它会是一种什么样的面目呢？从王夫之、魏源的转换也许可以见出一些端倪。明末，王夫之面对来自丛林力量的毁灭性打击，其重建道统的种种思想努力，虽然也有些道理，但远离人情世故，不合时宜，终归徒然；而魏源在感觉到西方技术文明压倒一切的力量时提出的"师夷长技以制夷"的观点，则包含了非常积极的意义。在魏源看来，"技"与随其而至的"夷"一道，是一种可资利用、却也必须严加管控的对象，而非像后辈小子那样，盲目地拜倒于其脚下。今天，内、外环境虽然已经发生了很大的变化，文化自信心有所增强，但我们的日常生活逐渐进入到一个技术统治的社会，技术压迫更加无孔不入地渗入生活世界的每一个角落。这一情况，呼唤更高人类的智慧有以处之。然则，魏源在特定角度对技术压迫的反思，是否将普泛为一般性的对技术统治进行反思的哲学思潮？

换言之，确立自己身份的中国哲学今后将不再认为自己的历史传统只是一些没有生命力的僵死材料，只能用来去反证西方哲学的"伟大进步"，而是在继承传统的基础上非常自信地成为对话的一方，与之进行平等交流，并在魏源开拓的技术反思的道路上继续深入，以引领中国文明的新时代。

参考文献

一 典籍与史料

蔡汝楠:《自知堂集》,《四库全书存目丛书·集部》第97册,齐鲁书社1997年版。

陈运溶:《麓山精舍丛书》,岳麓书社2008年版。

陈献章:《陈献章集》,中华书局1987年版。

陈建:《学蔀通辨》,《陈建著作二种》,上海古籍出版社2015年版。

程颢、程颐:《二程集》,中华书局2004年版。

程树德:《论语集释》,中华书局1990年版。

道宣:《续高僧传》,中华书局2014年版。

邓豁渠:《南询录》,武汉理工大学2008年版。

杜预:《春秋释例》,清刻本。

方以智编:《青原志略》,华夏出版社2012年版。

耿定向:《耿定向集》,华东师范大学出版社2015年版。

郭璞:《尔雅·释地第九》,四部丛刊景宋本。

葛洪著,王明注释:《抱朴子内篇校释》,中华书局1985年版。

灌顶:《隋天台智者大师别传》,《大正藏》,第50册。

《光绪衡山县志》,《中国地方志集成·湖南府县志辑》,江苏古籍出版社2002年版。

韩非著,《韩非子》校注组编,周勋初修订:《韩非子校注》,凤凰出版社2009年版。

何乔远：《闽书》，《四库全书存目丛书·史部》第204—207册，齐鲁书社1997年版。

胡宏：《胡宏集》，中华书局1987年版。

胡宏：《皇王大纪》，四库全书本。

胡寅：《斐然集·崇正辨》，岳麓书社2009年版。

胡直：《胡直集》，上海古籍出版社2015年版。

胡直：《衡庐心缔小序》，载《光绪衡山县志》卷39《艺文序》，《中国地方志集成·湖南府县志辑》第40册，江苏古籍出版社2002年版。

黄宗羲：《明儒学案》，中华书局1985年版。

黄宗羲原著，全祖望补修：《宋元学案》，中华书局1986年版。

慧思等著，徐孙铭等选编：《南岳佛道著作选》，岳麓书社2006年版。

慧寂：《袁州仰山慧寂禅师语录》，《大正藏》第47册。

焦竑：《澹园集》，中华书局1999年版。

焦竑：《国朝献征录》，《明代传记丛刊》，综录类26，第109册，台湾明文书局1991年版。

蒋鐄、吴绳祖、王开琸等：《九疑山志（二种）·炎陵志》，岳麓书社2008年版。

蒋信：《蒋道林先生文粹》，《四库全书存目丛书·集部》第96册，齐鲁书社1997年版。

静、筠二禅师编撰：《祖堂集》，中华书局2007年版。

李通玄：《新华严经论》，《大正藏》，第36册。

李承箕：《游衡山记》，载《古今名山游记》卷9，《四库全书存目丛书·史部》第250册，齐鲁书社1997年版。

李元度主编：《南岳志》，岳麓书社2013年版。

李腾芳：《李湘州集》，岳麓书社2012年版。

李贽：《李贽文集》（第1—8卷），社会科学文献出版社2000年版。

李贽著，张建业等注：《李贽全集注》（第1—26卷），社会科学文献出版社 2010 年版。

李桢等著：《濂溪志（八种汇编）》，湖南大学出版社 2013 年版。

黎靖德编：《朱子语类》，岳麓书社 1997 年版。

郦道元著，陈桥驿校正：《水经注校证》，中华书局 2007 年版。

列御寇著，杨伯峻注：《列子集释》，中华书局 1979 年版。

刘安等撰，何宁注：《淮南子集释》，中华书局 1998 年版。

罗洪先：《罗洪先集》，凤凰出版社 2007 年版。

罗洪先：《祝融峰高台禅林诗序》，《光绪衡山县志》卷 39《艺文序》，载《中国地方志集成·湖南府县志辑》，江苏古籍出版社 2002 年版。

罗汝芳：《罗汝芳集》，凤凰出版社 2007 年版。

陆九渊：《陆九渊集》，中华书局 1980 年版。

吕不韦等著，陈奇猷注：《吕氏春秋校释》，学林出版社 1984 年版。

马王堆帛书，陈鼓应注译：《黄帝四经今注今译》，商务印书馆 2015 年版。

马王堆帛书，于豪亮整理：《周易释文校注》，上海古籍出版社 2013 年版。

孟轲著，杨伯峻注：《孟子译注》，中华书局 1960 年版。

《穆天子传》，四部丛刊景明天一阁本。

聂豹：《聂豹集》，凤凰出版社 2007 年版。

欧阳德：《欧阳德集》，凤凰出版社 2007 年版。

彭绍升：《居士传》，中华书局 2014 年版。

齐己：《白莲集》，中国社会科学出版社 2011 年版。

屈原著，洪兴祖补注：《楚辞补注》，中华书局 1983 年版。

邵雍：《邵雍集》，中华书局 2010 年版。

《诗经今注》，高亨注，上海古籍出版社 1980 年版。

司马承祯：《司马承祯集》，社会科学文献出版社 2013 年版。

苏轼：《东坡书传》，明刻本。

谭嗣同：《谭嗣同全集》，中华书局1981年版。

滕弘：《神农本经会通》，明万历滕万里刻本。

昙照：《智者大师别传注》，《卍字藏》第77册。

陶澍、万年淳编：《洞庭湖志》，岳麓书社2003年版。

陶汝鼐、陶之典：《大沩山古密印寺志》，岳麓书社2008年版。

王守仁：《王阳明全集》，上海古籍出版社1992年版。

王宗沐：《敬所王先生文集》，《四库全书存目丛书·集部》第111册，齐鲁书社1997年版。

王夫之：《船山全书》，岳麓书社1996年版。

王香余、欧阳谦：《增补南岳志》，岳麓书社2013年版。

魏源：《魏源集》，中华书局2009年版。

魏源：《魏源全集》，岳麓书社2004年版。

荀况著，梁启雄释：《荀子简释》，中华书局1983年版。

阎若璩：《尚书古文疏证》，乾隆刻本。

严嵩：《钤山堂集》，《四库全书存目丛书·集部》第56册，齐鲁书社1997年版。

杨简：《慈湖遗书》，文渊阁四库全书本。

袁宏道著，钱伯诚笺校：《袁宏道集笺校》，上海古籍出版社2008年版。

袁宏道：《珊瑚林》，《续修四库全书》第1131册，上海古籍出版社2003年版。

袁中道：《珂雪斋集》，上海古籍出版社1989年版。

袁珂：《山海经校注》，上海古籍出版社1980年版。

袁珂：《古神话选释》，人民文学出版社1982年版。

圆悟克勤：《碧岩录》，中州古籍出版社2011年版。

湛若水：《甘泉先生文集》卷30，《四库全书存目丛书·集部》第57册。

湛若水：《衡岳书堂讲章》，载李元度《南岳志》卷17，岳麓书社2013年版。

赞宁：《宋高僧传》，中华书局1987年版。

赜藏主编：《古尊宿语录》，中华书局1994年版。

张伯端著，王沐注解：《悟真篇浅解》，中华书局1990年版。

张栻：《张栻集》，岳麓书社2010年版。

张元忭：《张元忭集》，上海古籍出版社2015年版。

张居正：《张居正集》，湖北人民出版社1994年版。

赵贞吉：《赵文肃公文集》，《四库全书存目丛书·集部》第100册，齐鲁书社1997年版。

《中国地方志集成·湖南府县志辑》，江苏古籍出版社2002年版。

《中国佛教思想资料选篇》，中华书局1981年版。

周敦颐：《元公周先生濂溪集》，岳麓书社2000年版。

邹守益：《邹守益集》，凤凰出版社2007年版。

邹守益：《东廓先生讲语》，载李元度《南岳志》卷18，岳麓书社2013年版。

邹德涵：《邹聚所先生文集》，《四库全书存目丛书·集部》第157册，齐鲁书社1997年版。

志磐著，释道法校注，《佛祖统纪校注》，上海古籍出版社2012年版。

宗密：《禅源诸诠集都序》，中州古籍出版社2008年版。

宗杲：《大慧普觉禅师语录》，《大正藏》第47册。

宗本：《归元直指集》，《中国佛教思想资料选篇》第3卷第3册，中华书局1989年版。

朱熹：《四书章句集注》，中华书局1983年版。

朱熹：《朱文公文集》，四部丛刊本。

朱熹：《朱子全书》，上海古籍出版社、安徽教育出版社2002年版。

《二十五史》网络版。

《四库全书》网络版。

《中国古籍基本丛书》网络版。

《CBETA电子佛典集成》光盘。

二　近人专书

陈汉章：《陈汉章全集》，浙江古籍出版社 2014 年版。

陈鼓应：《道家的人文精神》，中华书局 2012 年版。

陈荣捷：《王阳明与禅》，台湾学生书局 1984 年版。

陈书良主编：《湘学史略》，中华书局 2015 年版。

陈代湘主编：《湖湘学案》，湖南人民出版社 2013 年版。

丁福保：《佛学小辞典》，长春市古籍书店 1984 年版（据 1938 年医学书局石印本影印）。

杜继文、魏道儒：《中国禅宗通史》，江苏人民出版社 2007 年版。

方克立、陈代湘：《湘学史》，湖南人民出版社 2007 年版。

冯友兰：《中国哲学史》，中华书局 1961 年版（据 1947 年商务印书馆增订 8 版重印）。

冯友兰：《中国哲学史新编》，人民出版社 1999 年版。

冯友兰：《中国哲学简史》，江苏文艺出版社 2012 年版。

冯友兰：《冯友兰选集》上卷，北京大学出版社 2005 年版。

傅勤家：《中国道教史》，东方出版社 2008 年版。

干春松主编：《中国政治哲学史》第 3 卷，中国人民大学出版社 2019 年版。

葛兆光：《增订中国禅思想史——从六世纪到十世纪》，上海古籍出版社 2008 年版。

郭朋：《中国佛教思想史》，福建人民出版社 1995 年版。

赫尔德：《论语言的起源》，姚小平译，商务印书馆 2014 年版。

海德格尔：《存在与时间》（修订译本），陈嘉映等译，生活·读书·新知三联书店 2006 年版。

海德格尔：《形而上学导论》，熊伟、王庆节译，商务印书馆 1996 年版。

海德格尔：《在通向语言的途中》，孙周兴译，商务印书馆 2004 年版。

海德格尔著，孙周兴选编：《海德格尔选集》，上海三联书店 1996
　　年版。

胡适：《先秦名学史》，安徽教育出版社 2006 年版。

湖南省地方志编纂委员会编：《南岳志》，湖南出版社 1996 年版。

《湖南宗教志》，岳麓书社 2012 年版。

荒木见悟：《明末清初的思想与佛教》，廖肇亨译，上海古籍出版社
　　2010 年版。

洪修平：《禅宗思想的形成与发展》，江苏人民出版社 2011 年版。

忽滑天快谷：《中国禅学史》，上海古籍出版社 2002 年版。

侯外庐等主编：《宋明理学史》，人民出版社 1984 年版。

卡西尔：《语言与神话》，于晓等译，生活·读书·新知三联书店
　　2017 年版。

克罗齐：《作为表现的科学和一般语言学的美学的历史》，王天清译，
　　袁华清校，中国社会科学出版社 1984 年版。

克罗齐：《美学原理》，朱光潜译，商务印书馆 2012 年版。

库恩：《科学革命的结构》（第四版），金吾伦、胡新和译，北京大学
　　出版社 2012 年第 2 版。

毛泽东：《毛泽东早期文稿》，湖南人民出版社 2008 年版。

李泽厚：《中国古代思想史论》，生活·读书·新知三联书店 2008
　　年版。

李泽厚：《论语今读》，生活·读书·新知三联书店 2008 年版。

李肖聃：《湘学略》，岳麓书社 1985 年版。

李零：《中国方术正考》，中华书局 2006 年版。

黎业明：《湛若水年谱》，上海古籍出版社 2009 年版。

黎锦熙编：《宋元明思想学术文选》第一辑，北平著者书店 1933 年版。

罗蒂：《哲学和自然之镜》，李幼蒸译，商务印书馆 2003 年版。

吕澂：《中国佛学源流略讲》，中华书局 1988 年版。

麻天祥：《中国禅宗思想发展史》（修订本），武汉大学出版社 2007 年版。

马继兴：《马王堆古医书考释》，湖南科学技术出版社 1982 年版。

蒙文通：《佛道散论》，商务印书馆 2011 年版。

牟宗三：《心体与性体》，上海古籍出版社 2000 年版。

牟宗三：《从陆象山到刘蕺山》，上海古籍出版社 2001 年版。

潘桂明、吴忠伟：《中国天台宗通史》，凤凰出版社 2008 年版。

彭富春：《论海德格尔》，人民出版社 2012 年版。

彭富春：《论老子》，人民出版社 2014 年版。

钱基博：《近百年湖南学风》，岳麓书社 1985 年版。

钱穆：《读〈古微堂集〉》，《中国学术思想史论丛》，台湾东大图书公司 1980 年版。

钱明：《浙中王学研究》，中国人民大学出版社 2009 年版。

卿希泰主编：《中国道教史》，四川人民出版社 1996 年版。

谭戒甫：《形名发微》，中华书局 1963 年版。

唐明邦等：《周易纵横谈》，湖北人民出版社 1986 年版。

王明：《道家和道教思想研究》，中国社会科学出版社 1984 年版。

王曾松：《胡安国〈春秋传〉校释与研究》，北京师范大学出版社 2016 年版。

万春生主编：《寿岳衡山》，中国社会出版社 2004 年版。

维柯：《新科学》，朱光潜译，人民文学出版社 1986 年版。

韦伯：《中国的宗教》，康乐、简惠美译，广西师范大学出版社 2004 年版。

韦伯：《法律社会学》，康乐等译，广西师范大学出版社 2011 年版。

韦伯：《新教伦理与资本主义精神》，康乐、简惠美译，广西师范大学出版社 2010 年版。

巫鸿：《礼仪中的美术》，生活·读书·新知三联书店 2005 年版。

吴立民、徐孙铭主编：《禅宗宗派源流》，中国社会科学出版社 1998

年版。

吴立民、徐孙铭：《船山佛道思想研究》，湖南人民出版社1992年版。

夏君虞：《宋学概要》，上海书店《民国丛书》影印本。

徐孙铭、王传宗：《湖南佛教史》，湖南人民出版社2002年版。

印顺：《中国禅宗史》，中华书局2010年版。

张君劢：《新儒学思想史》，中国人民大学出版社2006年版。

张岱年：《中国哲学史大纲》，江苏教育出版社2005年版。

张浩（Hao Chang）: Confucian Cosmological Myth and Neo-confucian Transcendence, in Cosmology, and Human Efficacy, edited by R. Smith and D. W. Y. Kwor, University of Haweii press, 1993.

张松辉：《十世纪前的湖南宗教》，湖南大学出版社2004年版。

张晶萍：《近代"湘学观"的形成与嬗变研究》，知识产权出版社2015年版。

周柳燕：《湘学》，湖南科技出版社2010年版。

朱汉民：《湘学原道录》，中国社会科学出版社2002年版。

三 论文

陈坚：《黄绾的"艮止"心学》，《周易研究》2012年第6期。

陈松长：《马王堆学浅论》，《江汉论坛》2006年第11期。

单晓娜、涂耀威：《张舜徽湘学研究述评》，《云梦学刊》2011年第6期。

方立天：《如来禅与祖师禅》，《哲学与文化》卷28第8期。

侯桥训、杨汉立：《会同连山祭炎帝》，《新湘评论》2001年9月1日。

姜生：《马王堆帛画与汉初"道者"信仰》，《中国社会科学》2014年第12期。

赖功欧：《永州玉蟾岩人工稻作发现的文明史意义论略》，《农业考古》2013年第6期。

李清良、张洪志：《湖湘哲学的基本观念与精神》，《湖南大学学报》（哲学社会科学版）2012 年第 5 期。

刘彬：《从帛书〈要〉篇看孔子好〈易〉的实质和意义》，《孔子研究》2011 年第 2 期。

马腾：《先秦法思想之名学框架略诠》，《北方法学》2012 年第 6 期。

徐仪明：《论禅宗对周敦颐思想的深刻影响》，《现代哲学》2012 年第 2 期。

徐仪明、余海舰：《论慧思对禅宗创立的作用与影响》，《郑州大学学报》2012 年第 2 期。

徐孙铭：《船山对阳明心学的批驳和误读》，《阳明学研究》（创刊号）2015 年版。

王兴国：《湖湘哲学发展的四个阶段及主要特点》，《湘潭大学学报》2008 年第 3 期。

熊吕茂：《马王堆汉墓与汉初长沙国的思想、文化和艺术》，《中国科技博览》2009 年第 4 期。

容肇祖：《周敦颐与道教》，陈鼓应主编，《道家文化研究》第 5 辑，上海古籍出版社 1994 年版。

容应萸：《〈海国图志〉与日本明治维新》，《船山学刊》1994 年第 2 期。

于兵：《试论马王堆三号汉墓的知识构成》，《社会科学辑刊》2013 年第 5 期。

张依依：《文化传统与文化产业之关连——以湖南现象为例》，《实践博雅学报》2008 年第 9 期。

张岱年：《试谈〈文子〉的年代与思想》，载陈鼓应主编《道家文化研究》第 5 辑，上海古籍出版社 1994 年版。

祝尚书：《南岳唱酬集天顺本质疑》，《中国典籍与文化》2005 年第 2 期。

朱汉民：《湘学的源流与学统》，《湖南大学学报》（社会科学版）

2013年第1期。

朱越利:《马王堆房中术的理论依据(下)》,《宗教学研究》2003年第2期。

佐藤鍊太郎:《王夫之对王学左派李贽的批判》,《阳明学研究》(创刊号),中华书局2015年版。

后　　记

　　作者本人虽然是地道的湖南土著，但是把湖湘古代哲学作为一个整体认真加以思考，却明确地发端于 2012 年春。当时，湖南省委宣传部发起"征集提炼'湖南精神'专项筹备工作"，我奉命参与其中做了一些事务性的工作。然而，湖南精神是历史传统与现实需要碰撞的火花，亦如火花一样难以把捉。但此后"湖南精神"的命题便时常闪现在我的脑海之中。

　　本书中的一些内容曾在各种学术会议、期刊上发表过，在写作本书时，重新作了修改，以服从统一的格调。在此，谨向发表论文的各位责任编辑及会议主持、评点人致谢。书中部分内容得到湖南省社会科学课题基金、省社科院院属课题基金、省湘学院课题基金的资助，在此一并致谢。

　　在此，特别感谢彭富春教授。作者曾师从其读博士，既在课堂上受益匪浅，又蒙为本书作序。彭老师对 20 世纪特别是 80 年代以来中国学术界的"文化众生相"作过深刻的揭露和批判，对一些文化人抛弃传统哲学话语，追求成为某位"死去或活着的西方思想家""在中国的代言人"为目标，"如同天主教的神父就是主基督耶稣的当前化一样"（氏著学术自传《漫游者说》），深表不屑；他虽然在德国跟随海德格尔的弟子攻读哲学博士学位，但仍然以复兴中国传统话语作为自己主要的学术目标，显示出非凡胆识，让人不胜高山仰止之叹！他的精神鼓舞了本书对中国哲学原创精神的探讨。

特别感谢我的同事唐光斌研究员。他邀请我参加国家体育总局"站桩功的历史源流与文化内涵"课题组的调查研究，见识了武当、少林、峨眉等处名僧、高道的风采，聆听了他们的宏谈高论，对本书的写作，补益多多。

在出版期间，本书有较大幅度的改动，出版社的编辑和校对为此付出了额外的工作量，在此表示衷心的感谢。

禅家鼓吹"见月忘指"：所言不论如何天花乱坠还是有所词不达意，仅求读者能"忘指见月"，会心一笑而已。

前年，在去武当山访学途中路过岳阳楼，偶占一首，题名《岳阳楼怀古》。现抄录于此，以结束全书：

江湖际会云霞吐，天地灵气钟此土。
黄帝奏乐凤鸟翔，虞舜拊石百兽舞。
传书柳毅艳情浓，朗吟洞宾尘缘苦。
仙踪渺茫难追索，斯人湖畔徒数古。

傅秋涛
2020 年 9 月四校于浏阳河畔